全国高职高专

HUIZHAN

会展策划与管理
专业系列教材

U0623172

经全国职业教育教材审定委员会审定

会展项目管理

主 编 吴 虹　　副主编 张 锋 季永清 刘 红　（第2版）

重庆大学出版社

内容提要

本书全面介绍了会展项目管理基础知识和实际操作技能,包括认识会展项目与会展项目管理、会展项目启动、会展项目计划、会展项目实施和控制、会展项目财务管理、会展项目组织和团队建设、管理会展项目的风险与会展项目收尾和评价 9 个项目。

每个项目后都附有导入案例、本章小结、复习思考题、实训题和案例分析,适合高职高专会展策划与管理专业和旅游管理类专业使用,也可作为会展行业职业技能鉴定的培训教材。

图书在版编目(CIP)数据

会展项目管理/吴虹主编.—2 版.—重庆:重庆
大学出版社,2013.8(2024.1 重印)
全国高职高专会展策划与管理专业系列教材
ISBN 978-7-5624-4166-3

Ⅰ.①会… Ⅱ.①吴… Ⅲ.①展览会—项目管理
—高等职业教育—教材 Ⅳ.①G245

中国版本图书馆 CIP 数据核字(2013)第 164948 号

全国高职高专会展策划与管理专业系列教材
会展项目管理
(第 2 版)
主 编 吴 虹
副主编 张 锋 季永清 刘 红
策划编辑:顾丽萍
责任编辑:蒋昌奉 版式设计:顾丽萍
责任校对:陈 力 责任印制:张 策

*

重庆大学出版社出版发行
出版人:陈晓阳
社址:重庆市沙坪坝区大学城西路 21 号
邮编:401331
电话:(023)88617190 88617185(中小学)
传真:(023)88617186 88617166
网址:http://www.cqup.com.cn
邮箱:fxk@cqup.com.cn(营销中心)
全国新华书店经销
POD:重庆新生代彩印技术有限公司

*

开本:720mm×960mm 1/16 印张:17.25 字数:301千
2013 年 8 月第 2 版 2024 年 1 月第 12 次印刷
ISBN 978-7-5624-4166-3 定价:49.00 元

编委会

总　序

进入 21 世纪以来，随着中国社会经济的飞速发展，综合国力的不断增强，国际贸易发展的风驰电掣，会展经济随之迅速成为中国经济的新亮点，在中国经济舞台上扮演着越来越重要的角色，正逐渐步入产业升级的关键时期。这一时期，会展业持续快速发展的关键是需要大量的优秀专业人才作为支撑，而目前市场还存在很大的会展专业人才供给缺口。为了适应国内对会展人才需求日益增长的需要，我国各类高校纷纷开设了会展专业或专业方向。据不完全统计，截止到 2011 年 7 月，在全国范围内（不含港澳台）开设会展专业的高校达 96 所，涵盖专业方向的高校（包括本科、高职高专院校）则已超过百所，这在一定程度上缓解了我国会展人才紧缺的现状。但是由于我国会展教育起步较晚，在课程体系设计、教材建设和师资队伍建设等方面还有待完善，培养出来的学生在知识结构、职业素养和综合能力等方面往往与市场需求不对称。尤其是目前国内会展教材零散、低层次重复并且缺乏系统性的状况比较突出，在很大程度上制约了我国会展教育和会展业的发展。因此，推出一套权威科学、系统完善、切合实用的全国高职高专会展策划与管理专业系列教材势在必行。

中国的会展教育发展刚刚超过 10 年时间，但我国的会展教育经过分化发展，已经形成了学科体系的基本雏形。如今，会展专业已经形成中等职业教育、高职高专、普通本科和研究生教育这样完整的教育层次体系，这展示了会展教育发展的历程和成果，同时也提出了学科建设中的一些迫切需要解决和面对的问题。其中最重要的一点，就是如何在不同教育层次和不同的教育类型上对会展教育目标和教育模式进行准确定位。为此,重庆大学出版社策划组织了国内众多知名高等院校的著名会展专家、教授、学科带头人和一线骨干教师参与编写了这套全国高职高专会展策划与管理专业系列教材,以适应中国会展业人才培养的需要。本套教材的修订出版旨在进一步完善全国会展专业的高等教育体系,总结中国会展产业发展的理论成果和实践经验,推进中国会展专业的理论发展和学科建设,并希望有助于提高中国现代会展从业人员的专业素养和理论功底。

本套教材定位于会展产业发展人才需求数量最多和分布面最广的高职高专教育层次,是在对会展职业教育的人才规格、培养目标、教育特色等方面的把握和对会展职业教育与普通本科教育的区别理解以及对发达国家会展职业教育的借鉴基础上编写而成的。另外,重庆大学出版社推出的这套全国高职高专会展策划与管理专业系列教材,其意义将不仅仅局限在高职高专教学过程本身,而且还会产生巨大的牵动和示范效应,将对高职高专会展策划与管理专业的健康发展产生积极的推动作用。

在重新修订出版这套教材的过程中,我们力求系统、完整、准确地介绍会展策划与管理专业的最新理论成果,围绕培养目标,通过理论与实际相结合,构建会展应用型高职高专系列教材特色。本套教材的内容,有知识新、结构完整、重应用等特点。教材内容的要求可以概括为:"精、新、广、用"。"精"是指在融会贯通教学内容的基础上,挑选出最基本的内容、方法及典型应用;"新"指尽可能地将当前国内外会展产业发展的前沿理论和热点、焦点问题收纳进来以适应会展业的发展需要;"广"是指在保持基本内容的基础上,处理好与相邻及交叉学科和专业的关系;"用"是指注重理论与实际融会贯通,突出职业教育实用型人才的培养定位。

本套教材的编写出版是在教育部高等学校工商管理类学科专业教学指导委员会旅游与会展专业组的大力支持和具体指导下,由中国会展教育的开创者和著名学者、国内会展旅游教育界为数仅有的国家级教学成果奖获得者和国家级精品课程负责人,教育部高等学校工商管理类学科专业教学指导委员会旅游与会展专业组组长、中国会展经济研究会创会副会长马勇教授担任总主编。参与这套教材编写的作者主要来自于上海旅游高等专科学校、上海工程技术大学、上海新侨职业技术学院、湖北大学、武汉职业技术学院、湖北经济学院、湖北职业技术学院、浙江旅游职业学院、桂林旅游高等专科学校、广西国际商务职业技术学院、金华职业技术学院、昆明冶金高等专科学校、昆明学院、沈阳职业技术学院、广东交通职业技术学院、顺德职业技术学院、深圳职业技术学院等全国

40多所知名高校。在教材的编写过程中,重庆大学出版社还邀请了全国会展教育界、政府管理界、企业界的知名教授、专家学者和企业高管进行了严格的审定,借此机会再次对支持和参与本套教材编审工作的专家、学者和业界朋友表示衷心的感谢。

本套教材的第一批选题已于2007年7月后陆续出版发行了21本,被全国众多高职院校以及会展企业选作学生教材和培训用书,得到广大师生和业界专家的广泛认可和积极使用。这套教材中一部分已被列选为国务院国资委职业技能鉴定和推广中心全国"会展管理师"培训与认证的唯一指定教材,以及全国会展策划与管理专业师资培训用书,等等。本套教材的作者队伍大多是国内会展学科领域的带头人和知名专家,涉及的专业领域十分广泛,包括了经济学、管理学、工程学等多方面;参与编写的会展业界人士,不仅长期工作在会展管理领域的第一线,而且许多还是会展业界精英。另外,作为国内高校第一套全国高职高专会展策划与管理专业系列教材,在选材内容和教材体系方面都是动态开放的。随着中国会展业的持续健康发展,为确保系列教材的前沿性和科学性,我们也会不断对该套教材进行再版修订,以及增补新的选题,欢迎各高校会展学科的学术带头人和骨干教师积极申报选题并参与编撰!

本套教材由于选题涉及面广、加之编写修订时间紧,因而不足和错漏之处在所难免,恳请广大读者和专家批评指正,以便我们不断完善。最后,我们期待这套新修订出版的全国高职高专会展策划与管理专业系列教材能够继续得到全国会展专业广大师生的欢迎和使用,能够在会展教育方面,特别是在高职高专教育层次的人才培养上起到积极的促进作用,共同为我国会展业的发展作出贡献。

全国高职高专会展策划与管理专业规划教材
编　委　会
2013年2月

第2版前言

经济全球化和科学技术的迅猛发展,给会展业带来了前所未有的发展机遇。会展业朝着国际化、专业化和高科技化的方向发展,从而形成了欣欣向荣的会展经济,而会展业成为各国和各地经济发展的"推动器"。

会展业的发展,使得对会展专业人才的需求急剧增加。目前我国会展教育进入了繁荣时期,许多高职高专院校也开办会展专业,培养会展专业学生以满足当地会展业对人才的需求。许多专业教师和会展业的专业人士也投入到会展人才培养的工作中,参加课堂教学和教材编写。

"会展项目管理"是会展专业的一门基础课程,是该专业的必修课,通过学习该门课程,要求学生能够掌握项目管理的基本理论和基本技能,将项目管理的知识与技能运用到会展项目中,把会展活动作为项目进行运作与管理,从而提高会展活动的成功率。

为充分体现高职高专的教育特点,我们在 2007 年出版第 1 版教材的基础上进行了修订,将近年来教学改革的成果融入其中,主要特点:

第一,教材内容中基本理论以够用为度,强调对学生实践技能的培养和训练。

第二,教材采用项目化形式,每个项目又包含若干个任务。通过一个个任务的训练,达到对学生的培养目标。

第三,教材编写尽量体现实训的特点,通过项目中的导入案例、知识延伸、实训题和案例分析,力求提高学生运用知识的能力。

本书由吴虹担任主编,并负责修改和统稿,张锋、季永清、刘红担任副主编。编写分工:昆明冶金高等专科学校张锋编写项目1、项目7,奉丽玲编写项目2,张雁编写项目3,吴虹编写项目4、项目5,季永清编写项目8,昆明学院刘红编写项目6,昆明冶金高等专科学校袁辉参加了项目5的部分编写工作。

在此次修订过程中,我们参阅了大量同行专家的有关著作与案例,在此,特向相关作者表示衷心感谢。由于作者水平有限,书中难免有不妥和疏漏之处,敬请读者批评指正。

编　者
2013 年 5 月

目 录 CONTENTS

项目 1
认识会展项目与会展项目管理

【知识目标】

- 了解会展项目的特点
- 熟悉会展项目关系人的概念
- 熟悉项目经理的角色
- 理解会展项目管理的目标
- 掌握项目管理的过程
- 熟悉会展项目管理的过程

【技能目标】

- 能够界定会展项目
- 初步识别会展项目关系人
- 识别项目管理的过程
- 定义特定会展项目的目标

【学习重点】

- 定义会展项目
- 识别会展项目关系人

【学习难点】

- 项目管理结构化的思维
- 会展项目管理与会展活动实施的区别

【案例导入】

中国进出口商品交易会

中国进出口商品交易会即广州交易会,简称广交会,英文名为 Canton Fair。该交易会创办于 1957 年春季,每年春秋两季在广州举办,迄今已有五十余年历史,是中国目前历史最长、层次最高、规模最大、商品种类最全、到会客商最多、成交效果最好的综合性国际贸易盛会。自 2007 年 4 月第 101 届起,广交会由中国出口商品交易会更名为中国进出口商品交易会,由单一出口平台变为进出口双向交易平台。2012 年 10 月 15 日,第 112 届广交会开幕,尽管受全球市场仍处于持续降温状态影响,但中国外贸发展的传统优势并未根本减弱。

案例分析

1. 中国进出口商品交易会历史悠久,在一个月左右的时间内举办,涉及众多的活动,对于如此大规模的会展活动,是如何做到有效地计划、组织、协调和控制,以实现交易会目的的?

2. 对于这种大型的会展活动,你是否了解组织管理的过程包括哪些特有的职能?

任务 1　定义会展项目

1.1.1　会展业的发展

1) 会展活动的起源

会展活动通常被称为展览,原因是传统的展览中不包括会议等现代展览的新形式。会展活动是伴随着人类社会经济和文化交流的发展而发展起来的一个专门领域,其最基本的目的就是通过展示实现商品交换的目的。人类社会的发展从原始社会开始,经历了奴隶社会、封建社会、资本主义社会,最后到目前的初级社会主义阶段的发展过程,伴随着这个过程,人类的生产力也得到了长足的发展,主要体现在人类所创造的产品也越来越丰富,生产的目的从最初的自给自足,到为了满足交换的需要;会展活动也从最初单一的集市形式发展为多样化的现代会展形式。

随着会展产业的发展,“大会展”的概念正在日益深入人心,并得到普遍的认同。"大会展"的概念拓宽了以往对会展认识的边沿,囊括了会议、展览、节庆、旅游等领域的内容。

2)会展业的发展趋势

会展产业是指由会展相关服务企业、机构、部门形成的产业体系。会展经济是指由会展及相关产业构成的经济范畴。

从全球来分析,国际会展业目前的发展水平与发展格局同世界经济发展总体状况是基本一致的。欧美等发达国家,经过一百多年的积累和发展,成为实力最强、规模最大的会展举办主体。他们有组织会展活动的良好基础,办展经验丰富,品牌展会众多,会展业竞争力强,这些国家通常都在世界范围内有很大影响的会展活动,比如在美国底特律举办的北美汽车展,德国法兰克福国际汽车零配件及售后服务用品展览会,等等,对该行业的发展起到了非常重要的作用。据统计,全世界300个最知名的、展出面积在3万平方米以上的专业贸易展览会中,约2/3在欧洲举办。

而发展中国家的会展业起步较晚,与发达国家无论是在宏观管理体制和微观运作机制上都有明显差距。目前,我国会展业正以前所未有的速度与国际接轨,国际地位也在日益凸显,已经成长为新兴会展大国。随着北京奥运会、上海世博会、广州亚运会、西安园博会等一系列世界级盛会的举办,中国会展业将迎来一个前所未有的"大会展时代"。

会展经济是现代服务业的重要组成部分,也是现代服务业和制造业的对接平台,由于会展经济拉动效应明显,对社会经济、外交、外贸、城市建设都起到了极大的推动作用。近年来我国会展业继续保持快速增长的态势,据亚太会展研究所统计,2010年全国共举办5 000平方米以上展会6 200场,面积7 440万平方米,50人以上商务会议53万场,1万人以上节庆活动6.3万场,出国境参展面积51.75万平方米(合计5.75万个标准展位),直接产值达2 482亿元人民币(不包括世博会),占全国GDP的0.62%,实现社会就业1 900万人(占全国第三产业就业人员6.9%),拉动效应达2.23万亿元人民币。

纵观全球会展业的发展,随着世界新经济格局的形成,国际会展业将发生一系列重大变化。主要表现为以下几方面。

(1)专业化

①展览内容的专业化。由于专业展览活动能够集中反映某个行业或其相关行业的整体状况,并具有更强的市场功能,因而自产生之日起就受到了世界各国的青睐。专业展会已成为展览业的主导形式。纵观会展业的发展现状,当

今世界上著名的展览会几乎全部都是专业展。如德国的汉诺威工业博览、上海国际汽车展。

②举办会展活动组织的专业化。这与早期的会展活动主要是由政府主导不同,以政府主导的会展活动的主要目的是展示实力,而现代会展活动的主要目的是引导行业的发展,推销行业产品,现代会展活动的组织绝大多数都是由专业的展览公司负责组织实施。

(2)国际化趋势

①举办机构的国际化。许多现代会展活动都是由行业协会主办,行业协会通过与专业公司的合作,来组织实施会展活动。

②管理体制的国际化。在管理体制上,各国将普遍采用这样的做法——政府主要通过制定法规来调控会展市场,而会展业的自律则由行业协会来施行。

③国际规则的国际化。在举办国际性的会议或展览时,各国都会自觉遵守国际惯例,以提高本国展览会的品质,增强其对外国参展商的吸引力。例如,随着中国加入WTO后对外开放程度的提高以及会展经济的发展,国内展览业对中外展商的收费价格逐渐并轨。

④活动组织呈现国际化。组织者在具体操作会展活动时,在资质评价、项目策划、招展布展、配套服务等各个方面都会积极向国际标准靠拢,以保证会议或展览真正具有国际水平。

(3)展会规模越来越大

随着会展业的竞争日趋激烈,各举办机构已不再局限于吸引本国、本地区的参与者,也不再满足于国内甚至是地区范围内的影响力,而是力争提高国际参与程度,这导致展会的规模越办越大。展会规模的大型化主要表现在以下三个方面:

第一,展览活动本身规模越来越大,体现在场地规模。

第二,参展商数量越来越多,参展商来自不同的国家和地区,他们有不同的文化习俗、带着不同的参展目的,这些无疑增加了会展活动成功举办的难度。

第三,会展活动的举办涉及的行业越来越多,大规模的会展活动的成功举办涉及多个行业的参与和配合,比如一个会展活动的成功举办需要政府有关部门、旅游行业、酒店餐饮业、运输行业等的参与才能成功举办。通过会展活动的举办,也可以推动这些产业的发展。

(4)对组织管理进行创新

进入21世纪以来,大量的信息技术被应用在会展活动中,极大地推动了会展活动的发展。项目管理作为管理学的崭新领域,势必会成为将来工商经营中的必需。会展活动的举办过程中充满着许多的不确定性,而且由于会展项目的举办要求,必须在一定的时间内结束,同时要实现特定的目标,比如,参展商希望通过会展尽可能地展示产品的特色等,面对这样的要求,采用传统的管理方法很难有效地管理它们,项目管理是管理这种变化的最好选择,项目管理就是有效管理变化的手段之一,因此现代项目管理被越来越多的人应用在会展活动的组织管理中。

【知识延伸】

《2011 中国会展业发展年度报告》出台

国家商务部领导 2011 年 10 月 9 日对《2011 中国会展业发展年度报告》作了重要批示:报告写得不错,有说服力,六点建议也很好。

《2011 中国会展业发展年度报告》是由全国会展工作委员会及郭牧博士领衔的亚太会展研究团队编撰,并即将由中国商务出版社出版。该报告由郭牧、赵闯主编,全面分析了我国会展业总体发展情况,客观反映了 2010 年我国会展行业发展变化的特点和走势,探讨了会展业在"十二五"期间的发展路径,是一份对业内很有指导价值的报告。

《2011 中国会展业发展年度报告》主要信息:

1. 中国会展业已初步形成三圈二带会展经济格局:以北京为中心的环渤海湾会展经济圈,以上海为中心的长三角会展经济圈,以广州为中心的珠三角会展经济圈,以沈阳和哈尔滨为中心的东北亚会展经济带,以成都、重庆和昆明为中心的中西部会展经济带。

2. 会展经济对社会、经济、文化、外交、外贸、城市建设都起到了极大的推动作用:2010 年由会展经济产生的直接产值达 2 482 亿元人民币(不含世博会),拉动经济效应 2.23 万亿元人民币,占全国第三产业的 13%;提供了社会就业 1 900 万人,占全国第三产业就业人员 6.9%。

3. 会展业继续保持快速增长的态势:全国共举办 5 000 平方米以上展会 6 200 场,面积 7 440 万平方米;50 人以上商务会议 53 万场;1 万人以上节庆活动 6.3 万场;出境参展面积 51.75 万平方米(合计标摊 5.75 万个)。

4. 会展业存在的问题:会展业缺乏宏观管理和规划,难以形成合力;会展业结构性失调,缺乏国际竞争力;会展业公共服务体系相对滞后;会展业高素质专业人才紧缺等。

(资料来源:http://www.showguide.cn/n/20102204.html)

1.1.2　项目与项目管理

1）什么是项目

很多人对"项目"一词不会陌生,甚至在很多场合,很多人都会无意当中使用过"项目"一词来描述某一个活动或事件。但是,项目一词的真正含义并不是我们所认为的这么简单,它有着更深层次的含义。为了对项目有一个透彻的了解,需要知道项目的定义。对项目进行定义便于我们明确把哪些作为项目,哪些作为日常的工作的管理。比如,简单的一个活动,它只包含几个相互关联的小活动,我们就不需要把它作为一个项目来进行管理。

不同的人,对于项目的理解是不一样的,人们可以从不同的角度定义项目,我们可以从被称作项目的活动的不同侧面来给出不同的定义。

美国项目管理协会(Project Management Institute,简称 PMI[①])出版的《项目管理知识体系指南》(*A Guide to Project Management Body of Knowledge*,简称 PM-BOK)2004 版本中指出:项目是指为了创造独特的产品而做的临时性的努力,并且指出项目都有三个最基本的特征,即临时性、独特性和逐渐细化的特征。

项目管理专家罗伯特等人著作中指出"项目"是一系列独特的、复杂的并相互关联的活动,这些活动有着一个明确的目标或者目的,并且必须在特定的时间、预算内、依据规范完成。作者认为一个项目就是一个活动,而这个活动是由一系列的小活动构成的,它们之间有复杂的相互关系。从这个角度,指出了项目具有独特性、活动的复杂性、有给定的时间要求、预算要求和目标性等要求。

项目管理学者汪小金博士在其著作《理想的实现——项目管理方法与理念》中,从项目独特性的角度对项目进行了如下定义,任何一项工作,如果你更看重它的独特性和一次性,它就是"项目";如果你更看重它与其他工作的相似性和重复性,它就是"作业"。对于作业就不需要采用项目管理的方法进行管理。作者在书中强调了如果把某一件事情当作项目,就应该看重它的独特性,因为独特性往往是项目开发失败的主要根源之一。

---

① 美国项目管理协会是世界最大的项目管理专业协会(在 150 多个国家和地区拥有 20 多万会员)。美国 PMI 指定的 PMBOK(项目管理知识体系指南),是公认的全球项目管理标准。国际标准化组织(ISO)以该文为框架,制定了 ISO 10006 标准,也被美国等西方发达国家作为政府、企业及组织机构和新部门的运作模式。

2）会展活动是项目的类别之一

根据项目的定义，我们可以把很多的活动的集合作为一个项目，这些活动与活动之间相互影响、相互联系，比如建筑工程项目、水电站建设、公路建设、市场调查项目、产品开发项目。当然，我们也可以把会展活动作为项目，会展目的的实现需要实施众多的相互联系的活动，能否有效地协调这些活动将直接影响会展活动的结果，虽然能否把会展活动涉及的活动做到位对会展的结果也有影响，但是强调会展活动的实施效果容易让人们迷失在细节中，缺乏大局观念。所以，为了会展目的的实现，需要一种视角把这些活动联系在一起，把会展活动视为一个项目就是对这些活动的整合。会展活动有如上述的项目特征，任何会展活动都有明确的开始时间和结束时间，也有自己鲜明的特征，涉及众多的项目关系人，在开始实施会展活动时，也无法确定地回答会展活动的详细细节。

3）会展项目的特征

会展项目具有所有项目所共有的特征之外，由于会展活动的行业性特点，会展活动作为项目还具有如下几方面特点。

（1）具有明确的服务目标

现代会展业的主要目标是为了促进行业的发展，会展项目以提供令客户满意的服务为目标。会展业属于第三产业，从服务业的本质出发，要求会展业的从业人员围绕人来开展工作，最终实现客户满意的目的。因此从目标上看，会展企业引进项目管理的方法可以使企业最大限度地实现会展目的，服务于与会者或参展商。

（2）涉及众多的项目关系人

这是由于会展活动本身的特点所决定的，一个成功的会展活动的举行不仅需要有政府部门的支持，大量优秀的参展商的参加，而且还要服务行业的众多部门的协调与配合，这些组织或个人都期望在会展活动的举办中获得某种期望的利益。如果不能把这样的一些组织或个体有效地整合在一起，那将会影响会展活动的成功举办。

（3）会展项目客户的广泛性

会展活动以客户群体而非个体为对象。会展项目的服务对象是以参展商和特定的观众为主的客户群，其构思与启动要以充分调研两个客户需求为基础。一个成功的会展项目往往把会议、展览和文化、旅游等活动有机地结合起来,一方面吸引大量的参展商参展,丰富展会内容;另一方面也增强对观众的吸引力,扩大观展规模,从而形成广泛的客户群体。

(4)有很多约束条件

任何一个会展活动的举办都受限于特定条件,比如场地条件、有限的预算、特定的时间、人力资源的限制、环境条件的限制、法律条件的限制等。

(5)会展活动效益的综合性

会展项目的投资收益是综合性的,这种综合性体现在两个方面:

①会展项目投资获取经济效益的同时,还将获取巨大的社会与环境效益,比如推动社会相关行业发展、优化城市环境等。

②项目的关联性决定了项目收益由多方构成,具有综合性的特点。例如,法国会展业每年的展会营业额达85亿法郎,交易额达1 500亿法郎,参展商和观展商的间接消费超过250亿法郎。

(6)涉及大量相互关联的活动

任何会展活动包含许许多多的各种活动,这些活动之间存在着某种复杂的关系,它们之间开始的顺序将直接影响会展项目的成功举办。

1.1.3 会展项目的类型

会展项目作为一种新型的项目形式,是现代经济社会中主要的经济形式之一。它与传统的工程建设项目、科学研究项目等有着明显的特征差异。学者马勇等人根据会展主题的不同,将会展项目划分为不同类型,主要有科技展示型项目、产品交易型项目、综合博览型项目和会议洽谈型项目。

根据会展项目的规模可以把会展项目分为:

①大型会议:例如奥运会、世界妇女大会。

②中小型会议:例如论坛、高峰会议。

③大型博览会:例如世界博览会。

④中小型展示活动:例如汽车展、服装节。

刘大可等人则认为会展行业在我国还属于起步较晚的、崭新的行业,尤其是对会展行业的研究更是处于起步阶段,对于会展活动的基本概念还缺乏统一的认识。他们在书中指出会展活动的主题包含3个部分,即会展项目可以根据内容的不同划分为会议、展览、特殊活动三种类型。其中,展览最具有代表性,展览是最传统的一种会展活动,是最古老的形式,而会议和特殊活动是现代经济中出现的新会展形式,会议形式包括诸如各种主题论坛、专题学术研讨会等,特殊活动包括诸如昆明世界园艺博览会等。

正如学者刘大可在著作中指出,对于会展活动的基本概念还缺乏共同的认识,也没有统一的标准来划分会展,但是,这并不影响我们成功地管理一个会展活动。

任务2 定义会展项目的目标

1.2.1 会展项目管理目标制约

管理的目标是为了实现效率和效果两大目标,组织在确定具体的效率和效果两大目标时,依对象不同而有所不同,比如对于工业企业和商品流通企业,具体的效率和效果指标是有差异的,项目管理作为管理学的一个分支,同样也要遵循效率和效果这两大基本目标。任何一个项目都有三大主要目标:范围说明、预算及完工时间。范围说明显示了项目管理追求效果的基本特点,而预算和完工时间则反映了项目管理追求效率的方面。

而范围、完工时间和预算他们之间呈现非常复杂的关系,通常,三个目标中某一个目标发生变化,那么其余两个目标肯定会受到影响。比如,对于一个会展项目,会展活动举办者如果对时间目标进行修改,那么成本和范围也会受到影响。

目标三角形是对项目管理功能的基本描述,传统的目标三角形是指时间、预算和质量,图1.1所示的目标三角形是人们对项目管理基本目标的最新解释,对传统目标三角形进行修订的主要原因是对

图1.1 项目管理三大目标之间的相互关系

现代质量理论的适应,现代的质量理论认为质量是为满足功能和适合使用,如果项目管理提交出来的项目产品范围不满足要求,即缺少某一功能,那么,该项目产品就没有满足质量要求。所以,从现代项目质量的理论分析,项目的范围目标应该包括质量。新目标三角形与传统的目标三角形(包括时间、质量和预算)的不同点主要表现在两方面。

1)目标要素不同

图 1.1 用"范围"代替了"质量",原因是在时间和成本约束下,质量是一个不可协调的因素,但是如果缩小范围就可以节约项目的成本和时间。

2)人的作用不同

项目管理的三大目标是动态可调节的,这就是项目经理和项目团队在项目管理过程中灵活性的基础,虽然三个目标之间是相互矛盾,甚至是冲突的,但是不能忽视了人在项目管理中的作用。项目管理学者克利姆(Kliem)和鲁丁(Ludin)认为在项目管理中人的作用不能被忽视。

1.2.2　满足时间要求是会展项目管理的优先目标

图 1.1 显示的目标三角形有助于项目经理和项目团队将项目管理的注意力集中在三大目标的优先顺序上,对于不同类型的项目,甚至是同一类型项目不同的开发时间,都有可能有不同目标优先顺序。在管理会展项目时,三大目标中的时间目标是最优先的目标,由于事先对外宣布了项目的时间目标,即开始时间和结束时间,通常,确定的时间目标是不能随意更改的,因为,时间的更改将可能会导致其他的会展活动也要发生变化。为了满足时间目标,会展活动的组织者甚至可能在举办过程中增加额外的资源投入来保证展览活动如期举行和结束。

虽然,对于会展项目的管理中,我们可以确定时间是最重要的目标,但是知道这点还不能让我们有效地控制和管理好会展项目,我们还需要考虑项目时间与成本和范围之间的相互关系。它们之间的关系分析如下:

1)时间与范围之间通常是正比关系

通常工期长则可以完成的工作量多,相反,如果工期短,则可以完成的工作就会受到时间的限制。

2)时间与预算之间存在重要且直接的关系

通常,项目的工期发生拖延,那么往往会引起预算超支。

3）预算与范围

如果项目实施过程中，范围发生变更，即由于各种原因引起的对项目计划中内容的改变，如工期变更、范围变更和成本变更等，则预算也会发生相应的变化。如会展项目范围增加，则项目的预算通常也应该增加。所以在项目管理中，如果项目的投资人要求增加项目的工作量时，那么，项目承包商就有理由要求增加项目预算。

项目管理坚持以目标驱动管理和控制项目，确保实现项目管理的目标，即满足项目关系人对项目的要求。项目经理应该把实现事先确定的时间、预算和项目范围这三大目标作为完成项目的最基本的动力。

任务3　区分项目管理与一般管理

1.3.1　项目管理

项目管理是管理学中一个专门的领域，起源于20世纪50年代。最初它只是作为一种计划和控制技术，大家所熟悉的网络图技术就是项目管理典型的计划和控制技术。后来经过专业协会的大力推动，比如PMI和国际项目管理协会等项目管理专业协会的推广，通过近50多年的发展，项目管理逐步发展成了一门特定的管理方法，它是集技术与工具、一系列的工作价值观和理念于一体的管理哲学，它适用于完成各行各业复杂的工作任务。

在PMBOK2008版中指出，项目管理是把各种知识、技能、工具和技术应用于项目活动，来达到项目的要求。项目管理是通过对一系列的项目管理过程的应用与整合来实现的。这些过程包括启动、计划、实施、控制和收尾，项目经理是负责实现目标的个人。

项目管理不仅仅是一种方法和技术，它更是一种工作价值观和理念，价值观和理念是支持项目管理方法和技术环境，是驱动技术和方法有效发挥其作用的促进剂。在项目管理学习和应用过程中，不仅要学习项目管理的方法，而且还要学习与之配套的项目管理价值观，缺一不可。

1.3.2　项目管理与通用的管理

当今,会展公司就是典型的项目化管理的公司,它们的日常经营与传统的会展公司的运营有很大的区别,其主要的运营方式是采用项目管理的方法管理临时性的会展活动,并把会展活动作为管理的对象,采用特有的方法管理这些临时性的活动;而传统的会展公司却把会展活动当作重复性的活动进行管理,采用企业管理中常用的计划等方法进行管理,虽然对象就是会展项目,但是两种方式的本质区别是,前者关注会展活动实施过程中的独特性,而后者强调的是会展活动的相似性,而会展活动的不确定性往往是导致会展活动不能实现预期目标的主要原因,所以,以项目管理的方式管理会展项目能有效地实现会展项目的效率和效果,并能在二者之间取得平衡。

1.3.3　用项目管理的方法管理会展项目

把项目管理应用于会展活动的组织管理,能有效地促进会展项目成功举办,是提高会展项目管理效率的重要途径之一。项目管理是使无序的变化有序化的一种管理哲学。任何一个会展项目的成功举办,需要许多来自不同行业、不同专业的组织和个人的参与和协调,才能取得满意的效果。

会展项目包含许许多多复杂活动的综合性活动,这些活动之间具有某种相互联系,如果不能有效地处理它们之间的关系,它们就有可能处于混乱之中,最后导致会展活动失败,而项目管理可以有效地处理这种活动之间的关系。

项目管理可以使会展项目的成功举办和地区经济的发展实现有效的整合。会展经济作为现代商业社会中重要的经济活动,一方面,会展项目的举办可以为当地提供一定的就业机会,解决地区的就业问题;另一方面,它还能有效地为产品生产企业提供实现交换的平台。所以,会展活动的举办得到各级政府、工商企业界的广泛欢迎,近几年得到了快速的发展。会展活动的举办方在举办活动的过程中往往只考虑举办者自己的利益,而忽略了会展项目作对地区经济发展战略的促进作用,项目管理方法的整合功能可以使举办者在项目管理过程中把会展项目的目标和地区经济发展目标整合在一起。

任务 4 会展项目管理的结构化方法

1.4.1 会展项目管理系统

会展项目的管理工作是一个综合性的工作。在这个综合系统中,项目团队处于核心地位,所有这些工作都是在项目管理团队的组织协调之下完成的。所以,项目管理团队能否系统地组织这些工作将决定管理工作的有效性。在会展举办过程中,不采用项目管理与采用项目管理的方法和技术来管理会展项目的根本区别在于,前者举办会展活动的过程中,缺乏系统性,而后者则能把与会展项目有关的各要素进行有效的协调,从而有效地促进会展项目的成功举办。

从事项目管理工作的人员必须时刻牢记会展项目管理的系统性特征,在管理会展项目的过程中,从系统的角度去做决策。比如,会展项目管理的各目标之间,在对某一目标进行变更的时候,就必须考虑此变更可能会对项目关系人产生的影响,对其他目标产生的影响,考虑需不需要对项目哪些方面进行必要的修改,等等。

会展项目管理综合系统可以通过图 1.2 表示,图中的黑色箭头表示管理管理团队对会展项目管理系统中的子系统进行启动、计划、控制、实施和收尾的管理,从图中可以看出,会展项目管理系统包括 5 个部分,它们是:

1)会展项目环境系统

会展项目环境系统主要是指外部环境系统,该系统影响整个项目的成功实施,项目管理团队依据环境因素来确定会展活动的目标。

2)会展项目目标系统

一个会展活动的举办,需要考虑许多方面的目标,这些目标需要考虑不同的项目关系人的需求,是一个层次结构。

3)对象系统

对象系统是指为了实现会展项目目标系统中的所有目标,采用一定的计划方法确定需要完成哪些工作,提交哪些具体的可交付物。比如使用工作分解的

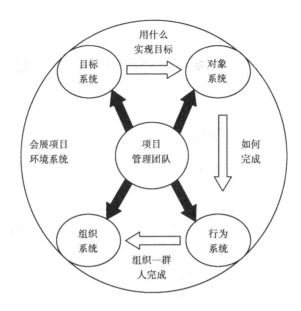

图 1.2　会展项目管理系统

方法,借助 WBS 的结构来确定项目的可交付物。

4)行为系统

为了完成对象系统中的工作,需要使用合适的工具、技术和方法。这些工作的方法有很多,比如采用滚动计划编制方法编制会展项目计划。工具、技术、价值观就构成了会展项目管理的行为系统,它包括沟通技术、计划编制方法、项目管理过程、变更控制系统等。

5)组织系统

会展项目的管理需要很多人参与,如何有效地把参与者组织在一起就是会展项目管理系统中的组织系统,它包括组织文化、组织结构、奖励制度等。

1.4.2　会展项目的生命周期(Lifecycle)

1)会展项目的阶段划分

会展项目从开始到结束的整个过程就像人的生命一样,我们把这个过程称为会展项目的生命周期(Lifecycle),对会展项目管理的主要对象就是生命周期中的工作,如果严格考察这些工作,它们之间有某种规律,比如某些工作的完成所需要的工作在技术上具有某种相似性,或者工作在内容上有某种相似性。为了便于对会展项目的活动进行控制,可以依据一定的条件把会展项目从开始到结束的全过程按照先后顺序划分为若干阶段,这些阶段构成了会展项目管理的过程,我们称之为会展项目管理过程。

最简单的一种划分方法可以把项目生命周期划分为启动、实施、收尾3个阶段,每一阶段的项目工作都各具特点。当然,我们可以把项目划分为更多的阶段,如马勇等人把会展项目划分为4个阶段,即项目启动阶段、项目计划阶段、项目执行阶段和项目结束阶段。

但是,很多学者经过研究和实践发现一个隐含的基本原则,即成功的项目管理方法中都有相似的阶段后划分方法。比如Weiss,Wysocki,PMI等人在著作中都总结了各自所认为的有效的项目管理过程,即把项目划分为5个阶段是最有效的方法,这5个阶段的名称可能有所区别,但是它们都揭示了这样的一个潜在的规则,即能使项目成功的阶段划分方法应该是5阶段模式。在《PMBOK指南》2004版中把项目划分为启动、计划、实施、控制和收尾5个阶段,而罗伯特等人则把项目划分为定义项目范围、制订项目计划、启动项目、监控项目进展、项目收尾5个阶段。考虑到PMI和PMBOK指南在全球项目管理界中的里程碑作用,可以把会展项目的管理过程划分为启动、计划、实施、控制和收尾5个阶段。各阶段之间关系如图1.3,每一个阶段只有在前一个阶段工作完成的基础上才能开始,阶段之间的联系是依靠阶段工作完成后的可交付物来进行连接的;在图中有两个控制阶段:控制1和控制2。控制1主要是指对项目按照计划实施的过程中开展的控制工作,而控制2则是指对项目开始之后所有的项目工作的监督控制,包括阶段与阶段之间如何连接的控制。二者构成项目管理过程中的控制阶段,实际上,只要项目开始,就需要对项目进行监督控制。

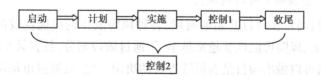

图1.3 会展项目周期的阶段划分

2) 阶段划分的意义

对会展项目进行阶段划分对会展项目管理的成功有重要的意义,主要表现在:

(1) 阶段划分是整合会展活动的有效工具之一

会展项目管理中,项目的管理者容易迷失在混乱的项目工作中,容易关注细节问题而忽略了项目的目标,通过阶段的划分,可以促使管理者建立一个整体的项目形式。

(2) 阶段划分是会展项目活动有序化的工具之一

项目管理团队通过把会展项目划分为不同阶段,可以把关系复杂的项目工作有序化。

(3) 有利于会展项目工作责任的明确

把项目划分为不同阶段后,可以明确哪些阶段的工作可以外包,哪些可以自己完成,哪些工作是分配给谁来负责。

(4) 有助于明确团队成员的客户意识

通过阶段划分,可使项目关系人知道自己所从事的工作对项目完成的贡献以及明确自己的工作的客户是谁。比如参与启动阶段工作的组织或个人,他们的客户并不是指最终的客户,重点是下一阶段使用他们的可交付物的那些团队成员。

(5) 有利于会展项目资源的分配

会展项目的不同阶段,对资源的需求量是不同的。通常,项目的大部分资源被花在实施阶段,这有利于项目经理为会展项目安排人力资源与资金等。

(6) 减少会展项目管理的风险

会展项目通常在项目开始的时候,各种风险发生的可能性较高。但是,随着项目的进展,风险可能性就越来越小了,通过阶段划分,较容易在项目初期发现风险,从而可以做出项目是否继续进行的决定。比如,通过市场调研,发现参展商对会展项目的预期较低,那么就可以考虑取消后续的工作,从而可以避免继续投入资源。

成功的会展项目管理,需要适合会展项目举办的阶段划分,会展项目的周期管理是会展项目管理的基础工作之一,是会展项目管理特有的方法之一。

任务5 识别会展项目关系人

1.5.1 谁是会展项目关系人

1)项目关系人定义

从资源的角度,会展项目需要的资金、人力等是一种看得见摸得着的有形资源,而项目关系人对会展项目的积极支持是一种不可或缺的无形资源。但是,在实践中,会展项目管理者往往会忽略对项目关系人的重视,尤其是争取关键项目关系人的支持,即缺乏对项目关系人的管理。

对项目关系人进行有效的管理是很重要的,甚至是十分必需的。因为项目的成功依赖项目关系人的满意;项目关系人的要求没有被识别将影响项目成本目标的实现。值得一提的是,忽略了会展项目的主要客户将会对会展项目的成功产生危险的影响。

那么,在会展项目管理中,如何鉴别项目关系人呢?项目管理专家 Turner 在其著作中指出:项目关系人是指在项目的成功运营环境中,有既得利益并对项目最终成功有重大影响的个体和组织。

在 PMI 的 PMBOK 第三版中指出,项目关系人是指积极参与项目,或者其利益会受到项目实施或项目完成影响的个人或组织。

上述定义表明:

第一,项目关系人不仅指直接参与项目活动的个体或组织,还包括没有直接参与项目活动但其利益会受到影响的个人或组织,或者是个体或组织对项目结果会产生直接或间接影响的个人或组织。

第二,项目关系人对项目的影响包括积极和消极影响。

第三,项目关系人对项目的利益期望往往是相互矛盾的。

第四,项目不同,项目关系人群体不同,项目关系人的识别往往很困难。如果按定义来识别会展项目关系人将是非常困难的,由于局限于资源的有限性,这就要求我们要专注于关键的项目关系人的利益。

2)会展项目关系人识别

通常,一个会展项目的关系人包括以下几类。

（1）会展项目业主

这是指最终拥有项目结果的个人或组织。

（2）会展项目经理

这是指负责项目实施的人。是项目的唯一责任点。

（3）会展项目的组织者

这是指提供会展项目管理的组织,负责会展项目举办的组织。

（4）参展商

参展商是会展项目的客户,他们是使用会展项目产品的个人或组织,会展项目是否成功很大程度上依赖于参展商对会展项目的满意程度。

（5）项目团队成员

这是指参与会展项目管理的人。

（6）会展项目的供应商

他们是为会展项目的实施提供各种服务的组织或个人。比如旅游局、航空公司、酒店、展览场所、技术人员、物流公司等。

（7）赞助者或发起人

这是指为项目实施提供资金的个人或组织。

（8）公众（观众）

这是指直接参加会展活动和没有直接参加会展活动的人或组织。

1.5.2 会展项目关系人管理

1）会展项目关系人管理是一个过程

会展项目关系人管理是指对识别会展项目的主要关系人,然后持续性地发展会展项目与他们之间的关系,最终获得他们对会展项目的满意的整个过程。会展项目关系人管理的特点如下:

（1）全过程性

会展项目关系人管理不是一次性的活动,它贯穿于整个会展项目生命周期。

（2）双向性

会展项目关系人管理是一个双向的过程,它是一种项目实施与关系人之间的关系,会展项目关系人管理不仅告诉关系人应该去做什么,还应该倾听他们的意见并同他们协商。

(3)最终评价者

会展项目关系人最终会对项目成功做出主观评价。这一点将提醒项目管理团队不能忽略关系人对会展项目成功性的评价,项目的最终评价很大程度上依赖于他们对会展项目的评价标准。

2)会展项目关系人管理的方法

会展项目关系人管理实质上是一种关系管理,贯穿于整个会展项目管理过程。通常,会展项目关系人管理遵循以下过程,该过程通过图1.4体现。

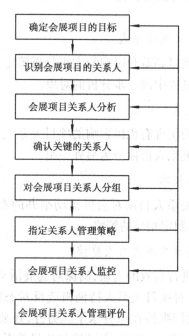

图1.4　会展项目关系人管理过程

(1)识别会展项目的关系人

会展项目关系人管理的起点是确定的项目目标,即会展项目举办后,评价会展项目是否成功的标准;然后,依据这些标准识别哪些相关关系人对它们有重要影响;那么,对目标有影响的个人或组织就是会展项目的关系人。通常会展活动的项目关系人识别可以采用表1.1进行分析。

表 1.1　某会展活动的项目关系人分析

序号	项目关系人	类别	潜在利益领域	利益高低程度	对项目的影响程度

（2）会展项目关系人分析

主要分析项目关系人对项目利益、影响和态度。分析项目关系人对会展项目存在哪些期望利益以及他们可能会对项目目标产生的影响，并根据利益和影响大小进行分级。

（3）确定会展项目的关键关系人

根据项目关系人对项目利益和影响的大小分析确定主要的项目关系人，他们是会展项目组织管理过程中进一步分析的对象。

（4）对关键的项目关系人分组

把对会展项目目标的实现有积极影响的项目关系人分为一组，把对项目目标的实现有消极影响的关系人群体分为另外一组。

（5）制定关系人管理策略

通过分析会展项目关系人目前对会展活动举办的态度与会展项目成功举办对他们的影响，对他们制定相应的策略。

（6）会展项目实施过程中的关系人监控

通过对项目关系人进行有效的沟通，确保对会展活动积极支持的项目关系人继续支持会展项目；让对项目关系人持消极或反对态度的关系人改变态度，转为积极支持，或者使他们维持在原有水平。另外，还要注意项目关系人在会展项目举办过程中态度的改变，积极、主动地与项目关系人保持有效的沟通，最终确保会展项目取得预期的目标。

（7）会展项目关系人对会展的评价意见

对项目关系人管理后的评价包括两方面的工作，一是会展项目结束后，对整个组织管理过程的评价，即对会展活动组织管理过程的效率和效果的评价；二是对会展项目管理过程中，关系人管理效率和效果的评价，最终实现对关系人管理的经验总结，积累会展管理的经验，更好地管理会展活动。

3)会展项目的客户

在会展项目关系人管理过程中,应该重视顾客或客户这个最重要的项目关系人,这是采用项目管理方法组织管理一个会展项目的重要理念之一,以客户为导向的原则来处理会展项目管理中的争议和做决策。以客户为导向的原则在会展管理中表现在两方面:

(1)以参展商的利益为最高利益

会展活动组织管理过程中,当项目关系人之间的利益冲突难以平衡时,以客户的利益为主导,同时以参展商的利益为最高利益。

(2)确定客户满意的标准

会展活动的举办过程中,具体工作的实施者要明确所负责的具体客户,需要考虑使自己的客户满意的标准是什么,这样才能把客户的意识贯穿于整个会展项目的举办过程中。

1.5.3 会展项目的项目经理

会展项目经理是会展项目成功的重要因素之一。

会展项目的项目经理是负责整个会展项目举办的责任人。项目经理是会展项目唯一的责任人。很多项目往往会忽略这一点,在项目中有很多人都可以做决定,这往往会引起项目管理过程的混乱。如果希望对会展项目复杂的工作能在有条不紊的秩序中进行,就需要在会展项目初期决定会展项目的项目经理。

在会展业务中,项目经理"是充满活力的、带来生命力的元素"(德鲁克语),他们是会展项目的核心人物,也是项目成功的关键。

1)会展项目经理的作用

在会展项目中,项目经理的重要作用有:

(1)有效地整合会展项目活动

在会展活动中是否应用项目管理,最根本的区别之一就是活动是否实现有效的整合,项目经理是会展组织工作的整合者。

(2)进行协调

为避免事情太多,杂乱无章,需要项目经理对各项工作和活动各方进行协调和控制。会展项目的参与人员多,为了保证项目的进度,只有通过项目经理的有效协调和控制,才能避免事情太多,需求点太多而导致项目最后的失控。

(3)加快决策速度

会展项目关系人众多,会产生很多不同的需要,不可避免会产生很多冲突,只有依靠项目经理的作用才能快速地解决这些冲突,使会展按照计划时间开始和结束。

(4)提高会展项目工作的效率

应避免在会展项目管理中出现人浮于事的现象。如何让会展项目组成员在项目进行过程中最大限度地减少这样的消耗是项目经理要关注的事,项目经理可以通过编制具有可执行的会展计划推动各项工作。通俗地讲,通过项目经理的作用做好事前的工作,避免出了问题后无人承担,相互推诿。

除此之外,需要强调,项目经理受项目发起人或所有者的委托负责管理会展项目,所以他有两个客户,一是需要面对会展活动本身的客户,即参展商;二是会展项目组织管理工作本身的客户,即发起人或所有人。客户导向主要是指前者,后者主要是强调了项目管理者的职业道德,二者在项目管理中同样重要。

2)会展项目经理的能力

会展项目经理要促进会展项目的成功,应当具备下列能力。

(1)项目管理能力

掌握项目管理的知识,掌握现代项目管理的技巧和方法,并拥有一定的项目管理经验。要有对会展项目进行有效规划的能力。项目经理最重要的特质就是辨识和解决问题的能力。这同时也决定了项目经理要有风险管理能力,能够在信息不完备的情况下做决定,预先进行风险确定、风险冲击分析以及风险应对计划,并在危机事件发生时正确进行处理。另外还有质量管理能力,熟悉基本的质量管理技术。

(2)团队领导能力

会展项目经理首先必须是一个合格的团队领导者,他所肩负的责任就是领导他的团队准时、优质地完成全部工作,在不超出预算的情况下实现项目目标。他需要掌握通用的团队建设的理论和团队管理的经验;他必须具有灵活的人际关系处理经验;具有一定的商务知识和经验;有卓越的指导能力,能够协助团队成员解决问题。

（3）项目经营能力

会展项目经理首先是一个计划者，而不是执行者，在会展经济不断国际化、全球化的今天，会展项目的成功必须依靠创新精神与创新能力。因此，项目经理必须有与高层一同研拟策略、设定目标并排列目标优先顺序的能力。项目经理还是会展项目的设计师，它必须正确设定会展主题、精心设计节目。项目经理必须善于着眼于"大画面"的事务，例如项目的生命周期、工作分工结构的开发、管理流程变动的实施等。

3）掌握通用的管理知识和技巧

项目经理需要掌握一般管理的技巧，比如谈判技巧、沟通技巧、通用的团队成员激励理论等，这些技巧和方法可以有效地提高项目经理处理问题、解决问题的能力，并对其他的工作产生帮助。

本章小结

本章主要介绍了会展项目的特点和会展业发展的特点；介绍了现代项目管理基本理论，以及应用现代项目管理的方法去管理会展项目与传统的会展活动组织管理之间的区别；介绍如何对会展项目进行阶段划分以利于管理复杂的会展项目活动，实现对复杂的会展活动进行整合；如何在会展活动管理中进行关系人管理；强调了项目经理对会展项目成功的重要性，以及应该如何选择合适的项目经理，他应该具备哪些必要的能力。

【复习思考题】

1. 什么是项目管理？采用项目管理的方法管理会展活动有什么好处？

2. 会展项目有何特点？试结合实际举例说明。

3. 什么是项目关系人？试以某会展项目为例分析该项目的项目关系人有哪些？

4. 什么是会展项目关系人管理？项目关系人管理的目的是什么？

5. 会展项目是否都有客户这个项目关系人？说明理由。

【实训题】

实训项目一

一、实训组织

结合当地的会展业发展情况,选择一个大家熟悉的小型展览会作为项目,让学生自己定义该项目。

二、实训要求

1.选择的会展项目的规模不宜太大。

2.可以把学生分成不同的组,每组由3~6位同学构成,组成一个会展项目团队。

3.要求每一个项目团队都要为会展项目取一个项目名称,便于团队意识的形成。

4.把选择的会展项目的生命周期划分成不同的阶段,不同的团队划分阶段是不同的,即项目阶段的划分没有统一的标准。

5.阶段划分的时候,以会展项目阶段成果为导向进行划分。

三、实训目的

1.提高学生对会展项目活动集合的认识。

2.掌握划分会展项目生命周期的过程和方法。

3.提高学生通盘考虑会展项目各项活动的能力。

实训项目二

一、实训组织

针对上面选择的项目,初步识别该会展项目有哪些项目关系人。

二、实训要求

1.尽可能识别出与会展项目有关的所有项目关系人,并以项目关系人清单列出。

2.初步分析识别出来的项目关系人在会展项目上的利益。

3.为识别出来的项目关系人初步制定关系人管理策略。

4.整理出该会展项目的关系人管理计划。

三、实训目的

1.提高学生对会展项目关系人在会展项目的管理中的重要性的认识。

2.掌握会展项目关系人管理的过程。

3.掌握会展项目关系人管理计划编制的过程和方法。

实训项目三

一、实训组织

在实训项目一和实训项目二的基础上,初步确定该会展项目的目标,包括会展项目的产品目标和会展项目管理目标两方面。

二、实训要求

1.确定会展项目的产品目标,即选择的会展项目应该提交哪些可交付结果。

2.确定会展项目管理的目标,即提交可交付成果,应该是在何种要求下提交,比如时间、成本等目标。

三、实训目的

1.提高学生对会展项目结果和活动的协调工作之间的区别与联系的认识。

2.掌握如何定义会展项目的产品目标和管理目标。

【案例回放】

昆明进出口商品交易会项目关系人分析

中国昆明进出口商品交易会(以下简称昆交会)是由商务部、云南、四川、重庆、贵州、广西、西藏六省(区、市)及成都市人民政府联合主办,海内外多家机构参与协办,以东南亚、南亚国家为重点的区域性进出口商品交易会。自1993年举办首届以来,昆交会已经成功举办19届。通过19年来坚持不懈的努力,昆交会现已发展成为集对外经贸洽谈、商品展览、招商引资、经济合作等为一体的国际商务平台,对中国西南地区扩大对外开放,深化与东南亚、南亚的交流与合作,起到了积极的推动作用。

把昆交会当作一个项目进行项目管理,通过分析,我们可以分析得到如表1.2的主要项目关系人。

表1.2 中国昆明进出口商品交易会项目关系人分析

项目关系人	对交易会的期望利益		对交易会的影响		管理措施
	领域	大小	领域	大小	
参展商	交易会的影响力、观众数量	5	参加展览、对交易会的评价	5	大力推广、努力邀请国内外的投资人和采购商参加交易会,阐明该交易会的影响力

续表

项目关系人	对交易会的期望利益		对交易会的影响		管理措施
	领域	大小	领域	大小	
承办方管理层（云南省政府）	交易会的声誉、影响力、有效推动全省经济发展的促进作用等	3	决定项目能否实施，决定资金投入	3	阐明对云南省的好处，说服高层领导大力支持
协办方	对本省经济发展的贡献、得到较多的交易会名额等	3	不积极地组织本省有关单位参展	3	事先阐明协办方和主办方是利益共同体
新闻媒体	新闻题材	1	宣传力度和对晚会的评价	2	一定的经费支持，与记者良好沟通
旅行社	为国内外的采购商提供旅游服务	3	旅游服务质量是交易会质量的一个重要方面	3	挑选旅游服务质量好的旅行社作为本次交易会的特约服务商，一起向参展商和采购商进行推荐
进出口商品检验检疫局	所有的参展商的参展商品符合规定	3	参展商的展品不能展示	3	在邀请函中明确提请参展商注意参展商品的检验检疫注意事项
举办地工商局	参展商和采购商符合国家有关规定	2	手续不全，不能参展	2	报名参加交易会的过程中邀请工商部门参与
税务部门	是否按照国家税法的规定交纳有关税金	2	罚款或禁止参加交易会	2	邀请税务机关参与报名过程和展览过程
交通运输部门	提高交易会期间的运输量	2	服务质量差引起参加交易会的国内外客人对交易会不满意感	3	通过招标的方式采购运输服务商（包括飞机、汽车），为交易会提供运输服务
饭店/宾馆	交易会期间提高入住率	2	服务质量差引起参加交易会的国内外客人对交易会不满意感	3	通过招标的方式采购不同级别的酒店为交易会提供服务

续表

项目关系人	对交易会的期望利益		对交易会的影响		管理措施
	领域	大小	领域	大小	
市政府	本市有关企事业单位积极参加交易会,推动本市经济的发展	3	交易会配套支持体系不能很好地为交易会提供支持	3	阐明市政府和省政府是利益共同体
公安局大型活动保卫部门	交易会期间不出现安全事故	3	有可能关闭交易会	3	提前与该部门商量安全保卫事宜,并向他们提供及时的交易会信息
公交系统	在交易会附近不发生严重的塞车现象	1	公共汽车在展览场地附近影响交易会的正常举行	1	要求展会保安派人专门负责交易会附近的交通疏导,并提前与公交公司通报交易会的举办时间、地点等信息
公安局出入境管理处	国外的采购商严格遵守我国出入境管理规定	2	采购商不能按交易会举办时间正常入境	3	在采购商邀请函中说明我国出入境管理规定
交易会组织管理者	体现个人和团队的能力,一定经济报酬	2	直接管理者,对项目的影响贯穿全过程	3	团队内部分工合作,有机协调,合理的经济和精神激励机制
会展场地附近居民	噪声、影响正常交通	1	通过相关部门进行干涉	1	通过宣传事先取得理解或忽略不管
观众	票价高低	1	扰乱会场秩序	1	出售专门的一般观众门票,并安排专门的人员负责维持一般观众的秩序
场地出租者	经济利益	2	租赁费高低,对场地使用的限制	2	争取较低价格,签订租赁合同以防有变

备注:表中数字表示影响力和利益大小,从1至5,依次增大。

案例分析

1.上述案例给我们哪些启示?

2.针对上述案例,谈谈会展项目关系人与会展项目成功之间的关系如何?

项目2
会展项目启动

【知识目标】

- 了解会展项目的需求分析的主要内容
- 熟悉会展项目选择时需要考虑的因素和应遵循的原则
- 了解会展项目可行性研究的内容与方法
- 了解会展项目进行财务评价的基本方法
- 熟悉会展项目的申报程序

【技能目标】

- 能够为简单的会展项目申报立项
- 能够编制简单的《会展项目可行性研究报告》
- 能够编写简单的《会展项目立项策划书》

【学习重点】

- 会展项目可行性研究
- 会展项目申报立项

【学习难点】

- 会展项目可行性研究
- 会展项目立项策划

【案例导入】

第六届中国花卉博览会是我国加入 WTO 后的第一次全国性花事盛会,由中国花卉协会和四川省人民政府联合主办,四川省花卉协会和成都市人民政府承办,其主题是:让鲜花扮靓生活。"六博会"静态总投资预计为7.8亿元,其中基础设施建设投资7.3亿元,办会直接投入5 000万元。资金筹措采取"政府投入加市场运作"的方式多渠道解决。

当时,主办方分析了举办"六博会"的有利条件包括:省市区各级领导高度重视;有强大的产业支撑;有西部大开发的政策优势;有花博会成功举办经验可借鉴;"六博会"带动效应明显。不利条件包括:筹备工作任务重,时间比较紧迫;温江会展经济基础较薄弱;"六博会"中心展区建设项目的用地指标紧张;中国花卉博览会知名度和影响力有限,市场开发的难度较大。

并对举办"六博会"进行了综合效益分析。经过分析,认为不仅可以带来1.5亿元的办会直接收益,而且还将凸显四川与成都在西部大开发中的突出战略地位,极大提高四川与成都的知名度,对旅游业、现代都市农业、餐饮娱乐业、招商引资等方面起到巨大的促进作用,给成都带来巨大的潜在经济效益。具体如下:

①旅游收益:能吸引120万人前来参观游览。

②农业收益:将有力地推动成都花木市场的进一步繁荣和花木特色经济的发展。

③招商引资收益:将搭起海内外花卉及相关产业交易的巨大平台。

④城市建设发展收益:带动城市的基础设施和生态环境建设。

(资料来源:http://wenku.baidu.com/view/82d469fcaef8941ea76e05d2.html 第六届中国花卉博览会策划方案进行整理)

案例分析

1. 举办"六博会"面临的有利和不利条件分别是从哪些方面进行分析的?

2. 结合"六博会"项目,谈谈会展项目可行性研究的特点。

任务 1　会展项目需求分析与选择

2.1.1　会展项目需求的产生与分析

1)会展项目需求的产生

会展项目需求分析是会展项目投资者通过对会展项目的市场需求、社会需求、公众需求以及投资者自身发展需求的综合分析,确定项目的方向以及项目投资的必要性,为投资决策提供必要的准备工作。

随着社会的发展,人们的需要日益增长和多样化,人们的种种需要,常常要通过项目来满足,需求是产生项目的基本前提。总之,社会经济各部门现在和将来的发展需要大量的项目,项目产生于社会生产、分配、消费和流通的各个环节。

近几年来,我国会展行业快速发展。举办各类展会快速,除直接获取收入外,还间接带动旅游、餐饮、交通、广告、娱乐、房地产等行业的发展。

会展业作为我国服务行业的新生事物,已逐步发展成为我国经济新的增长点。从会展业影响面广、关联度高来看,大力发展会展业对全面提升社会经济有着积极的贡献;反之,经济和社会发展对会展业的需求也会越来越强。

2)会展项目需求分析的主要内容

(1)国家和地区需求分析

国家和地区的经济长期发展规划和经济政策,一般反映了国家和地区对该会展项目的需求程度。这一层次上的需求分析是会展项目需求分析中最重要的一项,它直接决定了会展项目的前途和命运。

(2)社会需求分析

任何一个会展项目的举办不仅要考虑到经济效益,还要考虑到社会效益。例如北京奥运会的成功申报,体现了我们国家国际地位的提升。2008 年奥运会的成功举办不仅体现在经济效益上,更重要的还有社会效益。会展项目的社会需求分析包括:

①社会经济发展需求的分析。

②社会人文环境需求的分析。

③自然、生态环境的需求分析。

④经济、社会可持续发展需求的分析。

这一层次的需求分析决定了会展项目建设的社会意义。

（3）消费群体需求分析

会展项目定位的消费群体一般是由会展的特点决定的，这种消费群体定位的范围也决定了会展项目需求的广度。会展项目的消费群体需求分析一般包括：

①会展项目面向对象的分析。

②会展项目的需求量分析。

③需求价格分析。

④产品的需求规律分析。

这一层次上的会展项目需求分析决定了会展项目建设的市场前景。

（4）会展项目举办方的需求分析

会展项目举办方筹建一个会展项目除了要考虑国家和社会的效益外，考虑更多的是会展企业的长远规划和眼前的经济利益，所以这就使得举办方在会展项目的初选阶段就能决定会展项目的取舍。

（5）会展项目实施中的需求分析

会展项目在实施中的需求是广泛的，如场地、技术与设备、人才、资金的需求等。对这一过程中需求的认真分析，将有利于会展项目实施的顺利进行。

2.1.2 如何选择会展项目

在会展项目管理过程中，项目选择是一项必要的前期工作，即在执行和控制会展项目前，或运用一定方法从众多已有的会展项目中慎重选择出符合自己目标的项目，或根据所处的内外条件分析策划出新的会展项目。

会展项目的选择同时也是一项具有调查研究性质的信息搜集工作，需要组织者依据从外部环境和自身搜集的各种相关信息，并遵循一些特定原则作出决策。如果在决策中搜集的信息缺乏真实性，考虑的因素不够全面，或是没有遵循适当原则，都有可能对会展项目的运行结果产生副作用，影响项目目标的实现。因此，了解在会展项目选择过程中要考虑的因素和要遵循的原则是妥善高效地管理和运营一个会展项目的前提。

1) 会展项目选择时要考虑的因素

(1)社会环境因素

社会环境因素包括政治、经济、社会等内容。由于会展项目主要是为与会人员或参观者就某一热点问题提供交流合作的平台,因此会展项目的主题通常是社会关注的焦点和热点问题。唯有密切结合当时的政治局势和区域经济状况,深入探讨或真实表现社会的会展项目才能充分引起大众的关注,并产生较广泛的影响和较高的经济、社会等效益,从而实现会展项目的具体目标。因此这些反映政治和经济状况、具有鲜明时代和社会特色的环境因素是前期信息收集工作中必须获取的信息资源,也是在会展项目的选择过程中必不可少的决策依据。

如深谙举办论坛之道的《财富》杂志,自 1995 年凭借"500 强"的影响力创办了全球论坛,每年都根据当时的社会环境因素,选择"热门"话题,如表 2.1 所示,这已成为其成功的法宝。

表 2.1 《财富》全球论坛历届的"热门"话题

届 数	年 份	地 点	主 题	社会环境因素
第一届	1995	新加坡	商界大同	未来的市场、21 世纪的资本市场
第二届	1996	巴塞罗那	全球竞争新规则	全球的增长与公司的新定义、欧洲货币系统概览
第三届	1997	曼谷	维持奇迹	维持全球增长、全球化中的外交政策相互依存与主权
第四届	1998	布达佩斯	全球新经济创造财富	在全球资本市场风险与回报、新全球领导艺术
第五届	1999	上海	中国未来 50 年	可持续发展的挑战、向前看制定新中国的规划
第六届	2000	巴黎	电子—欧洲	欧洲电子经济、无限革命
第七届	2001	香港	亚洲新一代	中国加入世贸组织后的科技发展与营商环境、中国新貌:西部兴起等
第八届	2002	华盛顿	领导者的力量——把握新的现实	公司最高领导人所面临的严重挑战、全球企业的转型、企业的社会责任以及全球经济增长的最新动力等

届 数	年 份	地 点	主 题	社会环境因素
第九届	2005	北京	中国与新的亚洲世纪	中国与互联网、了解中国的资本市场、超大城市:亚洲的都市化等
第十届	2007	新德里	操控全球经济	印度公司走向全球、《财富》全球500强,革新与分裂的影响力等
第十一届	2010	开普敦	新的全球机遇	重启后的新增长策略与新商业模式、中国的新能量等

又如中国国际工业博览会,自1999年创办以来,已发展成为通过UFI认证、中国装备制造业最具影响力的国际工业品牌展,是我国工业领域面向世界的一个重要窗口和经贸交流合作平台。它结合了上海本身的社会经济特点和热点,以展示科技、电子等先进工业为主,吸引了世界先进的高科技产品集中展示。展览面积和层次逐年扩大,2012年举办的第14届,展览面积达140 000平方米,展示规模达59 085平方米,6 565个展位,1 648家参展商。来自83个国家和地区,中国31个省区市的119 947人次观众参观了第14届中国工博会,其中专业观众105 696人次。据不完全统计,现场产品和技术成交总额达11.08亿元。

（2）行业因素

会展项目的选择与项目所涉及的行业密切相关,不了解该行业的发展状况而盲目介入一个项目,是具有很大风险的。因此,会展的组织者在选择或策划项目时必须从以下几方面认真考虑和分析相关的行业因素,以减少投资或介入的风险。

①会展项目所涉及的行业发展现状。要对相关产业的市场结构、竞争状况、目前的利润分布状况和市场的开放程度等情况有深入的了解。如上海国际建材博览会,组织者与行业紧密合作,对行业的发展状况、趋势以及市场空间等了如指掌。所以,该展览会越做越大,现已成为行业发展的风向标。

②会展项目相关行业的发展潜力,以及未来的市场空间。市场有潜力,展会参展商才有发展的余地。一般而言较成熟的市场也是已被竞争者瓜分完毕的市场,此时为多占据一定市场份额,展会参展商往往要付出很大努力,因此这类市场竞争会很激烈,组织者也可以通过竞争的激烈程度判断市场的潜力大小。

③会展举办地的产业政策导向。属于支柱产业和主导产业范畴的行业协会,不仅在发展环境方面能够提供很多支持,而且也会拥有很多踊跃参展的企业,因此这也是组织者要高度重视的对象。

例如中国义乌国际小商品博览会的成功例子充分说明,展会的主题与区域经济以及市场发展导向有着密切的关联。随着全球性劳动密集型产业向我国转移加速,义乌成为重要的小商品集散中心,商品产业集聚发展,以义乌为中心在金、台、温、丽等地区形成国际性的小商品产业带,促进了市场产业集群式发展,进一步巩固和扩大了市场在国际产业分工中的地位。而"义博会"以"面向世界、服务全国"为办展宗旨,对扩大商品出口,提升小商品制造业,促进区域经济发展发挥了积极的推动作用,已成为目前国内最具规模、最有影响、最有成效的小商品专业展会,位居全国著名品牌展会之列。

(3)市场因素

会展的举办是针对一定对象进行的,即使是不涉及经济问题的会议,它的与会者也可称之为是其市场。因此主办者要选择的会展项目必须是有市场需求的项目。这里所说的市场需求包括两个组成部分:一是参会者或参展商要有参加会展的需求;二是会展为产生预期影响所要吸引的观众的需求,包括专业观众和普通观众。这两部分市场因素是决定一个会展项目成功举办的关键因素。

具体而言,对参会者或参展商的考虑包括了解和统计分析他们所关注的主题、可能会提出的要求、在某地区或某行业的影响力和辐射力等。尤其对于展览项目的举办者而言,可以通过向前几届举办者索取参展商信息,了解并分析这些公司的状况和在行业内的业绩表现以及是否连续参展等,借助这些信息来估算本次展览的规模、成交额区间和参展商的特定要求等。

对会展的目标观众的考虑包括参观者的总数、行业分析数、成分分析数、地域分析数,等等。通常认为目标观众的数量越多,会展的质量和效果就越好,因此观众可算是决定会展项目质量的最重要因素之一。通过了解观众的总体规模、是否来自会展项目主办者所期望的行业、对订货的决策权和影响力有多少、来自哪些地区等情况,为选择会展项目的决策提供依据。

例如上海国际汽车工业博览会,从发展初期的展会面积只有几千平方米,到2011年的第十四届上海国际汽车工业博览会,展会面积达149 500平方米,参观的观众达到70多万人次。汽车是上海六大支柱产业之一,在上海的区域经济中占有十分重要的地位,优良的地理环境以及辐射长江三角洲的优势使外商青睐的目光聚焦上海,为上海的车展提供了极佳的机遇。现在该展会已得到了 UFI 的认证,并跻身于世界第六大车展。

(4)项目举办地条件

会展项目的举办需要较好的基础设施,如交通、住宿、城市建设、会展中心或场馆等,同时也需要完善的社会服务,如咨询、旅游、餐饮、设计等,所以会展举办地的基础设施和社会服务体系建设情况也是选择会展举办地的决策依据之一。

(5)举办者自身因素

会展项目的举办是一项耗费财力、人力和精力的工作,因此在选择会展项目时必须结合项目主办者自身的条件量力而行。自身因素主要包括以下几方面。

①财力因素。即主办者是否有充足的资金支持所举办的会展项目。如上海国际建材博览会在筹备期的资本金运作就约占整个展会资金的50%,如果没有充足的资金做保证,很难保证项目的成功。

②人员因素。即项目团队成员的素质是否能达到会展项目的要求。如上海国际工业博览会常年设立一个筹备组,以确保全年运作。在考虑人力资源的调配时,主办者要考察自身能否在短期内为各项工作配备充足的人力资源,以及自身是否具备选择和培训人员,使之具备相应的专业知识和技术的能力。

③时间和精力因素。即工作人员是否具备足够的时间和精力做充分的筹备工作。展览工作的周期一般比较长,前期筹备工作需要充足的时间,而主办者要尽量保持筹备工作和工作人员的连续性。

④管理因素。即组织者是否具备举办所选择会展项目的管理经验和水平。要选择的会展项目的级别和规模与自身的管理水平相适应,超越自身管理能力举办高级别、较复杂的会展项目,或是选择在自身能力范围内,但却与现有水平相去很远的会展项目,都是一种资源的浪费,是不可取的决策。另外会展的每个环节都需要费用,要注重协调会展的费用需要,并统筹安排预算。

2)会展项目选择的原则

选择会展项目除了考虑以上各种因素外,还要遵循以下原则。

(1)效益性原则

选择会展项目本身就是为实现某一特定效益而进行的一项活动。效益不仅是选择会展项目的目标,同时也是会展举办是否成功的重要评价指标。当然,这里所说的"效益"是广义的概念,既要考虑经济效益,也要考虑社会、文化、生态等方面的效益。因此,这不仅要求组织者追求微观效益与宏观效益的统一,也要求近期效益与远期效益的统一,唯有从会展组织者自身到整个国民经济的角度看,以及从当前到一定时期后来看,该会展项目创造的效益都能达到均衡,才真正体现了效益性原则。

例如2005年9月至10月在成都举办的"六博会",社会效益分析如下:

花卉产业属于现代都市农业,产业关联度高,具有极大的经济价值,本项目的建设,将有利于成都实现"一二三产业互动,城乡经济相融",推动农业发展新跨越,必将进一步提升成都在全国乃至全世界的影响,塑造生态成都的生态形象,为成都打造一个新的亮点。通过"六博会"场馆建设,将带动城市向外扩展,促进成都、温江的城市化进程。同时"六博会"场馆将逐渐发展为成都新的会展中心,与现有成都国际会展中心(金牛)和规划中的新世纪国际会展中心(城南)构成会展"金三角"。

(2)可行性原则

项目选择行为本身属于决策行为,科学的项目决策就是在科学的理论和知识的指导下,通过科学的方法和程序所作出的符合客观规律的决策。项目可行性则是会展项目决策的前提。

首先会展活动在筹备过程中所涉及的财务、人员、场馆设施、政策法规等都需遵循可行性原则;其次应当根据系统论的观点,全面考核与该会展项目有关的各方面信息,并充分研究该项目所涉及行业的竞争能力、发展潜力,评估项目对行业原有状况的影响,以避免"一叶障日,不见森林"的片面行为;最后由于项目策划讲求投入产出比,因此在选择项目时,应当注重效率,尽量选择投入产出比高、时间周期短的会展项目。

例如在以知识经济、信息网络经济为主要内容的新经济形式下,某会议项目组织者计划选择以网上交流的方式举办本次会议,那么其选择项目的科学性就体现为在其决策过程中需考虑诸如会议信息安全防范措施是否完善、是否存在可能形成巨大威胁的网络攻击手段、能否吸引充分的社会关注并创造预期的社会影响、如何保证与会者参与网上会议的条件和确切时间、费用开支等能否保持在预算范围内等相关问题。只有全面考虑各主要决策因素,才能做出可行、系统、高效的科学选择。

(3)创新性原则

会展项目的选择必须清晰地体现出该会展项目的与众不同之处,否则就难以引起参展商和目标观众的兴趣,难以为项目策划注入生命力,因此所选择的会展项目必须能体现出创新性。

会展项目策划的创新性既可以表现为会展主题的创新,也可以表现为会展活动过程中任何一个具体环节的创新。如每一届奥运会的举办方和策划者都会花费很多心血精心设计奥运圣火的点燃和传递仪式,每届奥运会开幕式的创新点和最引人注目之处也就在此,见表2.2所示。

表2.2 第23、25—30届奥运会开幕式的创新点

年 份	届 数	举办地	点火者	创新点
1984	23	洛杉矶	约翰逊	组委会第一次将商业运作方法运用到火炬接力活动之中,奥运会第一次开始赢利。
1992	25	巴塞罗那	雷波洛	用火种点燃箭头,准确地射向70米远,21米高的火炬台。
1996	26	亚特兰大	阿里	因患帕金森症,阿里用颤巍巍的双手点燃火炬。
2000	27	悉尼	弗莱曼	海底火炬接力。
2004	28	雅典	卡卡拉马纳基斯	火炬台慢慢放倒,被点燃之后又慢慢立起,这种相对古朴的点火方式也许象征着奥林匹克的一种回归。
2008	29	北京	李宁	"体操王子"李宁以"空中飞人"的方式点燃火炬,缓缓照亮了"祥云画卷"。
2012	30	伦敦	雷德格雷夫	火炬由快艇载着贝克汉姆送至伦敦,雷德格雷夫接过火炬,在经过一段传递之后,交给7名年轻人互相传递,每个火炬每个"花瓣",这些花瓣最终升起,合拢在一起成为主火炬。

（4）灵活性原则

会展项目管理的过程并非完全会如计划所愿进行,由于参展商以及外部环境中任何与会展有关的因素都可能对会展活动产生不可预知的影响,即使是经过认真分析和精心策划的会展项目,也难免会碰到很多意外事故和风险,使会展项目无法按计划举行或不能达到预期效果。因此主办者在选择会展项目时应当保证项目的灵活性,使得策划能根据实际情况随时调整方案,从而确保会展项目能够收到最好的效果或能将损失降到最低。

例如2003年博鳌亚洲论坛年会,年会原定于5月18—19日在海南博鳌举行,但鉴于当时"非典"形势的不确定性,博鳌亚洲论坛理事会本着对参会者健康和安全高度负责的精神,决定推迟举行当年年会。但龙永图秘书长认为,会议延期实属无奈,可是如果简单发布一个通知不免显得过于被动和敷衍;同时,博鳌论坛作为一个关注亚洲经济、社会发展的国际组织,面对这样突如其来的危机,有责任挺身而出做些事情。于是理事会在几经讨论后,策划于5月13—14日在北京举行一次特别会议,主题为《"非典"与亚洲经济:影响评估与政策建议》,邀请一批学界、商界、政界人士就"非典"对亚洲经济的影响、各国应采取的对策等问题进行讨论。这个创意很快得到了亚洲开发银行的积极响应和鼎力支持。会议从策划、筹备到举办仅用了3周时间,引来各方关注,不仅符合当时亚洲各国急需就此问题进行讨论的现实情况,也借此机会充分显示了一个成立不久的国际组织的快速应变能力和组织协调能力,为论坛树立了极佳的公众形象,充分显示了会展管理的灵活性。

2.1.3 会展项目目标的确定

1)会展项目目标及设计

会展项目目标简单说就是实施会展项目所要达到的期望结果。由于项目计划要设计实现目标的每一个细节,因此计划过程中确定的目标应该是现实的、面向结果的、可度量的、定量的,并且应该是简单的,与项目成员相关,能够起激励作用。必须遵从以下几点要求:
①明确的目标。
②可度量的目标。
③可实现的目标。
④成果导向的目标。
⑤有时间性的目标。

2)为什么要确定会展项目目标

根本目的在于明确项目及项目团队成员共同努力的方向。项目目标的确定实际上可以作为一种沟通方式,这种沟通体现在项目团队成员之间。大家为了一个共同的目标进入一个项目团队,明确了项目目标,也就明确了自己该做什么;另外,沟通还体现在项目与顾客之间,项目的目标实际上就是满足顾客的具体要求,通过目标的确定,项目与顾客之间达成统一。

目标的制定方式可以作为执行和指导一个组织实现目标的管理手段。在项目环境下,对项目团队成员绩效的评价往往根据其工作结果而不是其所花费的时间,因此对项目团队成员来说,明确项目目标,并把个人目标作为实现项目目标的一个组成部分非常重要。

项目目标的制定过程是一个参与的过程,高层管理人员设定总体目标,该目标作为下属制定各自工作计划的依据,下属成员根据该目标和各自的期望相应地确定每个人的职责范围和工作结果,经理人员定期对工作结果进行评价。

2.1.4 会展项目定义与章程

会展项目定义一般是通过项目定义专题会来确定的。

1)会展项目定义专题会

会展项目定义专题会是在项目启动阶段开始时召开的启动工作会。它是一个非常有用的工具,可以避免对项目定义产生误解。另外,由于会展项目参与各方有着各自不同的目标,这些目标可能会与项目公开的目标有所不同,二者之间常常会产生冲突。这种冲突会导致参与各方对项目成功的不同理解,更严重的是,会削弱项目的团队士气。项目定义专题会可以用来清除非公开目标,使大家对项目目标有一致的认识,并获得大家对所承担工作的承诺。

项目定义专题会的参加者由关键管理者参加,包括会展项目发起人和项目推动者、项目设计阶段和实施阶段的管理者、关键的职能经理、项目支持办公室经理等。

2)会展项目定义报告

在项目启动阶段结束时,所产生的报告称为会展项目定义报告。项目定义报告也称为"客户需求定义书"或"用户需求说明书"。它记录并整理可行性研究的工作成果,使之便于今后的使用。项目定义报告描述了会展项目组织者对项目的期望、项目方案和实施策略的选择过程和取舍原因。会展项目管理人员、设计人员和项目实施人员都要用到这份报告。项目定义报告的目的是:

①对会展项目做出充分的定义:包括项目成本和项目的收益,以便赢得组织承诺,为设计和评估阶段提供资源。

②为设计和评估阶段提供基础。

③为组织的高层管理者提供总体概括。

④在组织内部沟通项目的需求。

⑤明确组织需要对项目做出的承诺。

3)会展项目章程

（1）项目章程

项目章程是由高层管理者下达的，正式确认项目存在的文档，向项目经理提供在项目活动中应用组织性资源的权利。

项目章程给项目经理提供了授权，使他能获得进行项目活动所需的组织资源。在项目前期，当项目被认为切实可行的时候，就需要确定和指派项目经理。项目经理一般要在项目计划开始前被指定，更合适的是在制定项目章程时就确定好。

（2）项目章程的内容

项目章程的主要内容一般包括以下几个方面：

①满足各方要求。能够满足消费者、发起人和其他风险相关者的需要、期望和愿望的要求。

②商业需求。高层的项目说明，以及项目对应的产品要求。

③项目目标或成立的理由。

④指派项目经理和权限级别。

⑤概要里程碑计划。

⑥风险相关者的影响。

⑦职能组织和它的参与。

⑧组织、环境和外部假设。

⑨证明项目的商业案例，包括投资回报。

⑩概要预算。

另外，项目章程最主要的任务是从总体上对项目的目标、范围做一个界定，即所有项目的初步计划、相应计划，都是根据项目章程的要求确定的。

一般来说，项目章程是由企业的高层领导或者项目的委托人、发起人确定的。项目章程由项目发起人签发，自签发之日起，项目经理即获得法定权力。

项目章程要求发给所有关键的项目关系人，以便于大家沟通，对目标有一致的了解，以便在项目工作当中齐心协力做好工作，避免产生偏差。

任务2 会展项目的可行性研究

2.2.1 项目投资分析的一般原理

1) 时间价值原理

资金时间价值是指等额货币在不同时点上具有不同价值。随着时间的推移,投资资金也将增值。很明显,现期的一定资金相对将来同等数额的资金来说,其价值更大。

资金的时间价值通常用利息和利率来表示。利息是指占用资金所付出的代价(或放弃资金使用权利所得到的补偿)。如果将一笔资金存入银行,这笔资金就称为本金。在一定时期内所得利息额与本金的比值,就是利率,通常用百分数表示。

资金等值的概念是指在考虑时间因素的情况下,不同时间点发生的绝对值不等的资金可能具有相等的价值。也就是说,不同时间的两笔资金或一系列现金,可按某一利率折算至某一相同时间点,使之彼此"相等"。利用资金等值的概念,可以把在一个时点发生的资金金额换算成另一时点的等值金额。

在项目评价中,为了考察投资项目的经济效果,须对项目寿命期内不同时间发生的全部费用和全部效益进行计算和分析,这就需要依据资金等值的理论把它们折算到同一时点上进行分析。

2) 价值分析原理

价值分析也称为价值工程(Value Engineering, VE),它是一种运用集体智慧的有组织的活动,通过对产品(包括项目或服务,下同)进行功能分析,力求用最低的寿命周期总成本,实现产品的必要功能,以提高产品价值的现代管理技术。

这里的价值,指的是反映费用支出与获得之间的比例,用数学比例式表达如下:

$$价值 = 功能/成本$$

3) 成本效益分析原理

成本效益分析也称费用效益分析、获利性指数。它是一种国内外通用的技术经济分析办法,主要用于公共项目和一般工程项目的社会经济效果评价。成本效益分析方法是在将一个项目的费用和效益量化后,通过效果指标的计算、分析和判断,以便对该拟建项目做出较全面的估价和决策的一种分析方法。

4)方案比较法原理

方案比较法是运用多方案评价的指标及综合评价方法,对方案进行优选的统称。方案比较法可以对项目机会研究和可行性研究中提出的众多方案进行比较分析,从中选出技术先进、经济合理的方案,作为详细论证的基础。运用方案比较法,必须使不同的方案具有可比性。

(1)满足需要可比

不同的方案必须向社会提供同等价值的服务才可以对其投资、费用等方面进行比较。

(2)消耗费用可比

比较不同方案的产出价值大小,只有在它们消耗的劳动价值相等的基础上才能进行。

(3)价格可比

在计算项目的经济效益时,必须采取合理一致的价格。所谓合理一致是指价格能够反映产品价值,各种产品之间比价合理。

(4)时间可比

在对项目的技术经济方案进行比较时,必须同时考虑计算期和资金时间价值这两个可比条件。对经济寿命不同的项目作经济效益比较时,必须以相同的计算期为比较基础。对项目在不同时间内发生的效益和费用,应折算成同一时间因素的货币价值后才能进行比较。

2.2.2 会展项目可行性研究的内容、方法与步骤

1)会展项目可行性研究的内容

会展项目可行性研究就是要对会展活动可行与否作出系统的评估和说明,并为最终完善该会展项目立项策划的各具体执行方案提供改进依据和建议。会展项目可行性研究主要包括以下内容。

（1）市场环境分析

市场环境分析是会展立项可行性分析的第一步，它是根据会展立项策划提出的会展举办方案。在已经掌握的各种信息的基础上，进一步分析和论证是否具备举办会展的各种市场条件，是否有举办该会展所需要的各种政策基础和社会基础。市场环境分析不仅要研究各种现有的市场条件，还要对其未来的变化和发展趋势作出预测，使立项可行性分析得出的结论更加科学合理。它包括：

①宏观市场环境。包括人口环境、经济环境、技术环境、政治法律环境、社会文化环境等。

②微观市场环境。包括办展机构内部环境、目标客户、竞争者、营销中介、服务商、社会公众等。

③市场环境评价。SWOT 分析法，即内部优势、内部劣势、外部机会、外部威胁分析。

（2）会展项目生命力分析

市场环境分析是从计划举办的会展项目的外部因素出发来分析举办该展会的条件是否具备；会展项目生命力分析则是从计划举办的会展项目的本身出发，分析该展会是否有发展前途。分析会展项目的生命力，不是只分析会展举办一届或两届的生命力，而是要分析该会展的长期生命力，即要分析如果本会展举办超过 5 届以上，本会展是否还有发展前途的问题。它包括：

①项目发展空间，即分析举办该会展所依托的产业空间、市场空间、地域空间、政策空间等是否具备。

②项目竞争力，包括会展定位的号召力、办展机构的品牌影响力、参展商和观众的构成、会展价格、会展服务等。

③办展机构优劣势分析。

（3）会展执行方案分析

会展执行方案分析是从计划举办的会展项目的本身出发，分析该会展项目立项计划准备实施的各种执行方案是否完备，能否保证该会展计划目标的实现。会展执行方案分析的对象是该会展的各种执行方案，分析的重点是各种执行方案是否合理、是否完备和是否可行。

①对计划举办的会展的基本框架进行评估。该过程包括：

a.会展名称和会展的展品范围、会展定位之间是否有冲突。

b.办展时间、办展频率是否符合展品范围所在产业的特征。

c.会展的举办地点是否适合举办该展品范围所在产业的会展。

d.在会展展品范围所在产业里能否举办如此规模和定位的会展。

e.会展的办展机构在计划的办展时间内能否举办如此规模和定位的会展。

f.办展机构对会展展品范围所在的产业是否熟悉。

g.会展定位与会展规模之间是否有冲突。

②招展招商和宣传推广计划评估。该过程包括：

a.招展计划评估。

b.招商计划评估。

c.宣传推广计划评估。

（4）会展项目财务分析

会展项目财务分析是从办展机构财务的角度出发，分析测算举办该会展的费用支出和收益。会展项目财务分析的主要目的是分析计划举办的会展是否经济可行，并为即将举办的会展指定资金使用规划。包括以下内容：

①价格定位。

②成本预测。举办会展项目的成本费用一般包括：展览场地费用、会展宣传费用、招展招商费用、办公费用和人员费用、相关活动费用、税收和其他不可预测费用等。

③收入预测。举办会展项目的收入一般包括：展位费收入、门票收入、广告和企业赞助收入和其他收入。

④盈亏平衡分析。

⑤现金流量分析。现金流量分析一般包括：净现值分析、净现值率分析、获利指数和内部收益率。

（5）风险预测

从会展可行性分析的角度看，风险就是办展机构在举办会展的过程中，由于一些难以预料和无法控制因素的作用，使办展机构举办会展的计划和举办会展的实际收益与预期发生背离，从而使办展机构举办会展的计划落空；或者是即使会展如期举办，但办展机构有蒙受一定的经济损失的可能性。它包括：市场风险、经营风险、财务风险和合作风险。

（6）存在的问题

这是指通过以上可行性分析发现的会展项目立项存在的各种问题，研究人员在可行性分析以外发现的可能对会展产生影响的其他问题等。

（7）改进建议

针对上述问题，提出对会展项目立项策划的改进建议，指出要成功举办该会展应该努力的方向等。

（8）努力的方向

根据会展的办展宗旨和办展目标，在上述分析的基础上，针对存在的问题，提出要办好该会展所需要具备的其他条件和需要努力的方向。

2）会展项目可行性研究的方法

会展项目可行性研究综合应用多种科学、有效的方法进行分析、研究和论证，其中较常用的有以下几种：

（1）战略分析法

战略分析方法是保证会展项目既能在宏观上满足社会或国民经济发展的需求，又能使其建立在国家的财力、物力、技术水平及自然资源的基础上。

对会展项目进行战略分析，就是根据国民经济发展的战略方针和总目标，在进行国民经济短期、中期和长期预测的基础上，结合资源和国民经济布局的研究，选出时域上和空间上布局最理想或最满意的方案。由于项目战略布局问题的分析是极其复杂的，它影响重大，涉及因素众多，难度也相当高，通常是由智囊机构协助领导和决策机关来完成。

（2）调查研究法

调查研究是项目可行性研究过程中获取有关资料、数据和信息的有效手段。它不同于一般的调查研究，它的任务是收集与项目可行性研究内容有关的各种情报和信息，并对涉及会展项目的技术、经济、社会等全局性的关键问题进行调查，使会展项目可行性研究的方案和结论建立在完备、可靠的信息和情报基础之上。调查研究的基本内容主要包括历史背景调查、环境因素调查、现状调查和趋势调查。

（3）预测技术

预测是人们利用科学文化知识、经验和技术手段，对事物的未来或未知状况预先做出的推知或判断。现代预测建立在现代科学理论基础之上，运用现代科学的方法与手段，对未来做出科学的预见。预测分析的基本要素由预测者、预测依据（理论或经验）、预测方法和手段、预测对象（事物的未来和未知状况）和预测结果（对未来的推测或判断）等构成。预测方法分为定性预测法和定量预测法。

（4）模型方法

模型是抽象地描述现实系统特征和变化规律的一种表示方式。由于模型是描述现实的,它必须反映实际;但是它又具有抽象的特征,因此又高于实际。模型方法在各种研究领域有广泛的应用,特别是在无法进行现实实验的情况下,可采用模型方法进行模拟实验,即使对现实可以进行试验,使用模型往往比现实实验更简便、容易操作、易于理解,同时还可节约时间和经费。模型方法具有更具体、更集中、更深刻地反映客观实体的特点,是会展项目可行性研究中运用的基本方法之一。

(5)智囊技术

智囊技术是在邀请专家拟制多种咨询方案时运用的一种方法。在会展项目可行性研究中运用智囊技术对产生方案的多寡和优劣关系重大。智囊技术很多,常用的有头脑风暴法、哥顿法、对演法、缺点列举法、希望列举法等。

3)会展项目可行性研究的步骤

(1)调查研究与收集资料

项目组在清楚了解会展意图和要求的基础上,查阅会展项目举办地区的经济、社会和自然环境等情况的资料,拟订调查研究提纲和计划,由项目负责人组织有关专业人员赴现场进行实地调查和专题抽样调查,收集整理所得的技术经济资料。

(2)方案设计与优选

根据项目建议书,结合市场和资源的调查,在收集整理了一定的设计基础资料和技术经济基本数据的基础上,提出若干可供选择的方案,进行比较和评价,从中选择或推荐最佳方案。

(3)经济分析和评价

按照项目经济评价方法的要求,对推荐的方案进行详细的财务分析和国民经济分析,计算相应的评价指标。在经济分析和评价中,还需进行不确定性分析。

(4)编写项目可行性研究报告

在对会展项目方案进行技术经济论证和评价后,会展项目负责人组织项目可行性研究工作组成员,分别编写详尽的项目可行性研究报告,在报告中可推荐一个或几个项目的方案,也可提出项目不可行的结论意见或项目改进的建议。

(5)调整资金筹措计划

会展项目资金筹措的可能性,在可行性研究之前就应有一个初步的估计,这也是进行财务、经济分析的基本条件。如果资金来源得不到保证,可行性研究也就没有存在的意义。在这一步骤中,应对项目资金来源的不同方案进行比较分析,并对拟运行项目的实施计划作出决定。此外,由于项目实施情况的变化,也可能导致资金使用情况的改变,因此编制相应的资金筹措计划是很有必要的。

4)编写会展项目可行性报告

可行性报告是可行性研究阶段的核心内容。综合考虑一般可行性研究报告的编写规范,会展项目的可行性研究报告应包括以下内容。

(1)总论

作为可行性研究报告的首要部分,总论应综合叙述研究报告中各部分的主要问题和研究结论,并对该会展项目可行与否提出最终建议,为可行性研究的审批提供方便。

(2)项目背景和发展概况

这部分主要应系统叙述此会展项目的发起过程、目标和范围、提出的理由、前期工作的发展过程、有关项目主题的主要理念和其他相关的背景资料等。需要注意的是,在叙述项目发展概况的同时,应能清楚地提示本项目可行性研究的重点和问题所在。

(3)项目SWOT分析与定位

综合对项目所处宏观环境、行业状况及自身资源等多方面信息的分析结果,可以运用SWOT分析方法,明确会展项目可资利用的机会和可能面临的风险,并将这些机会和风险与项目的优势和劣势结合起来,为项目确定最合理有益的功能定位。

(4)项目规模与客源分析

在此部分中应作出经可行性论证后得出的项目规模预测,并分析与会者或参展商与参观者的来源和大致数量,从而显示出前期预测的项目规模是否可行,是否确有充足的客源支撑这一规模,为后面评价项目的财务、经济和社会等效益提供依据。

(5)项目营销思路

会展项目的目标和效益需要靠合理有效的营销活动来实现,因此在会展项目的可行性研究报告中有必要表明项目组织者的初步营销计划,包括应当遵循的营销原则,可以采取的营销渠道、销售方式、可能开发或利用的新资产或新会展产品等内容。

（6）项目选址与建设内容

根据客源分析、会展规模及客源分析的论证与建议，在这一部分中应按建议的方案和规模来研究市场需求、自身的资源等需求和供给方面的可靠性，并对可供选择的场馆地址作进一步的技术和经济分析，从而确定选址方案和相应的建设内容。

（7）项目组织管理模式与运营安排

在可行性报告中，应根据项目规模、项目运行流程中的各项工作，结合项目组织者的组织形式与工作制度等，研究提出相应的项目组织机构、人员数量、劳动力来源及相应的人员培训计划等。同时，需将项目实施期间各个阶段的各项工作环节进行统一规划，综合平衡，作出合理又切实可行的项目实施进度安排。

（8）投资估算与资金筹措

会展项目投资估算和资金筹措分析，是项目可行性研究内容的重要组成部分，每个项目均需计算所需要的投资总额，分析投资的筹措方式，并制订用款计划。项目所需资金应有多个来源渠道，可行性研究报告中应对每一种来源渠道的资金及其筹措方式逐一论述，从中选择条件优惠的资金。

（9）项目风险与对策分析

在对项目进行评价时，所采用的数据多数来自预测和估算。由于资料和信息的有限性，项目的实际运行情况可能与此有出入，这会对项目投资决策带来风险。为避免或尽可能减少风险，项目组织者应当全面考虑各种潜在风险，分析不确定性因素对项目各项评价指标的影响，并作出充分的对策分析。

（10）财务、经济和社会等效益评价

在会展项目的大致工作方式和策划确定后，必须对不同的方案进行财务、经济、社会等效益的评估，判断项目在经济上是否可行以及社会影响如何，并比较选出优秀方案。本部分的评价结论是项目方案取舍的主要依据之一，也是对项目进行投资决策的重要依据。

（11）结论和建议

根据前面各部分的研究分析结果，对项目在技术、经济、社会效益等方面进行全面评价，对项目投资方案进行总结，提出结论性意见和建议。需注意的是，在研究报告以外单独成册的文件，都应当列为可行性研究报告的附件，并入总论部分以供参考。

任务 3 会展项目经济评价

2.3.1 会展项目的财务评价

会展项目财务评价是从办展机构财务的角度出发,按照国家现行的财政、税收、经济、金融等规定,在筹备会展时确定的价格的基础上,分析测算会展项目范围内的效益和费用,编制财务报表,计算评价指标,分析项目的盈利能力及清偿能力,考察会展项目在财务上的可行性。

1)会展项目财务评价的程序

会展项目财务评价的程序包括:

(1)财务评价的准备阶段

财务评价的准备工作包括:熟悉拟举办会展项目的基本情况,如展会目的、举办条件及投资环境,有关法律、市场信息等。

(2)预测、估算和分析会展项目的基础数据

这一过程包括总投资、资金筹措方案、会展成本费用、会展收入、税金和利润以及其他与项目有关的财务数据的预测、估算和分析。

(3)编制和分析财务报表

(4)进行财务评价

进行财务评价即依据财务基本报表计算各项评估指标及财务比率。一般应包括反映项目盈利能力和清偿能力的指标。

(5)进行不确定性分析

这是指进行会展项目的盈亏平衡分析、敏感性分析和概率分析。

(6)得出财务评价结论

这是指将计算出的会展项目经济效果评价指标值与国家有关部门公布的基准值(或经验的、历史的和期望的标准)加以比较,结合确定性分析的结果进行综合分析,最后从财务角度提出会展项目可行与否的结论。

2）会展项目财务评价的要点

（1）预测、估算和分析会展项目的基础数据

对于会展项目，主要是价格定位、成本、收入估算。

①会展项目价格定位。给会展定一个适当的价格，不仅可以提高会展的竞争力，也是提高会展项目财务分析的一个重要基础，因为后面对会展进行成本收益预测和盈亏分析等都要依赖于会展价格的确定。

②会展项目成本费用预测。举办一个会展的成本费用一般包括：

a.展览场地费用，即租用展览场馆以及由此而产生的各种费用。这些费用包括：展览场地租金、展馆空调费、层位特装费、标准层位搭建费、展馆地毯及铺设地毯的费用、展位装加班费等；

b.会展宣传推广费，包括广告宣传费、会展资料设计和印刷费、资料邮寄费、新闻发布会的费用等；

c.招展和招商的费用；

d.相关活动的费用，包括技术交流会、研讨会、其他活动、会展开幕式、嘉宾接待、酒会、会展现场布置、礼品、纪念品和外请会展临时工作人员的费用等；

e.办公费用和人员费用；

f.税收；

g.其他不可预测的费用。

③会展项目收入预测。举办一个会展的收入一般包括：

a.展位费收入：就是向参展商出售展会展位的收入；

b.门票收入：包括会展、技术交流会、研讨公、表演等的门票收入；

c.广告和企业赞助收入；

d.其他相关收入。

（2）编制和分析财务报表

首先编制辅助报表，辅助报表是编制财务评价基本报表的基础，包括固定资产投资估算表、总成本费用估算表、流动资金估算表、投资计划与资金筹措表、单位展位成本估算表等。在此基础上编制基本财务报表，包括现金流量表、损益表、资金来源与运用表以及资产负债表。

（3）财务评价

依据财务基本报表计算各项评价指标。会展财务评价指标可以分为项目

盈利能力分析指标和清偿能力分析指标。

①会展项目盈利能力分析。

a.静态投资回收期(Pt),又叫投资返本期或投资偿还期。它是指用项目净收益抵偿全部投资所需的时间长度,即收回办展总投资所需要的时间。投资回收期越短越好,当它小于等于基准静态投资回收期时,项目可以接受。

b.动态投资回收期(Pd)。在考虑货币的时间价值的情况下计算的投资回收期。当它大于基准动态投资回收期时,项目应予拒绝。

c.净现值(NPV)。这是指会展项目计算期内,按行业基准收益率或其他设定的折现率,将方案寿命期内各年的净现金流量折算到期初的现值的代数和。

如果净现值大于零,该会展就值得举办。在多方案比较时,在投资额相等的前提下,以净现值大的方案为优。

d.净现值率(NPVR)。它反映了投资资金的利用效率,常作为净现值的辅助指标。净现值率是指按基准收益率求得的会展项目计算期内的净现值与其全部投资现值的比率。如果净现值率大于或等于1,该会展就值得举办。在多方案比较时,以净现值率大的方案为优。

e.内部收益率(IRR)。它又称内部报酬率,是能使会展项目的净现值等于零时的折现率。如果内部收益率大于基准收益率,该会展就值得举办。

f.投资利润率。这是指一个正常年度办展所获利润占投资总额的比例。投资利润率越高越好,且不能低于无风险投资利润率。

g.投资利税率。这是指一个正常年度办展的利税占投资总额的比例。

h.资本金利润率。这是指一个正常年度办展所获的年利润占资本金的比例,它反映投入项目的资本金的盈利能力。资本金利润率越高越好,且不能低于无风险投资利润率。

②会展项目清偿能力分析。

a.资产负债率:项目负债总额与资产总额的比率,是反映项目各年所面临的财务风险程度及偿债能力的指标。

$$资产负债率 = 项目负债总额/资产总额$$

资产负债率表明企业利用借款和欠账方式来建立全部资产的比重。负债比率越大,说明企业举债多、资信好;但对银行和债权人来说,也意味着风险越大。而资产负债率越小,则说明回收借款的保障就越大。

b.流动比率:项目流动资产总额与流动负债总额的比率,是反映项目各年偿付流动负债能力的指标。

$$流动比率 = 流动资产总额/流动负债总额$$

流动比率越高,偿债能力越强。

c.速动比率:速动资产与流动负债总额的比率,是反映项目快速偿付流动负债能力的指标。

$$速动比率 = (流动资产 - 存货)/流动负债$$

所谓速动,就是迅速流动,这里是指迅速变现能力。在流动资产中,现金、应收账款、应收票据、短期投资等容易变现,称为速动资产;速动比率数值的经验标准一般要求大于1。

例如:"六博会"经济效益分析。

门票收益。第六届"花博会"规模空前,举办期间又恰逢国庆旅游黄金周,预计购票入场参观的人数将超过100万人次,门票收入总额为4 500万元。

销售区展位出租收益。预计第六届"花博会"销售区可提供展位3 000个,按市场行情,3米×3米的展位价格为8 000元/个(按现价6 000~8 000元推算),销售区展位出租收益为2 400万元。

广告收益。"六博会"是中国具有国际影响力的大型博览交易活动,从筹办到举办时间跨度达两年之久,有巨大的宣传和广告效应,结合其他可与花博会类比的展会冠名权收费情况,预计"花博会"的独家冠名权出让收益将达到1 000万元,展区广告位出让将是一笔可观的收益,预计收入为5 000万元。

③会展项目的不确定性分析。

会展项目的不确定性分析,是以计算分析各种不确定因素的变化对会展项目经济效益的影响程度为目标的一种经济分析方法。该过程包括:

a.会展项目盈亏平衡分析。会展项目盈亏平衡,就是办展机构举办会展所得到的所有收入恰好能弥补其为举办该会展所支出的所有成本费用,即总收入等于总成本。这样能够使会展达到盈亏平衡的会展规模就是会展盈亏平衡规模,能够使会展达到盈亏平衡的会展价格就是会展盈亏平衡价格。

会展盈亏平衡点不仅对评估会展项目是否可行具有极大的参考价值,它对改进会展的各种执行方案也具有积极的意义。

b.会展项目敏感性分析。会展项目敏感性分析是考察与项目有关的一个或多个主要因素发生变化时对该项目经济效益的影响程度。它可以分为单因素敏感性分析和多因素敏感性分析。基本的敏感性分析是单因素敏感性分析。

c.会展项目概率分析。概率是指事件发生所产生某种后果的可能性的大小。概率分析是指使用概率研究预测各种不确定性因素和风险因素的发生对会展项目评价指标影响的一种定量分析方法。在概率分析中一般是计算会展项目净现值的期望值及净现值大于或等于 0 时的累计概率,可通过模拟法测算项目经济效益的概率分布,为项目决策提供依据。

2.3.2　会展项目的国民经济评价

1)国民经济评价方法

国民经济评价也称经济评价,是与财务评价方法相对照的评价方法。这种方法是从宏观角度出发,考察会展项目客观发生的经济效果。通常运用影子价格、影子汇率、社会折现率、贸易费用率、影子工资等工具或通用参数,来计算和分析项目为国民经济带来的净效益,从而决定项目取舍。

国民经济评价是大型会展项目或公共会展项目决策的重要依据。

对大型会展项目进行国民经济评价,与财务评价有着明显的区别和特点。

(1)使用独特的一套价格体系——影子价格

所谓影子价格,通常是指某一种资源的影子价格。当某一种资源实现最优分配时,其边际产出价值即为这种资源的影子价格。影子价格不仅是资源分配理想状态反映出来的价格,而且可以反映资源的稀缺程度,资源越稀缺,其边际产出价值越大,影子价格也越高。影子价格是实现资源最优分配的理想价格体系,国民经济评价方法中用变通的办法寻求影子价格的近似值,用来代替理想价格进行项目的经济效果评价。

(2)采用全国统一使用的参数

国民经济评价方法中运用的参数在一定时期内是一个确定值,任何建设项目做国民经济评价都适用。这些参数包括:

①社会折现率。社会折现率用于国民经济评价中净现值、内部收益率等的计算或分析,是以全社会平均收益水平为基础、以风险报酬率和资金供应状况等做定期调整、修正而确定的。

②影子汇率。影子汇率即外汇的影子价格,取决于一定时期内进出口结构及外汇供应状况。

③贸易费用率。会展项目建设和运行过程中会产生大量贸易行为,国民经济为此付出的代价为贸易费用,在国民经济评价时应作为费用计入。通常是一个确定的系数,用价格乘系数的方法计算。

④影子工资。影子工资是劳动力的影子价格,根据劳动力转移中国民经济为此付出的代价计算,通常是以一个核算系数乘以财务工资。

(3)费用和效益是从宏观的国家角度识别的

不管会展项目是由企业承办还是由国家承办,做国民经济评价时,都需要从国家角度划分会展项目的费用和效益。

2)会展项目国民经济评价的程序

第一,根据国民经济评价指标所要求的基础数据,列出需进行调查和调整的内容;

第二,针对需调查和调整的内容,逐项确定其影子价格;

第三,将影子价格引入后测算出项目的费用和效益;

第四,算国民经济评价的费用、效益、各项评价指标及现金流量表,包括静态指标和运用资金时间价值计算的动态指标;

第五,选定评价基准,例如选定社会折现率或基准投资回收期等;

第六,评价、决策。

3)项目经济评价结论的处理

不同的会展项目对评价的要求不同。有些会展项目只需做国民经济评价,有些会展项目只需做财务评价,有些会展项目则必须同时做财务评价和国民经济评价。如果两种评价兼做,按照我的规范,只有国民经济评估可行,会展项目才可行。如果财务评价可行,而国民经济不可行,会展项目也不可行。

任务4 会展项目的立项和报批

只有经过可行性研究、且其结论表明项目可行,或者具备条件已经成熟的会展项目才可启动。但仅仅有可行性研究还不够,项目组织者在启动前还须向主管部门或政府有关部门提交立项申请,经审批通过方可真正启动项目。

我国会展业管理体制一直沿用计划经济体制下产生的审批制,这是出于政府宏观调控的需要,以避免重复建设会展项目并保证项目质量。一般境内举办的各种涉外和非涉外会展项目以及到境外举办会展都要经过审批,并且是多个部门审批。随着经济的发展、会展业技术的进步、信息和管理体制的不断完善,审批制有逐步被取消的趋势。

2.4.1　会展项目立项策划

1)会展项目立项策划的内容

在确定了展览题材、基本收集到会展项目的各种信息,并对信息进行初步分析后,就可以进行展览项目立项策划了。项目立项策划就是根据掌握的各种信息,对即将举办的展览会的有关事宜进行初步规划,设计出展览会的基本框架。那么会展项目立项策划应注重什么呢? 侧重于从定性的角度来规划即将举办的展览会,而不是详细地对即将举办的展览会进行定量的分析。

会展项目立项策划具体包括:

(1)会展名称

通常会展的名称有3部分组成:

①基本部分。用于说明会展的性质和特征,如博览会、论坛、展览会、交易会、洽谈会、展销会等。

②限定部分。主要用于说明会展举办的时间、地点、规模以及内容等形式。

③附属部分。它是限定部分的补充,用于具体说明会展的时间、地点等细节,可以是具体举办日期、地点、组织单位的名称或会展的缩写等。

如第96届中国出口商品交易会,交易会是基本部分,中国和第96届就是限定部分,而出口商品就是行业标志。展览会的名称也就是确定了会展基本内容和基本取向。

(2)会展举办的地点

展览会在哪个国家、哪个地方、哪个展馆举办? 是在不同的地方轮流办? 还是在一个地方举办? 会展举办地点的策划是由粗到细逐步确定的。首先要确定在什么地区或国家举办,这与会展的性质、定位、会展所涉及的产业和行业等因素有关;其次要决定在什么城市举办,如为贸易性的展览做策划,最好选择对外开放程度比较高的东部沿海城市;最后要决定在该城市的什么会场或展馆举办,这也要综合考虑会展所涉及的行业、定位等因素,尤其要考虑该项目的成本预算。

(3)会展的举办机构

会展的举办机构指负责会展的组织、策划、招展和招商等事宜的有关单位。

会展的举办机构一般包括主办单位、承办单位、协办单位、支持(后援)单位等类别。

①主办单位:指具有国家主管部门批准的有报批会展项目资质的单位。

②承办单位:指虽没有报批会展项目资质,但同主办单位一样具有招商、招展能力和举办会展的民事责任承担能力,设有专门从事办理会展的部门并有相应的专业工作人员,且具有完善的办理会展规章制度的单位。

③协办单位:指协助主办或承办单位负责会展的部分策划和组织工作的单位,其任务比较集中于部分的招展、招商和宣传推广工作。

④支持单位:一般是对会展起直接或间接支持作用的单位,有时也会承担一些招商和宣传工作。

其中承办单位是直接策划、组织会展的单位,因此往往是会展有关机构中的核心单位。

(4)会展的时间安排

办展时间有三个方面的含义:

①举办展的具体开展日期。

②展会的筹展和撤展日期。

③展会对观众开放的日期。

由于会展的日程安排往往具有不可更改性,因此会展的时间安排,尤其是筹备时间安排策划,就显得十分重要。严格的时间安排和工作日程,是一个会展项目成功举办的前提。不仅每项工作都要有明确的工作期限,而且必须要有总协调人及具体办事人或联系人,同时还要有应急准备,并定期对照检查、及时调整,以便及时反应。

(5)展品范围

在会展立项中,必须确定展览中要展示的商品范围。

①要展示的商品应是与展览会目标相一致,并且能够体现展览会目标。

②展品范围还要根据展览会涉及的产业或行业范围进行调整。根据会展定位,展品范围一般包括一个或几个产业,或者是一个产业中的一个或几个产品大类。

(6)办展频率

这是指会展一年举办几次还是几年举办一次,或者是不定期举行。办展频率的确定受展览题材所在产业的特征的制约。这包括产业的生命周期,产品的生命周期的影响。

（7）会展规模

①会展的展览面积。

②参展单位的数量。

③参观会展的观众数量。

在策划会展时，我们都要对以上内容作出预测和规划。

（8）会展定位

通俗点说，会展定位就是清晰地告诉人家这个会展是什么和有什么；具体地说，会展定位就是办展机构根据自身的资源条件和市场竞争状况，通过建立和发展会展的差异化竞争，使自己举办的会展在参展企业和观众的心目中形成一个鲜明而独特的印象的过程。会展定位要明确会展的目标参展商和观众、办展目标、会展的主题等。

（9）会展价格和会展初步预算

会展展位的价格往往包括室内展场的价格和室外展场的价格，室内展场的价格又分为空地价格和标准展位的价格。在制定会展的价格时，一般遵循"优地优价"的原则，即那些便于展示和观众流量大的展位的价格往往要高一些。在策划举办展会时，要根据市场情况给展会确定一个合适的价格，这样对吸引目标参展商参加展会十分重要。

（10）人员分工、招展招商和宣传推广计划

人员分工计划、招展计划、招商和宣传推广计划是会展的具体实施计划，这四个计划在具体实施时会互相影响。人员分工计划是对会展工作人员的工作进行统筹安排，招展计划主要是为招揽企业参展而制定的各种策略、措施和办法，宣传推广计划则是为建立会展品牌和树立会展形象，并同时为会展的招展和招商服务的。

（11）展会进度计划、现场管理计划和相关活动计划

①展会进度计划：是在时间上对展会的招展、招商、宣传推广和展位划分等工作进行的统筹安排。它明确在展会的筹办过程中，到什么阶段就应该完成哪些工作，直到展会成功举办。展会进度计划安排得好，展会筹备的各项准备工作就能有条不紊地进行。

②现场管理计划：是展会开幕后对展会现场进行有效管理的各种计划安

排,它一般包括展会开幕计划、展会展场管理计划、观众登记计划和撤展计划等。现场管理计划安排得好,展会现场将井然有序,展会秩序良好。

③展会相关活动计划:是对准备在展会期间同期举办的各种相关活动作出的计划安排。与展会同期举办的相关活动最常见的有技术交流会、研讨会和各种表演等,它们是展会的有益补充。

2)会展立项策划书

在完成上述工作后,我们就可以提出《会展立项策划书》了。该策划书是对上述各项工作的归纳和总结,也是举办这个展览会的办展规划、策略和方法。策划书应该包括以下内容。

(1)举办这个展览会的市场环境分析

(2)提出这个展览会的基本框架

这包括展览会的名称和举办地点、办展机构的组成、展品范围、办展时间、办展频率、会展规模和会展定位等。

(3)会展的价格及初步预算方案

(4)会展的工作人员是怎么分工的计划

(5)会展的招展计划

这主要指展览会的展区如何安排、展位如何划分、如何招揽企业参展的计划。

(6)会展招商计划

(7)会展宣传推广计划

(8)会展筹备进度计划

(9)会展服务商安排计划

(10)会展开幕和现场管理计划

(11)会展期间举办的相关活动计划

(12)会展的结算计划

2.4.2 会展项目的申报

1)会展举办单位的资格

(1)国内商品展销会举办单位资格的规定

根据《商品展销会管理办法》规定,商品展销会的举办单位应具备的条件包括:具有法人资格、能够独立承担民事责任;具有与展销规模相适应的资金、场地和设施;具有相应的管理机构、人员、措施和制度。

(2)国内举办对外经济技术展览会主办单位资格的规定

根据国务院2003年文件规定撤销原外经贸部的《关于举办来华经济技术展览会审批规定》,对原经营企业资格的审批放开,只有在工商管理部门颁发的营业执照中的经营范围内,注明有主办或承办会展内容的企业,才可以申报举办会展项目。

(3)出国(境)举办经济贸易展览会组办单位资格的规定

根据2006年颁布的《出国举办经济贸易展览会审批管理办法》修订版的规定:出国办展须经中国国际贸易促进委员会审批(会签商务部)。组展单位应当向中国国际贸易促进委员会(以下简称"贸促会")提出出国办展项目(以下称"项目")申请,项目经批准后方可组织实施。

组展单位应当具备以下条件:

①依法登记注册的企业、事业单位、社会团体、基金会、民办非企业单位法人,注册3年以上,具有与组办出国办展活动相适应的经营(业务)范围。

②具有相应的经营能力,净资产不低于300万元人民币,资产负债率不高于50%。

③具有向参展企业发出因公临时出国任务通知书的条件。

④法律、法规规定的其他条件。

2)会展项目的申报程序

(1)向主办单位的主管部门申报立项

①向主管部门申报立项时需要提交的材料。主要包括:

a.项目申请报告。

b.按规定填写的《出国举办经济贸易展览会申请表》原件及电子文本。

　　c.我国驻赴展国使领馆商务机构同意函复印件。

　　②首次提出项目申请的组展单位应交材料。除应提供前款规定的项目申请材料外,还应提供以下材料:

　　a.项目可行性报告及与国外展览会主办者或展览场地经营者联系的往来函件复印件;

　　b.法人登记证书复印件(验证原件);

　　c.会计师事务所出具的验资报告、财务年度报告、资产负债表复印件;

　　d.税务机关出具的完税证明原件;

　　e.事业单位批准成立机关或社会团体、基金会、民办非企业单位业务主管单位出具的同意事业单位或社会团体、基金会、民间非企业单位出国办展的批准件原件;

　　f.有因公出国任务审批权的部门和单位出具的同意向参展企业发出因公临时出国任务通知书的证明函原件;

　　g.其他相关材料。

　　(2)向会展举办地工商行政管理机关申报登记

　　①主办或承办单位应向所在地工商管理局提出举办会展的登记申请。根据《商品展销会管理办法》,展销会举办单位应当向举办地工商行政管理机关申请办理登记;若干个单位联合举办的,应当由其中一个具体承担商品展销会组织活动的单位向举办地工商行政管理机关申请办理登记。

　　②申请登记时需要出具的材料包括:举办人具备法人资格的证明材料;举办会展项目申请书,内容包括会展项目的名称、起止时间和地点、参展商品类别、举办单位银行账号、举办单位负责人名单、会展筹备办公室地址等;当地政府的立项批复;会展的组织实施方案;场地使用证明等材料。

2.4.3　会展项目的审批

1)国内普通商品展销会的审批

2002年11月,国务院取消了关于全国性非涉外经济贸易展览会的审批制,改为登记制。即目前在国内举办全国性非涉外经济贸易展览会已经不再实行审批制,只需到举办地工商管理局登记即可。

2)在我国境内举办对外经济技术展览会的审批

根据国务院办公厅《关于对我国境内举办对外经济技术展览会加强管理的

通知》,对展览面积在 1 000 平方米以上的对外经济技术展览会,实行分级审批管理。其中以国务院部门或省级人民政府名义主办的,报国务院审批;国务院部门所属单位及境外机构主办的,报外经贸部(现为商务部)审批;地方单位主办的,由所在省、自治区、直辖市外经贸主管部门审批,报外经贸部备案;以科研、技术交流、研讨为内容的,由科技部审批;贸促会系统举办的,由贸促会审批并报外经贸部备案;其次,面积在 1 000 平方米以下的对外经济技术展览会,可由主办单位自行举办,报相应的审批部门备案。

3) 出国举办经济贸易展览会的审批

有关出国办展的审批管理体制历经多次变革。2001 年 1 月 1 日,国务院办公厅发布的《关于出国举办经济贸易展览会审批管理工作的有关问题的函》规定,自发布之日起,商务部负责出展的宏观管理和出展资格的审核,各地区、各单位举办出国展览一律由中国贸促会审批。2001 年 2 月 15 日,贸促会和商务部出台了《出国举办经济贸易展览会审批管理办法》,对出国办展单位、审批和备核的程序、审批的依据和要求、展览团的管理以及处罚措施作了明确的规定。根据中国国际贸易促进委员会、中华人民共和国商务部于 2006 年 5 月 14 日颁布的《出国举办经济贸易展览会审批管理办法》对出国办展单位、审批和备核的程序、审批的依据和要求、展览团的管理以及处罚措施作了新的规定。

虽然出国展览依然实行审批制,但与原来由外经贸部审批的行政性审批的性质已有很大改变,在审批的内容和范围方面都比过去有所减少和简化,更加强调审批的工作效率和为组展单位提供服务,是一种协调服务行为。

4) 对台经济技术展览会的审批

审批举办对台湾经济技术展览会需审查的主要内容有以下几项。

(1)政治内容

举办对台湾经济技术展览会,不得出现"台湾独立""两个中国""一中一台"等政治问题。台湾厂商参展的宣传品、杂志、电子出版物等资料中不得有代表"中华民国"的字样、图片、音乐等。

(2)展览会名称、展品内容、展出面积、时间、地点、筹组方案和计划

祖国大陆与台湾联合举办的经济技术展览会,应冠以"海峡两岸"的名称;各省(市、区)与台湾省联合举办的经济技术展览会,则应分别冠以该省(市、区)与台湾省之名(如:"闽台××展览会""沪台××展览会"等)。

展品应符合国家知识产权保护法和国家产业政策,具有先进水平,有利于扩大海峡两岸经贸交流与合作。

(3)申请报批的单位应按要求向外经贸部提交有关文件和资料

邀请台湾厂商参展的国际性及全国性展览会、博览会,应提交有关主管单位的批件、参展台湾厂商的名单(中文)、展品内容、展出面积等详细清单,并提前1个月申请报批;举办海峡两岸的经济技术展览会、对台湾出口商品交易会、台湾商品展览会,应提交展览会的筹组计划和方案、可行性研究报告、参展企业及其展品的有关情况等,并提前6个月申请报批。

【知识延伸】

《商务部举办展览会管理办法(试行)》

第一部分   总   则

一、为加强对商务部举办展览会工作的统一规范管理和组织协调,根据科学规划、突出重点,充分发挥资源优势的原则,特制定本办法。

二、商务部举办展览会应以科学发展观为指导,整合优势资源,完善管理规则和运作机制,加强规划协调,促进国际经贸交流与合作,扩大商品流通与消费,推动产业和地方经济发展。

三、本办法所称展览会是指在境内举办的经济技术贸易及投资领域的博览会、展览会、洽谈会、交易会、采购会等。

本办法所称商务部举办展览会工作是指需要以商务部名义作为主办、参与主办、协办或支持单位的内部审批、管理和评估工作。

四、商务部举办的展览会应符合商务事业发展规划和商务部工作重点方向。

五、商务部根据集中资源、合理布局、协调发展和市场化导向的原则,按照展览会对推动国民经济和商务工作的重要程度,对展览会实行分类管理。

六、除采取申办制的展览会外,商务部在同一省、自治区、直辖市及副省级市举办的展览会不超过一个,已有商务部举办展览会的省市不再新增;

商务部新增举办展览会的审批在同等条件下向中西部、东北老工业基地倾斜;

新增展览会在时间和内容安排上与商务部现有举办展览会没有重叠。

第二部分   展览会分类标准

七、重点发展类展览会是指由商务部单独主办或作为第一主办单位的,对国民经济和商务工作发展有重大影响的全国性展览会。具体标准如下：

（一）全国经济发展有重大作用和意义、配合国家重大战略实施或配合外交外贸多双边工作的需要；

（二）具有全国性、综合性或较强专业性，国内参展商来自全国一半以上省（区、市），且展位比例达到 30% 以上；综合性展览会参展的主要行业在 3 个以上，专业观众总人次不少于观众总人次的 50%；专业性展览会专业观众总人次不少于观众总人次的 90%；涉外领域展览会境外观众人次不少于观众总人次的 30%；

（三）综合性展览会展览面积不少于 30 000 平方米；专业性展览会展览面积不少于 20 000 平方米；特殊装修展位面积比例不少于 40%；

（四）如非商务部发起举办的展览会，应已连续举办 3 届以上。

八、参与主办类展览会是指对促进国民经济和商务工作发展有重要影响的全国或区域性展览会，涉外领域的展览会以省级人民政府、国务院有关部门或其他副部级以上单位为主举办，商务部作为共同主办单位；非涉外领域的展览会以省级人民政府、国务院有关部门、其他副部级以上单位和全国性行业组织或民间组织为主举办，商务部作为共同主办单位。具体标准如下：

（一）全国或区域经济发展有重要作用和意义；

（二）在展览会总体方案中，应有按照市场化、专业化运作的规划；

（三）国内参展商来自全国 $\frac{1}{3}$ 以上省（区、市），且展位比例达到 20% 以上；综合性展览会参展的主要行业在 3 个以上，专业观众总人次不少于观众总人次的 40%；专业性展览会专业观众总人次不少于观众总人次的 70%；涉外领域展览会境外观众人次不少于观众总人次的 20%；

（四）展览会展览面积不少于 20 000 平方米；特殊装修展位面积比例不少于 30%。

九、支持引导类展览会主要是指对主要行业和区域经济发展有积极作用、发展潜力较大的行业性和地方性展览会，涉外领域的展览会以省级人民政府、国务院有关部门或其他副部级以上单位为主举办，商务部作为协办或支持单位；非涉外领域的展览会以省级人民政府、国务院有关部门、其他副部级以上单位和全国性行业组织或民间组织为主举办，商务部作为协办或支持单位。具体标准如下：

（一）利于扩大消费促进经济增长、有利于经济结构调整和产业优化升级及在业内具有重大影响成长性好，对主要行业和区域经济发展有积极作用；

（二）涉外领域展览会专业观众人次与观众总人次的比值不少于40%，境外观众人次不少于观众总人次的1%；

（三）展览会展览面积不少于10 000平方米；特殊装修展位面积比例不少于20%。

第三部分　审批与举办

十、除对举办时间长、组织办展模式成熟、国内外影响大的展览会继续沿用原有举办方式外，对适合采取申办制的或两个以上申请单位提出举办相近内容的重点发展类展览会，可实行申办制。

十一、新增展览会申请单位应提前一年向商务部提出举办申请。

十二、举办地相关产业比较发达，市场份额比重较高。

十三、展览会申请单位具备成功举办国际性或全国性大型会展活动的经验，具有组织协调商务活动的专门机构，具有举办商务活动所需的广告宣传、招商招展、接待服务等经费保障；举办地具备满足参展人员的住宿接待、安全保卫和交通设施等能力。

十四、对展览会的可行性有充分论证，并征求国务院相关部门、行业商协会的意见；与境外机构或国际组织联合举办的展览会事先征求相关国家（地区）经贸主管部门或行业协会的意见。

十五、展览会申请单位需提供的材料：

（一）请举办函

（二）展览会可行性研究报告

（三）展览会总体工作方案

（四）展览会招商招展方案

（五）展览会紧急情况应急方案

（六）展品知识产权保护方案

（七）国务院相关部门、行业商协会的意见

（八）与境外机构或国际组织联合主办的展览会须提供相关国家（地区）驻外经商（参）处的意见

（九）上届展览会总结

（十）上届展览会会刊

如为首届举办，可不提供第（九）、（十）项材料。

十六、商务部收到上述材料后，研究评估并确定举办单位；对符合举办条件的展览会，依据分类标准进行分类，并依据展览会性质确定牵头主办司局，报部领导批准。

十七、对在中西部和东北老工业基地地区举办的重点发展类展览会,商务部可在展览会宣传、招商招展工作等方面给予一定的支持。

十八、对参与主办类展览会,商务部在连续参与主办三到五届后,可退出主办。如需商务部继续支持,可由商务部所属商务促进机构代为主办、协办或支持单位。

十九、对其他地方性、商业性以及不涉及商务部业务的展览会,商务部原则上不再作为举办单位,特殊情况需要纳入的,由归口管理单位会同有关司局研究报部领导批准。

对与境外机构或国际组织联合举办的展览会,商务部原则上不作为举办单位。

第四部分 评价与监督

二十、牵头主办单位应在展览会结束1个月内将详细的展览会总结报告,包括展览会规模、展商数量、主要参展单位和人员、展览会成效等报部领导,抄归口管理单位。

二十一、归口管理单位会同有关司局根据《商务部举办展览会评估标准》,对展览会提出总体成效评估意见。

二十二、归口管理单位在每年度末对商务部全年举办展览会情况进行总结。

二十三、部纪检部门负责对举办展览会的有关情况进行监督。

二十四、展览会安全工作实行属地管辖的原则,共同主办地人民政府为安全工作第一责任人,部内展览会牵头主办单位及人事司负责联系展览会地方主办单位安保部门,对展览会安全工作实施具体指导和监督管理。

第五部分 部领导任职与出席

二十五、与外国政府机构共同举办的展览会活动,根据外事对等原则,视外方任职情况可建议部领导担任组委会领导职务。

有党中央、国务院领导任职的展览会活动,可建议由部领导出任组委会相关职务。

除重点发展类展览会外,其他展览会部领导原则上不出任组委会相关职务,如确有需要,可视情由一位分管部领导担任相关职务,由牵头主办单位提出意见会签办公厅、归口管理单位后报部领导批准。

二十六、对重点发展类展览会,商务部领导可以出席相关活动;对参与主办类展览会,商务部领导视情出席相关活动。除此之外原则上不出席其他展览会活动。如确需部领导出席应由牵头主办单位提出意见会签办公厅、归口管理单位后报部领导批准。

第六部分 其他

二十七、商务部机关各司局不得以本司局名义举办或参与各类展览会。

二十八、商务部各直属单位(含商会、协会、学会)不得自行以商务部名义举办各类展览会。

二十九、本办法自2007年1月1日起施行。

本章小结

本章主要讲述会展项目管理的第一个过程——会展项目的启动。主要内容包括需求分析,选择会展项目时需要考虑的因素和应遵循的原则,确定会展项目目标和章程;会展项目可行性研究的内容、方法和步骤,以及会展项目可行性研究报告的主要内容、编写规范;会展项目财务评价的程序、主要指标,会展项目不确定性分析的方法;会展项目国民经济评价的含义、特点和程序;会展项目立项、申报和审批程序。

【复习思考题】

1. 会展项目选择时要考虑哪些因素?

2. 会展项目向主管部门申报立项时需要提交哪些材料?

3. 会展项目立项策划的具体内容?

4. 会展项目可行性研究的主要内容是什么?

5. 会展项目国民经济评价与财务评价相比有着什么区别和特点?

【实训题】

实训项目一

一、实训组织

结合当地的产业结构,选择一个展览会主题,让学生自己动手策划一份展览会立项策划书。

二、实训要求

1.展览会的题材与其内容相统一。

2.展览会立项策划书的要素要全。

3.语言要通顺,并符合专业要求。

4.页面设计要合理,并与展览会主题相统一。

三、实训目的

1.提高学生对立项策划书重要性的认识。

2.掌握构成立项策划书的要素。

3.提高学生的会展文案策划能力。

实训项目二

一、实训组织

教师确定一个专业性展览会,结合本章所学的知识,让学生独立撰写一份可行性研究报告。

二、实训要求

1.学生要独立完成。

2.可行性研究要素要全。

3.市场分析详细,有相关数据支撑。

4.结论和建议明确、直接。

三、实训目的

1.使学生掌握展览会可行性研究报告的主要内容。

2.掌握财务分析的主要方法。

3.提高学生对市场调查、数据分析的能力。

实训项目三

一、实训组织

将学生分为三组,第一组扮演会展主办单位工作人员,第二组扮演主办单位的主管部门,第三组扮演会展举办地工商行政管理机关工作人员。让主办单位工作人员分别向其主管部门和工商行政管理机关提交申报立项和登记所需的文件资料,模拟申报立项和登记过程。

二、实训要求

1.教师要提出要求,并及时对每组进行讲评。

2.学生态度要认真。

3.对场景要进行适当的布置。

三、实训目的

1.掌握会展项目的申报程序。

2. 掌握向主管部门申报立项时需要提交的材料。

3. 掌握向会展举办地工商行政管理机关申报登记需要出具的材料名称。

4. 提高学生的实际从业能力。

【案例回放】

2012 年上海国际电子展的展会可行性研究报告

一、概要

2011 年我国电子信息产品制造业整体水平明显提高。手机、数码产品、IT、电视、电脑等产品产销保持快速增长,国内品牌产品的市场占有率进一步扩大,元器件配套能力得到明显提高,电子信息产品制造业继续保持制造业第一大产业的地位。电子信息产品制造业仍然保持了我国第一支柱产业的地位,2011 年制造业产值突破了 11 万亿元,2011 年达到了 12.35 万亿元,增长 35%。2011 年制造业的销售收入达到 13 000 亿元,增长了 45%,利税达到 650 亿元,增长 13%。

我国已经是全球最大的彩电生产基地,彩电工业具备完整的工业体系,2010 年我国彩电销量占世界总销量的 55%。在国内市场,彩电总体供大于求,但是由于出口增加,库存总量有所下降,各种不同规格产品的供需状况有明显差异。2011 年彩管中的电视机用 CPT 总产量约比上年减少。首次出现的 CPT 负增长,对连续多年增速过快的中国彩管业来说,消化积淀的库存、调整产品结构,对长远发展无疑是一件好事。

中国 PC 销售量为 2 000 万台,增长 40%。其中,台式 PC 市场销售量达到 5 000 万台,增长 45%;销售额达到 8 000 亿元,增长 50%。2010 年,中国笔记本电脑市场继续保持了高速的增长,市场销量达到 57.6 万台,销售额为 97.84 亿元;同 2009 年相比,销售量增长 37.4%,销售额增长 29.8%。2010 到 2011 年,笔记本电脑市场销量的复合增长率达到 39.03%,销售额的复合增长率达到 29.10%。

自 20 世纪 90 年代以来,我国通信制造业一直呈高速发展状态,其发展速度不仅远远高于国民经济的发展速度,而且在电子信息产业各领域中也名列前茅。

二、展会名称

2012 年上海国际电子展

三、展览目的

当今世界电子技术飞速发展,各种用于消费者的先进技术产品层出不穷。本届展览会的目的就是将目前世界上最先进的电子技术和器材介绍到国内来,以促进我国与国际上在电子技术领域的交流与合作,进一步提高我国的电子技术水平。

四、展览时间和地点

时间:2012年4月1日至4日

地点:上海新国际博览中心

五、主办单位和分工

此次展览会由上海电子会展中心有限公司与上海鸿发电子展览有限公司联合举办。双方分工如下:

上海电子会展中心有限公司负责:提供展览场地,设计和搭建展台,安排开幕式和招待酒会,展场管理,印刷招展书、会刊、招展广告。

上海鸿发电子展览有限公司负责:展览会报批,国内外招展,联系支持单位,联系国内外招展代理人,与海关、公安、消防方面协调,邀请有关领导出席。

六、电子市场环境分析(SWOT)

电子市场具有以下三大价值:首先,电子市场是交易平台,为交易行为提供空间与承诺,保障商流的顺畅;其次,电子市场是IT产品流通的渠道,它为商品的流通提供场所与工具,保障物流的顺畅;最后,电子市场是信息媒体,它为厂商和渠道商进行信息的发布和收集提供媒介,保障信息流的顺畅。

1. 优势(S)

技术水平领先、功能完整;服务收费低;充足的财政来源;良好的企业形象;技术力量庞大;成本优势;广告攻势。

2. 劣势(W)

现有人员不熟悉此展会的主业务;竞争力差;管理混乱;缺少关键技术。

3. 机会(O)

可选供应商企业数量多;供应商信息化不断提高;电子产品的消费市场不断地扩大;产品的种类多、广;适应市场需求。

4. 威胁(T)

替代产品增多;行业政策变化;新的竞争对手;突发事件。

七、展会项目生命力分析

1. 中国电子产品消费市场进一步增长

2011年第一季度,中国电子产品消费市场呈现进一步增长的态势,中国目前监测的包括手机、IT、黑电、白电、小家电、数码产品以及办公产品等7大类几十种产品的全国实体店零售市场规模在2010年第一季度继续保持2010年下半年的增长势头,并且增幅进一步上升至30%左右,对比去年同期经济大环境的冷淡和整体市场状况的不景气,今年开年第一季度的市场表现似乎给众生产厂家和各类经销商打了一针强心剂,纷纷积极备战,准备在未来的竞争战场上大展宏图。

我国电子产品消费市场 2011 年第一季度不仅在实体店渠道成绩显著,无店铺渠道的发展更是令人瞩目。2011 年第一季度是中国所监测包括手机、笔记本、数码相机等 6 类电子产品销售额同比现实 27.5% 的增幅,

2. 今后 10 年内拉动半导体消费增长的"5 大电子产品"

根据有关资料显示,以下 5 种电子产品将成为今后 10 年内有望拉动半导体消费增长的主要电子产品。下面我们按顺序分析一下这些产品的动向以及半导体消费额的扩大情况。

(1)以"iPad"为代表的平板终端,估计会与笔记本电脑一同面向发达国家及发展中国家的高收入层普及。预计平板终端最终会因非工作用途而普及。2010 年平板终端的半导体消费额为 2 400 亿日元,笔记本电脑为 4 万亿日元,到 2020 年二者将分别扩大至 3.15 万亿日元及 8 万亿日元。

(2)手机方面,发达国家的消费者将逐步改用智能手机,发展中国家尚有提高普及率的余地。另外,智能手机会因越来越多地用于非通话用途而逐步实现高功能化,由于配备半导体的费用增加,因而会拉动半导体消费增长。考虑到这些因素,预计 2020 年手机的半导体消费额将从 2010 年的 2.4 万亿日元扩大至 5.8 万亿日元。

(3)汽车方面,随着混合动力车(HV)及电动汽车(EV)的普及,该领域正在迅速实现电子化。今后,为了追求安全性、舒适性及节能性,汽车的半导体配备量将日益增加,估计到 2020 年该领域的半导体消费额将从 2010 年的 1.9 万亿日元增至 3.7 万亿日元。

(4)智能电网是今后 10 年内推进力度最大的基础设施投资项目。智能电表、电力路由器及服务器的需求将会激增。预计到 2020 年半导体消费额将从目前几乎为零的状态增至 1.5 万亿日元。

(5)医疗设备方面,估计今后半导体的需求领域将从目前的医疗机构使用的专用设备,转向个人或家庭使用的疾病预防及疾病检查用产品,包括用来保持健康或预防疾病的类似游戏的产品以及可在家庭内自动检查疾病的产品。预计到 2020 年医疗设备用半导体的消费额将从 2010 年的 8 000 亿日元扩大至 1.3 万亿日元。

八、赢利分成

展览会赢利按下列比例分配:上海电子会展有限公司获 60%,上海鸿发电子展览有限公司获 40%。

九、展览面积和展位

展览面积8 000平方米左右,共设600个国际标准展位(4米×4米)。

十、收支预算

预测一:

1.展位价格:国内参展商10 000元人民币/标准展位;国外参展商15 000元人民币/标准展位。

2.总收入:如展位全部出租,70%的展位由国外参展商租赁,总收入为:10 000 ×600×30% +15 000×600×70% =8 100 000元

3.成本支出:

招展宣传:800 000元

展馆费用:1 000 000元

差旅费用:100 000元

通信费用:80 000元

公关费用:600 000元

其他费用:400 000元

共计支出:2 980 000元

4.盈余:收支相抵,共盈余5 220 000元。其中:

上海电子会展中心有限公司获利:3 132 000元

上海鸿发电子展览有限公司获利:2 088 000元

预测二:

1.总收入:如展位全部出租,50%的展位由国外参展商租赁,总收入为: 7 500 000元。

2.盈余:收支相抵,共盈余4 620 000元。其中:

上海电子会展中心有限公司获利:2 772 000;

上海鸿发电子展览有限公司获利:1 848 000。

十一、风险

如展览会因各种因素取消,则损失先期投入的费用为400 000元左右。

十二、结论

1.本届展览会在正常经营条件下,仅办展一项(不计场馆内的广告收入和其他服务性收入)可获利4 620 000~5 220 000元,而风险损失仅约400 000元,具有较好的经济效益。

2.上海国际电子技术展览会每年一届,通过举办本届会展,能够稳定老客户,吸引新客户,为下届展览会铺平道路。

3. 根据 SWOT 市场分析,电子市场具有大的消费力市场。

4. 根据展会项目生命力分析,有五种电子产品有望拉动半导体消费增长,拉动经济水平的增长。

5. 鉴于以上分析,建议举办本届上海国际电子展览会。

(资料来源:http://www.doc88.com/p-604859496947.html)

案例分析

1. 会展项目可行性研究报告应包括哪些内容?

2. 会展项目成本费用和收入一般包括哪些?

3. 你如何评价该可行性研究报告,并从中得到哪些启示?

项目 3
会展项目计划

【案例导入】

奥运会开幕式是奥运会的一个重要组成部分,一般持续 3 个半小时,由多个活动组成,如迎接贵宾入座、相关领导讲话、升旗、运动员入场、火炬接力、点燃奥林匹克圣火、运动员宣誓、文艺表演等,每一个活动相互联系、相互影响。可以说奥运会开幕式是工作量大、准备时间长、花费多的重要项目。

案例分析

1. 大型展会如奥运会开幕式具体包括哪些活动?

2. 这些活动之间的先后关系如何?

3. 如何对开幕式的各项活动进行进度控制?

任务 1 确定会展项目计划的内容

3.1.1 确定会展项目目标

明确项目目标是项目计划的第一步。会展项目目标,是指会展组织者根据营销战略、市场条件和会展情况制定的明确、具体的会展目的及期望通过会展而达到的企业目标。由于会展所涉及的主体众多,包括政府、会展公司、参展商和观众等,因此制订会展项目计划应该考虑各会展项目利益相关者的需要。

1)会展项目目标具有以下属性

(1)多目标性

会展项目目标往往并不是单一的,而是一个目标体系。任何一项会展项目,从不同的利益主体看就会有不同的项目目标。例如:从会展公司的角度来看,展览会是它主要的产品或服务项目,也是它主要的收入来源,它的项目目标就是扩大展会规模,增加展位销售收入,提高利润率,树立公司形象,成为知名的展会供应商;从参展商的角度来看,展览会是其重要的营销手段,参展的主要目标是扩大知名度,建立营销网络,推广新产品,签订订单和销售产品;从观众和客户商来说,展会是获得信息的重要渠道。

由此可见,会展项目目标是由多个不同的单体目标构成的,而其总体目标的实现也是由各个单体目标的实现来完成的。

（2）优先性

当会展项目的目标之间发生冲突时,优先考虑其中的某个或某些目标。例如一个交付日期即将来临的会展场馆开发项目会优先考虑进度目标,要求员工加班加点工作而不计成本的增加。

（3）层次性

层次性是指会展项目的目标具有从抽象到具体的一个层次结构。目标体系的最高层是总体目标,指明要解决问题的总期望结果;最下层是具体目标,指明解决问题的具体措施。上层目标一般表现为模糊的、不可控的,下层目标则表现为具体的、明确的、可测量的。例如:2008年北京奥运会的上层目标为:

第一,承办一界历史上最出色的奥运会;

第二,促进首都及全国的现代化建设;

第三,塑造首都改革创新和全方位开放的新形象;

第四,努力实现我国体育事业的全面协调发展。

这些目标都是上层目标,还需要有更多的、详细的下层目标作补充。

2）会展项目目标要求

会展项目目标一般由项目发起人确定。由于会展项目的实施实际上就是一种追求会展项目目标的过程,因此会展项目目标应容易被沟通和理解,而且是明确的、具体的、可测量的和可实现的。会展项目目标应有包括成本、计算单位、一个绝对或相对的金额等量化的目标。

【知识延伸】

AUMA 所归纳出的展会目标

德国展览协会（AUMA 奥马）根据市场营销理论将展出目标归纳为基本目标、宣传目标、价格目标、销售目标、产品目标五类,见表3.1所示。

表3.1 展会目标

基本目标	A.了解新市场 B.寻找出口机会 C.交流经验 D.了解发展趋势平共处 E.了解竞争情况 F.检验自身的竞争力 G.了解公司所处行业的状况 H.寻求合作机会 I.向新市场介绍本公司和产品
宣传目标	A.建立个人关系 B.增强公司形象 C.了解客户的需求 D.收集市场信息 E.加强与新闻媒介的关系 F.接触新客户 G.了解客户情况 H.挖掘现有客户的潜力 I.训练职员调研及推想技术

续表

价格目标	A. 试探定价余地 B. 将产品和服务推向市场
销售目标	A. 扩大销售网络 B. 寻找新代理 C. 测试减少贸易层次的效果
产品目标	A. 推出新产品 B. 介绍新发明 C. 了解新产品推销的成果 D. 了解市场对产品系列的接受程度 E. 扩大产品系列

3.1.2　编制会展项目计划

会展项目计划是依据项目策划选定的会展项目主题,通过合理配置资源,对项目范围、进度、质量和成本进行计划控制,最终完成会展项目目标的过程。通过会展项目计划的制订,可以帮助项目团队在诸如主题年会、博览会、交易会、奥运会等会展项目中清楚地认识和理解会展项目目标,提高项目管理的运行效率,为项目控制提供依据,并最大限度地减少不确定性,规避风险性事件,保证会展项目顺利完成。要充分认识会展项目计划的重要性,成功的会展项目必定有一个好的计划;反之,没有好计划的会展项目,必定会失败。

1) 明确会展项目计划需要解决的问题

会展项目计划主要回答以下几个基本问题。

(1) 项目做什么(会展项目目标)

会展项目要实现什么样的目标,项目经理与项目团队应当完成哪些工作。

(2) 如何做(工作分解结构图)

通过工作分解结构(WBS),将会展项目分解为个体的工作任务,WBS 是项目必须完成的各项工作的清单。

(3) 谁去做(人员使用计划)

确定承担工作分解结构中各项工作的具体人员。

(4) 何时做(项目进度计划)

确定各项工作需要多长时间,何时开始、何时结束,确定每项工作需要哪些资源等。

(5) 花费多少(项目费用预算)

确定 WBS 中每项工作需要多少经费及项目总预算。

2）会展项目计划的编制

在项目管理中,计划编制是最复杂的阶段,为了编制一个具有现实性和实用性的项目计划,需要在项目计划编制过程中充分了解完成项目需要做哪些详细的活动和每项活动需要花费的时间、成本。总的说来,会展项目计划的编制是一项复杂的工程,需要涉及诸多的环节,在具体编制时,我们将其分为两部分:核心过程和辅助过程。

（1）核心过程

在这个过程中,不同的计划编制部分之间有着清楚的依赖关系。前一个过程不结束,后一个过程就无法开始。例如,会展项目范围计划编制结束后才能编制进度计划。

（2）辅助过程

在这个过程中,不同的计划编制部分之间的依赖关系主要取决于项目本身。通常,这些辅助过程根据需要在项目计划编制过程中陆续间歇进行,其作用也视项目的进展呈现出不同的重要性。

3）落实会展项目计划内容

（1）会展项目计划的构成要素

项目计划是一份指导项目执行和控制的文件。不同规模、不同类型的会展项目其计划的详略程度是不同的,组织和表示项目计划的方法也可能不一样,但一份完整的会展项目计划应包含以下要素。

①项目章程。会展项目章程是一个重要的文档,它正式承认项目的存在并对项目提供一个概览。内容主要包括会展项目目标说明、会展项目的组织结构、会展项目的主要事件和进度安排。

②项目计划目标。制定项目目标是项目计划的首要任务,对于会展业而言,在制定会展项目目标时,既需要有总目标,还需要有各个子目标。总目标是对会展项目最终交付结果的要求,而子目标是每一项具体任务的结果要求。

③项目范围说明。对会展项目的范围进行说明,包括举办理由、会展活动目标和工作分解结构等。

④执行控制层面上的工作分解结构。

⑤主要的里程碑事件和每个主要里程碑的实现日期。

⑥项目进度计划,包括会展活动每个可交付成果的开始和结束时间及职责

分配。

⑦危机计划,包括会展项目进行中可能存在的主要风险,及针对各个主要风险所计划的应对措施和应急费用。

(2)会展项目计划的内容

从项目管理的角度来说,项目最终的目的是为了实现由范围、质量、时间和成本4个要素所定义的项目目标。因此,会展项目计划的制订也要实现和满足这4个目标,其主要内容就包括了会展项目范围计划、会展进度计划、会展质量计划和会展成本计划。通过四个方面的计划内容,形成完整的会展项目计划体系,决定会展项目将在什么时间以什么样的方式达到何种目标,并最终为会展举办者带来既定的目标成果。

4)会展项目计划的作用

项目计划是有效协调会展各项工作、推动项目工作顺利进行的有效工具,是为方便项目的实施、协商、交流及控制而设计的。会展项目计划在整个项目管理中主要有以下几个作用。

(1)明确目标

会展项目计划可以清晰表述会展项目的总目标和各阶段目标,并使项目团队清楚理解项目目标,从而协调工作。

(2)明确任务

会展项目计划可以确定为完成项目目标所需要的各项任务并控制项目的总体进度。

(3)进行资源配置

会展项目计划可以确定各项任务所需要的资源,通过工作细分将资源分配到最适合的地方。

(4)明确工作职责

会展项目计划可以确立项目团队的工作和责任范围,明确各自的任务,使会展项目的风险降低。

(5)进行控制的基础

会展项目计划所确定的各项工作任务和阶段目标是项目控制的前提和基础。

任务2　编制会展项目范围计划

3.2.1　什么是会展项目范围

项目范围是构成项目目标的最重要的一个要素,它定义了这个项目最终完成的是什么。在会展项目管理中,范围的含义不仅回答项目完成的是什么,也定义了打算通过什么样的活动和过程去完成。前者属于产品范围,后者属于工作范围。所以,会展项目范围指包含了所交付的产品或服务应该具有什么样的特征和功能以及为了实现该产品或服务所需要完成的工作内容。

确定了会展项目范围也就定义了项目的边界。它使得项目的工作活动和管理活动在此基础上形成了一个关联,随后进行的所有管理活动都会对应于这些被分解的部分。因此确定会展项目范围对项目管理来说可以有以下重要作用:

第一,详细的项目范围将作为后续管理活动的基础,特别是项目的时间和成本因素都会被分解对应到项目范围中的每一单元;

第二,项目范围可以作为项目控制活动的基础;

第三,可以将任务的分派足够细化,有助于清楚地确立责任,提高管理的有效性。

【知识延伸】

"中国国际水上运动产品与船艇展览会"展会范围的确定

对于一个展览会项目而言,展会范围指展览会将要展示什么产品、信息和技术,它主要取决于展览会的主题和定位。换句话说,办展机构在确定展品范围的同时,也明确了目标参展商和观众,当然还包括了为达到办会目的应提供的服务。所以在确定展品范围时,主办单位要考虑展览会的定位、自身的竞争优劣势和展览会所在行业的最新发展动态等多种因素。下面是"中国国际水上运动产品与船艇展览会"的范围。

由国家体育总局水上运动管理中心主办,第29届奥运会青岛分赛区组委会、中国国际展览中心集团公司等单位协办的"中国国际水上运动产品与船艇展览会",全方位展示船艇工业、水上运动器械和相关技术服务业的巨大市场及

发展空间。展览会根据自身的定位,将展品范围确定如下:

1. 船艇及技术装备

- 游艇及各类休闲船艇
- 高速艇、工作船艇及各类专业用途船艇
- 船艇动力、操纵、推进系统及仪器设备
- 船艇舾装及相关配套材料与用品

2. 水上运动及休闲

- 水上运动竞赛用船艇、帆船、帆板、滑水、冲浪等器材装备
- 二手船艇交易及船艇维护保养技术与装备
- 潜水、垂钓等水上休闲娱乐器材及设备
- 沙滩运动项目器材及装备
- 泳池、跳台、泳具、水上浮体、泳装等
- 游艇、潜水、游泳等水上运动俱乐部及专业机构与媒体

3. 水上运动中心与场馆建设

- 水上运动中心及场馆规划建设与配套设施
- 场馆智能化控制、网络通讯、数字影像及统计分析系统
- 环保与节能设施、运动、健身设施、模拟训练设备
- 专用设施、场馆运营及服务管理

4. 水上旅游开发

- 水上旅游规划与开发
- 水上旅游、娱乐项目、游艇码头建设及相关配套设施
- 水上旅游服务及线路推广

该展会通过对展会范围的确定,明确了展会的具体组织事项,为展会下一阶段的工作分解和进度安排打下基础,同时为自己赢得了更多的专业观众和参展商,受到海内外水上运动产品与船艇企业的高度关注。

3.2.2 定义会展项目范围的方法

进行会展项目范围计划的编制,第一步就要明确项目工作的任务,即需要进行范围定义。

1) 定义会展项目范围的目的

项目范围定义就是把主要的会展项目可交付成果分解成较小的且更易管

理的单元。目的有以下几个方面：

第一，便于按工作的逻辑顺序来实施项目；

第二，确定完成项目所需的资源、技术、时间，提高资源、成本及时间估算的准确性；

第三，使项目团队无需繁杂的协调就知道自己相应的职责和权利，从而进行有效沟通；

第四，使项目团队更清楚地理解任务的性质及其要努力的方向。

因此，项目分解有助于把无数的工作单元组织起来最终形成一个完善的项目计划。恰当的范围定义对项目成功来说十分关键。当项目范围定义不明确时，变更就不可避免地出现了，并破坏项目的节奏，造成返工、延长项目工期、降低工作人员的生产效率和士气，使项目成本大大超出预算。

2) 用工作分解结构(WBS)定义会展项目

WBS(work breakdown structure)是工作分解结构的英文简称，是归纳和定义项目的一个最常用的方法，也是项目计划的第一步。通常情况下，我们可以把WBS看作是一种将项目按内在结构或实施过程的顺序进行逐层分解而形成的结构示意图。它可以将项目分解到相对独立的、内容单一的、易于成本核算与检查的工作单元，并将各个工作单元在项目中的地位与构成直观地表示出来，使项目目标从抽象的表述转化为详细、明确且实在的工作内容。利用工作分解结构，有助于界定完成会展项目目标所需要的所有工作元素或工作活动，便于项目组织内部的沟通与项目目标的把握。

(1) WBS 的表现形式

会展项目计划的工作分解结构(WBS)主要有3种表现形式。

① 树形表现形式，又称组织结构图形式，如图3.1所示，树形结构WBS图层次分明、非常直观，但是不容易修改，也比较难展示项目的全貌，对于大型展会项目而言，组织结构图会变得很复杂。

② 列表表现形式，又称缩进图形式。列表表现形式的WBS图不够直观，但能反映项目全貌，是一种经常被采用的形式，如图3.2所示。

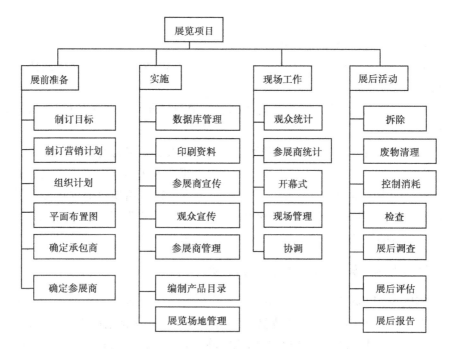

图 3.1 树形结构 WBS

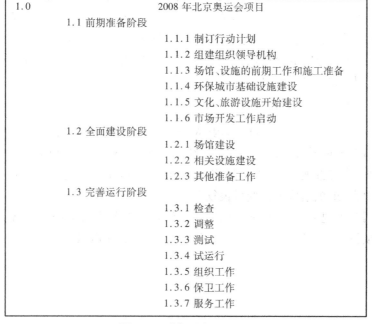

图 3.2 列表形式 WBS 图

③气泡图表现形式。如图 3.3 所示,气泡图形式的 WBS 图优点是可以任意修改、添加,箭线可以随意弯曲,缺点是不够直观,难以反映项目全貌。

图 3.3 气泡图形式的 WBS 图

(2)WBS 的编码

WBS 编码就是为项目工作分解图中的每一项工作确定一个编码,而且要求每项工作都只有唯一的一个编码。这样有利于简化信息传递和交流。编码具体采用的位数视展会项目的复杂程度而定,如图 3.4 所示。

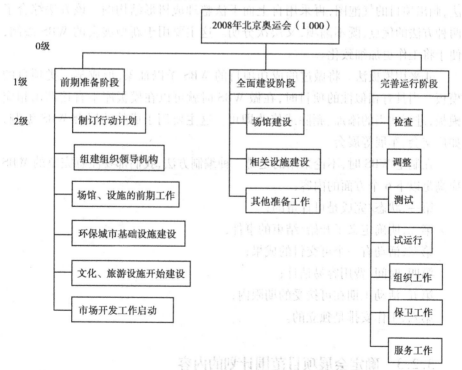

图 3.4 奥运会 WBS 工作编码

（3）WBS 的编制方法

制定 WBS 的方法主要有自上而下法、集思广益法、两者结合法和采用模板法四种。

①自上而下法。这是指对项目的分解先从总体考虑,分为几个大的部分,然后逐层分解。这种方法的优点是层次分明,缺点是有可能遗漏小的任务。这种方法适宜采用树形表现形式。通常大型展会的 WBS 编制主要采用该方法,如奥运会、国际博览会等。

②集思广益法。集思广益法又称头脑风暴法,是指先不考虑层次,让项目成员畅所欲言,将所有想到的任务都列出来,然后再用线条将它们关联起来。这种方法不容易漏项,但不够直观,适宜采用气泡图表现形式。这主要应用于展会具体事项 WBS 的编制,如:制订展会营销计划时的工作分解。

③两者结合法。将自上而下法和集思广益法结合起来,先采用集思广益法,画出项目的气泡图,再采用自上而下法整理成树形结构图。该方法综合了两种方法的优点,既不漏项,又层次分明。这主要用于新型展会的 WBS 编制,便于将工作更加细致化。

④采用模板法。将做过的成功项目的 WBS 予以抽象,形成某一类项目的模板。当具有相似性的项目时,在做 WBS 时就可以在模板库中直接调出相应模板,进行适当的添加、删除或修改即可。这主要用于成熟的展会 WBS 编制,如广交会、车展等展会。

在制定 WBS 时,不论采用的是哪一种编制方法,我们都要注意完整的 WBS 应满足以下 6 个方面的内容:

第一,状态/完成是可计量的;

第二,明确定义了开始/结束的事件;

第三,活动有一个可交付的成果;

第四,时间/费用容易估计;

第五,活动工期在可接受的期限内;

第六,工作安排是独立的。

3.2.3　确定会展项目范围计划的内容

会展项目范围计划编制是将完成展会活动所需进行的项目工作进行逐步明确和归纳,并最终形成书面材料的过程。一般说来,会展项目范围计划的内容应包括三个方面的内容：

1）项目范围综述

项目范围综述是对会展项目范围的一个总体概括，是后期展开项目工作的基础性文件。在会展项目综述中至少应包含以下内容：

（1）举办展会的理由

这是对为何开展会展活动及活动能达到何种需求的全面说明。

（2）活动目标

这是指会展活动完成后应达到的标准和指标。会展项目目标包括项目成本、项目工期和项目质量等方面的具体要求。

（3）项目的工作分解结构

项目的工作分解结构是对会展项目范围全面而详细的说明和描述，在项目范围中非常重要。

2）项目范围综述的相关支持细节

这是指有关会展项目范围综述的各种支持细节文件，主要包括已界定和确认的项目范围可能要面对的项目假设前提条件和必须面对的项目限制条件。对会展项目而言，假设前提条件主要有：会展项目可用资源及其配备情况、会展项目工期估算、会展项目的成本预算、会展项目的产出物等。而限制条件主要应包括：项目的工期与日程限制（包括项目的起始日与结束日或项目的主要阶段的起始日与结束日等）、项目的资源限制（主要是资金和总预算的限制）、项目的范围限制（包括会展项目应限制在哪些方面及为达成该目标应如何努力等）。

3）项目范围管理计划

会展项目范围管理计划是一种描述如何管理和控制项目范围以及如何对会展项目范围的变更进行管理的计划文件。会展项目范围管理计划还应包括对项目范围变更的预期和评估，以及相应的各种项目范围变更的应对措施。

任务3 制订会展项目进度计划

3.3.1 制订会展项目进度计划的步骤

每一个项目都有一个明确的进度要求,项目的管理活动必须确保项目在指定的时间内完成目标。会展项目进度计划是在项目工作分解结构的基础上对项目活动做出的一系列时间安排,用来表示工作预计开始和完成的时间。由于会展项目往往对时间都有严格的要求,因此在项目开始前,制订合理可行的进度计划显得尤为重要。

通常情况下,制订会展项目进度计划主要包括以下几个步骤:活动定义、活动排序、活动时间估算和制订进度计划,如图3.5所示。

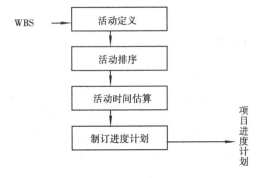

图 3.5 项目进度计划包括的步骤

3.3.2 定义会展项目活动

活动是项目过程中最基本的工作单元。在工作分解结构的最底层,是项目的工作包,而将工作包进一步分解就得到完成项目工作的基本活动,这也就是项目活动的基本来源。会展项目活动定义是建立在 WBS 的基础上,将项目组成部分细分为更小、更易于管理的单元,以便进行管理和控制的过程。简单地说,活动定义就是确定为完成各种项目可交付物所必须进行的具体活动。通过活动定义我们可以得到会展项目的活动清单,它包括对每一个活动的说明,以确保项目团队能够理解该项工作应如何完成。如图3.6庆典活动 WBS 中最底层的细目——垃圾箱的设置就是活动定义后分解到的最后具体活动。

3.3.3 将会展项目活动排序

1)会展项目活动的关系

在会展项目工作中,每一个活动并不是孤立存在的,而是有着某种依赖关系,通常我们把这种依赖关系理解为时间顺序上的关系,可以分为强制性依赖关系和自由依赖关系。

强制性依赖关系也叫"硬逻辑关系",是指两个活动之间所固有的依赖关系,它们之间存在某种实际的约束条件。例如:昆明房交会的招展工作必须在确定了展会场所和具体时间之后才能进行。

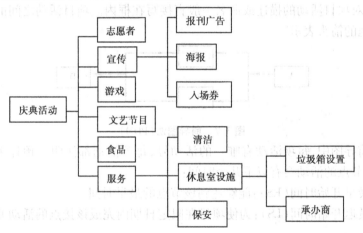

图3.6 某庆典活动的 WBS

自由依赖关系是指活动之间的关系是可以自由处理的,并不存在某种一定的约束。由于这类关系可能会限制以后活动的顺序安排,虽然它并不是一种内在的、固有的关系,可以被调整,但我们一般还是采用两种方法对它实行人为依赖关系设定。

(1)按已知的"最好做法"来安排关系

按这种关系,只要不影响项目的总进度,活动之间的先后关系可以按习惯或项目团队喜欢的方式安排,这类关系也叫"软逻辑关系"。

(2)为照顾活动的某些特殊性而对活动顺序做出安排

这种关系即使不存在实际制约关系也要被强制安排,所以又叫"优先逻辑关系"。

2）生成项目网络图

对会展项目活动的关系进行排序后,就可以生成项目网络图。这是一种以图形的方式表示项目活动之间逻辑关系的方法。其主要作用有:展示项目活动并表明活动之间的逻辑关系;表明项目任务将以何种顺序继续;在进行历时估计时,表明项目将需要多长时间。

项目网络图的绘制方法有两种:前导图法和箭线图法。

（1）前导图法（PDM）

它又被称为节点表示法,这种方法使用节点代表项目活动,使用节点之间的箭头代表项目活动之间的关系,如图 3.7 所示前导图中,每项活动用一个方框表示,对项目活动的描述或命名一般直接写在框内。项目活动之间的关系用连接方框的箭头表示。

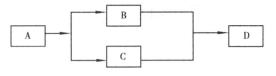

图 3.7　前导图法（PDM）

在前导图中,每项活动有唯一的活动号,每项活动都注明了预计工期。通常,每个节点的活动会有以下几个时间:

①最早开始时间（ES）:能够达到该节点的最早时间。

②最迟开始时间（LS）:为使项目在限定日期内完成该接点的活动开始的最迟时间。

③最早结束时间（EF）:某活动能够完成的最早时间。

④最迟结束时间（LF）:为使项目在限定的日期内完成该接点的活动必须完成的最迟时间。

这几个时间点通常作为每个节点的组成部分标示在节点方框内,如图 3.8 所示。

图 3.8　前导图中的节点时间表示

用节点法表示时,项目活动之间有四种依赖或先后关系,如图3.9所示。

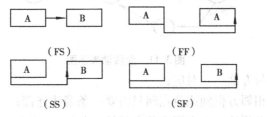

图3.9 活动依赖关系图

①结束对起始(FS):前一活动必须在后一活动开始前结束。

②结束对结束(FF):前一活动必须在后一活动结束前结束。

③起始对起始(SS):前一活动必须在后一活动开始前开始。

④起始对结束(SF):前一活动必须在后一活动结束前开始。

（2）箭线图法（ADM）

它又被称为箭头表示法,这种方法使用箭线代表项目活动,使用节点代表项目活动之间的关系,如图3.10所示。

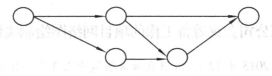

图3.10 箭线图法(ADM)

箭线图中,每一条箭线表示一个项目活动,而箭线上方则是该活动的命名或描述。在箭头表示法中,给每个事件而不是每项活动指定一个唯一的号码。活动的开始（箭尾）事件叫作该活动的紧前事件,活动的结束（箭头）事件叫该活动的紧随事件。

在箭头表示法中,有两个基本原则:

①网络图中每一事件必须有唯一的一个事件号,即网络图中不会有相同的事件号。

②任两项活动的紧前事件和紧随事件号至少有一个不相同。

因此,出于鉴别目的,人们引入了一种额外的节点,它表示一种特殊的活动,叫作虚活动(Dummy Activity)。它不消耗时间,在网络图中由一个虚箭线表示。借助虚活动,我们可以更好地识别活动,更清楚地表达工作活动之间的关系,如图3.11所示。

在绘制节点式网络图和箭线式网络图时,需要注意以下原则:

第一,网络图是有向图,图中不能出现回路;

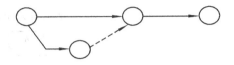

图 3.11 虚活动表示图

第二,活动与方框一一对应;

第三,两个相邻方框间或节点间只需要一条箭线连接;

第四,箭线必须从一个方框或节点开始,到另一个方框或节点结束,不能从一条箭线中间引出其他箭线;

第五,两种网络图的绘制本质是一致的,其中一种形式都可以转换为另一种形式。

在会展项目中,由于其固有的特点决定了很多任务之间并没有严格的先后顺序,许多工作是交叉进行的。因此在进行会展项目网络图绘制时,并不能像其他项目一样清晰和简单地表现出项目活动之间的所有顺序,这就要求我们在进行会展项目活动排序时,应留出适当的空间以便进行适时的调整。

【知识延伸】

某公司会议筹备工作的项目网络图绘制实例

某公司将于 2013 年 12 月 28 日在××展览中心 3 号会议厅召开 IT 论坛讨论会,为使此次活动顺利完成,特引入项目管理理念进行会前的筹备工作。根据会议的筹备时间表,该公司绘制了此次活动的项目网络表,对活动顺序和时间进行管理,如表 3.2 所示。

表 3.2 IT 论坛会议筹备表

完成时间	工作内容	部门	责任人	完成情况
12.10	预定会议场地	办公室		
12.11	向有关政府官员、业内专家发送邀请函,并确认是否发言	市场部		
12.11	向新闻记者传真邀请函,确定人数	市场部		
12.11	确定需要车辆接送的与会人员的具体情况	办公室		

续表

完成时间	工作内容	部门	责任人	完成情况
12.15	准备会议议程	市场部		
12.15	准备会议资料	市场部		
12.20	准备资料袋	市场部		
12.24	落实会场布置	办公室		
12.24	再次确认相关人员行程安排	市场部		
12.25	安排车辆接送领导及与会人员参会	办公室		

根据该筹备表,综合会议筹备活动之间的依赖关系,制订出相关的会议活动时间顺序排列表,如表3.3所示。

表3.3 会议筹备活动顺序安排

活动标号	活动描述	紧前活动
1	预定会场	无
2	向官员、专家发邀请函	1
3	向记者发邀请函	1
4	确定接送人员情况	2,3
5	准备会议议程	4
6	准备资料	5
7	准备资料袋	5
8	安排工作人员	5
9	落实会场布置	6,7,8
10	确认与会者行程安排	9
11	安排接送与会者	10

根据会议活动时间顺序排列表绘制该会议的项目网络图,如图3.12、图3.13所示。

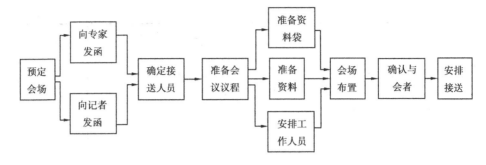

图 3.12　IT 会议论坛前导图

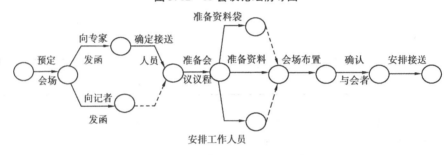

图 3.13　IT 论坛会议箭线图

3.3.4　估算会展项目活动时间

为确保会展项目以合理的进度执行,使会展企业和客户在有限成本约束下发挥最大时间效率,会展企业需要科学估算承办会展项目可能需要的时间。会展项目活动时间估算的内容包含两方面:

第一,每次活动从开始到完成所需的时间,如展前筹备时间、展中交易时间等;

第二,估算会展项目的总体进度与花费的时间。该时间不是所有活动的累加时长,而需要考虑活动重叠时间、意外等因素。

1) 影响会展项目活动时间的因素

项目总是处在一个变化的环境中,内外因素的变化经常影响项目的进展。为了便于项目的正常实施,最大限度地减少不可控因素和提前对因环境变化带来的影响进行预测都是十分必要的。对会展项目而言,其时间影响因素主要有以下几个:

（1）工作能力和效率

项目时间的估算是基于项目团队的平均工作能力之上的，而实际中项目团队的工作能力和效率却有可能由于主观因素和客观因素出现起伏，会给项目的进度带来变化。

（2）项目计划的调整

会展项目本身具有的服务性、不可储藏性、脆弱性和复杂性要求项目计划需要进行适时的调整，而计划调整是需要时间的，因此会对时间的估算带来影响。

（3）突发事件

在项目实际进行中，经常会遇到一些意想不到的突发事件。对于会展业这样的服务行业而言，它抗风险性更小，因此突发事件对它的打击也越大，所以在项目进行时，我们需要对可能出现的风险性事件和突发事件有必要的心理准备并制定相应的对策。

2）会展项目时间估算的方法

会展项目时间估算的目的，是为了对分解出来的项目活动完成时间进行估计，从而制订出完整的计划，确保项目目标的实现。在进行估算时，我们需要在详细的工作描述、项目约束和假设条件、可获取的资源、历史数据等相关资料的基础上进行。通常，会展项目时间的估算可采用以下方法：

（1）经验类比法

对于会展专业的工作人员来说，有些小型的和定期召开的展会，会和以往参加或策划过的比较相似，此时借助经验就可以得到一种现实意义的估计。当然，完全准确是不可能的，但它毕竟提供了一种可以接受的估算。

（2）专家判断法（德尔菲法）

当项目涉及新的技术和领域时，这时由于工作人员不具备进行估算的专业技能和知识，就需要借助专家给出意见和判断。在进行该方法估算时，一般要求专家人数至少5人以上，并确保专家基于相同的假定工作，最终通过协调与沟通得出一致结果。

（3）资料统计法

资料统计法即根据行业部门颁布的行业标准或定额，计算出工作的持续时间。如2006年足球世界杯的时间安排就参照了以往世界杯的时间安排惯例。

（4）三时估计法

三时估计法指通过估计完成工作的最乐观时间、最悲观时间和最有可能时间，按以下公式来估算工作持续时间的方法。

工作持续时间＝（乐观的时间＋4×最有可能的时间＋最悲观的时间）/6

3.3.5　制订会展项目进度计划

在确定了会展项目的活动定义、活动排序和时间估算后，就可以开始制订会展项目的进度计划。会展项目进度计划制订是指根据项目的活动定义、活动排序及活动持续时间估算的结果和所需要的资源所进行的进度计划编制的工作，其主要任务是要确定各项目活动的起始和完成日期、具体的实施方案和措施。编制项目进度计划的目的就是对会展项目进度实施控制。

1）编制会展项目进度计划的方法

（1）甘特图

甘特图也叫横道图或条形图，它早在20世纪初期就开始应用和流行，主要应用于项目计划和项目进度的安排。甘特图因为简单明了、容易制作，被广泛地应用于项目管理中，是目前应用最广泛的项目进度表示方法。在甘特图中，项目活动在左侧列出，时间在图表的顶部列出。图中的横道线显示了每项活动的开始时间和结束时间。横道线的长度等于活动的工期。甘特图顶部的时间决定着项目计划的粗略。根据项目计划的需要，可以以小时、天、周、月、年来作为度量项目进度的时间单位，如表3.4所示。

表3.4　展览会工作的甘特图

时间／活动	一月	二月	三月	四月	五月	六月
策划与设计	▬					
海内外招展		▬▬▬				
组织专买家			▬▬			
展会活动					▬	

续表

时间 活动	一月		二月		三月		四月		五月		六月	
宣传推广			■■■■		■■■■		■■■■					
广告服务			■■■■		■■■■							
展会总结									■■■■			

在甘特图上可以看出各项活动的开始和结束时间,也有顺序的体现,但各项活动之间错综复杂、相互制约的关系却没有表示出来,同时也没有指出影响项目周期的关键所在,因此对于复杂的项目来说,甘特图就不足以适应。

(2)里程碑法

里程碑是指具有历史性的重要事件,它对整个项目有重大的影响,并对其他工作有重要的参考价值。里程碑法是以项目中某些重要事件的开始时间或结束时间作为基准进行图表绘制的方法。它是一个战略计划或项目框架,是编制更细的进度计划的基础,通常和甘特图配合使用,如表3.5所示。但里程碑法也存在和甘特图法一样的缺点。

表3.5　展前准备里程碑图

时间 活动	一月		二月		三月		四月		五月		六月	
制订目标	▲											
营销计划			▲■■									
组织计划					■■■■							
平面布置					■■		■■■					
确定承包商							▲■■					
制订参展商条件									■■■■			

注:(▲代表里程碑事件)

(3)关键路径法

关键路径法是一种用来预测总体项目历时的项目网络分析技术。对于一个项目而言,只有项目网络图中的最长的或耗时最多的活动路线完成之后,项目才能结束,这条最长的活动路线就叫作关键路线(Critical Path)。

根据关键路线的含义,关键路线具有以下特点:

第一,关键路线上的活动的持续时间决定项目的工期,关键路线上所有活动的持续时间加起来就是项目的工期;

第二,关键路线上的任何一个活动都是关键活动,其中任何一个活动的延迟都会导致整个项目完成时间的延迟;

第三,关键路线是从始点到终点的项目路线中耗时最长的路线,因此要想缩短项目的工期,必须在关键路线上想办法,反之,若关键路线耗时延长,则整个项目的完工期就会延长;

第四,关键路线的耗时是可以完成项目的最短的时间量;

第五,关键路线上的活动是总时差最小的活动。

关键路线法是一种通过分析哪个活动序列(哪条路线)进度安排的灵活性(总时差)最少来预测项目工期的网络分析技术。具体而言,该方法用来进行项目网络图和活动持续时间估计,通过正推法计算活动的最早时间,通过逆推法计算活动的最迟时间,在此基础上确定关键路线,并对关键路线进行调整和优化,从而使项目工期最短,使项目进度计划最优。

关键路线法的关键是确定项目网络图的关键路线,这一工作需要依赖于活动清单、项目网络图及活动持续时间估计等,如果这些文档已具备,借助项目管理软件,关键路线的计算可以通过计算机技术自动完成,如果采用手工计算,可以遵循以下步骤:

①把所有的项目活动及活动的持续时间估计反映到一张工作表中,如表3.6所示。

表3.6　IT论坛会议筹备进度计划表(关键路径法)

序号	活　动	负责部门	时间估算	最　早		最　迟		总时差
				开始时间	结束时间	开始时间	结束时间	
1	预订会场	办公室	90	0	90	30	120	30
2	向官员、专家发邀请函	市场部	45	90	135	120	165	30
3	向记者发邀请函	市场部	40	90	130	125	165	35
4	确定接送人员情况	办公室	30	135	165	165	195	30
5	准备会议议程	市场部	100	165	265	195	295	30
6	准备资料	市场部	30	265	295	295	345	50

续表

序号	活 动	负责部门	时间估算	最 早		最 迟		总时差
				开始时间	结束时间	开始时间	结束时间	
7	准备资料袋	市场部	20	265	285	315	345	60
8	安排工作人员	办公室	50	265	315	295	345	30
9	落实会场布置	办公室	120	315	435	345	465	30
10	确认与会者行程安排	市场部	150	345	495	375	525	30
11	安排接送与会者	办公室	40	495	535	525	565	30

②计算每项活动的最早开始时间和最早结束时间,计算公式 $EF = ES + $ 活动持续时间估计。

③计算每项活动的最迟结束时间和最迟开始时间,计算公式为 $LS = LF - $ 活动持续时间估计。

④计算每项活动的总时差,计算公式为 $TS = LS - ES = LF - EF$。

⑤找出总时差最小的活动,这些活动就构成关键路线。

在表3.1中,总时差为30的活动构成关键路线,即1—2—4—5—8—9—10—11为关键路线。

在上述图表中,如果要将项目的工期进行调整,就要对确认的关键路线上的活动时间进行调整。也正因为关键路径法能明确计算出影响项目周期的关键活动,所以在举办大型的展会活动时,项目管理人员会首先采用关键路径法计算出关键路径,并通过对关键路径时间的控制来得出举办展会活动的时间进度计划。

2)会展进度编制工具比较

上面介绍了三种项目进度编制工具,将它们进行比较如表3.7所示。

表3.7 会展进度编制工具比较表

方 法	特 点
甘特图	在进度报告中很有效;在做管理陈述时易于读懂和使用;作为计划编制工具不是太强;没有表示活动之间的逻辑关系。

续表

方　法	特　点
里程碑	表明重要的事件;有利于与客户或上级沟通项目状态;有利于向上级和客户汇报及与他们沟通。
关键路径分析	表明活动和事件之间的相关关系;识别关键路径、项目历时和活动顺序;表明工作流程;帮助编制计划和组织工作。

3)会展项目进度计划方法的选择

在会展项目进度计划的编制过程中,经常会涉及究竟应该选择哪种方法进行编制的问题。通常情况下,方法的选择主要考虑以下几个因素:

(1)会展项目的规模大小

项目的规模越大,相对来说,为了保证按期按质达到项目目标,就应该选用比较复杂的进度计划方法;反之,则选择比较容易的进度计划方法。如:2008年北京奥运会,因为涉及的规模大、级别高,在进行项目进度计划编制时就采用了多种和复杂的进度计划编制方法,而一些公司的年会,就可以采用甘特图法进行编制。

(2)会展项目的复杂程度

这里应该注意到,项目的规模并不一定与项目的复杂程度成正比。例如国际上的一些知名专业展会,虽然规模很大,但由于产品相对集中,并不复杂;反而国内的一些综合展会,由于展览产品五花八门,其复杂程度远大于专业展会。

(3)会展项目的紧急性

任何项目,当它处于急需进行的阶段,都应该采用比较简单明了的进度计划编制方法;否则,就会延误时机。

(4)总进度是否由1,2项关键事项决定

如果在会展项目进行过程中有1,2项活动需要花费很多时间,而其他活动又可以在间隙完成,那么就不必编制详细复杂的进度计划,只需对这1,2项活动再给出相应的复杂计划就可。

(5)预算

通常在编制复杂的进度计划时,所花费的人力、物力是与时间成正比的,因此采用何种编制计划,还应与预算结合考虑。

任务4 编制会展项目成本计划和质量计划

3.4.1 编制会展项目成本计划

1)会展项目成本

这是指在会展项目全过程中所耗用的各种费用总和,包括人工费、材料费、设备折旧费、管理费、税金等。会展项目成本计划包括两个方面:一是项目的每一项工作需要多少成本,并在此基础上计算出整个项目的总成本;二是项目在整个生命周期的每一个阶段需要多少成本。

会展项目成本管理就是在已批准的项目预算范围内,确保项目保质按期完成。一般包括以下四个过程:

(1)资源计划

确定用于会展项目的各种资料,包括人员、设备、材料等。

(2)成本估算

估计完成会展项目所需要的资料成本。

(3)成本预算

将估算出的成本分配给项目的每一项工作。

(4)成本控制

控制项目预算的执行与变更。

本节我们着重讲解资源计划与成本估算,费用预算和费用控制内容在项目5中讲解。项目费用管理首先考虑完成项目工作所需要的资源的成本,但同时也应考虑项目的可行性、立项以及项目完成后的使用和保障阶段等因素对项目成本的影响;项目费用管理还应考虑项目相关利益者的不同要求。

对于一些小型的会展项目,资源计划、成本估算和成本预算三个步骤可以当作一个过程来进行。

2)会展项目成本编制程序

成本计划的编制程序,会因项目的规模大小、管理要求不同而不同。大中型会展项目一般采用分级编制的方式,即先由各部门提出部门成本计划,再由会展项目经理部汇总编制全项目的成本计划;小型项目一般采用集中编制方式,即由会展项目经理部先编制各部门成本计划,再汇总编制全项目的成本计划。无论采用哪种方式,其编制的基本程序如下:

(1)搜集和整理资料

广泛搜集资料并进行归纳整理,这些资料主要包括:

①国家和上级部门有关编制成本计划的规定;

②会展项目组织者与项目经理签订的有关经济指标的合同;

③有关成本预测、决策的资料;

④会展项目组织者举办同类项目的历史资料;

⑤国内和国外举办同类项目的历史资源;

⑥会展项目所需材料消耗、基建投资、场地租金和劳动工资等。

(2)确定会展项目所需资源的种类与数量

依据前面编制的项目工作分解结构、项目进度计划和收集的类似项目有关信息等可以确定会展项目所需资源种类和数量。公式如下:

$$资源总成本 = \sum (某种资源的数量 \times 某种资源的单位成本)$$

例如:某会展项目需工程技术人员 2 人,单位成本为每天 50 元,工作时间为 5 天,则这项资源成本为 500 元。

(3)会展项目成本估算

这是指确定完成项目工作所需资源成本的近似值。费用估算的方法主要有:

①经验估算法,由具有专门知识与经验的人提出一个近似数字。这种方法不准确,适合要求很快拿出大概数字的项目,例如一些短期的小型会议。

②自上而下估算法,指根据经验、历史数据和主观判断,先对整个会展项目的成本进行估算,然后按工作分解结构,从高到低进行逐层分解,如图 3.14 所示。该种方法的优点是上层管理者能够比较准确地掌握项目整体费用分配,能较好地控制成本的开支。但需要建立较好的沟通渠道,因为上层管理人员估算的成本往往难以满足下层人员认为完成任务的成本需要。

③自下而上估算法,指从工作分解结构的最底层的工作单元开始,一层一层向上汇总,先计算出最底层工作单元所需的人工费、材料费、场地及设备使用费等,逐层汇总到最高层,并根据一定的经验估计出相应的管理费,如图 3.15 所示。因为是由执行各项具体任务的底层管理人员估算的成本,往往比较结合

实际,也可减少底层与上层管理者在成本计划方面的矛盾,但底层估算的成本往往偏高,导致项目组织者无法接受总成本估算数。

实际工作中通常将自上而下估算法和和自下而上估算法结合起来使用。

例如某公司召开商品促销会,先由各层业务经理把下级所核算的促销费用逐级向上汇总至营销总监,这是自下而上估算法,由于这种方法一般汇总的费用都比较大,因此营销总监又会在此基础上调整费用,估算出一个促销费总额,采用自上而下估算法分解到各个业务员。

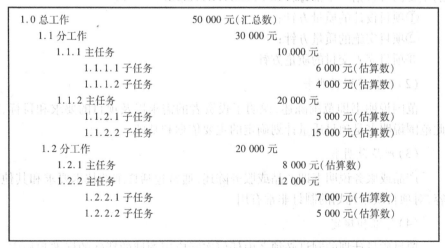

```
1.0 总工作              50 000 元(估算数,并层层分解到各分工作、主任务和子任务。)
  1.1 分工作            30 000 元
    1.1.1 主任务              10 000 元
      1.1.1.1 子任务               6 000 元
      1.1.1.2 子任务               4 000 元
    1.1.2 主任务              20 000 元
      1.1.2.1 子任务               5 000 元
      1.1.2.2 子任务              15 000 元
  1.2 分工作            20 000 元
    1.2.1 主任务               8 000 元
    1.2.2 主任务              12 000 元
      1.2.2.1 子任务               7 000 元
      1.2.2.2 子任务               5 000 元
```

图 3.14　某会展项目自上而下成本估算

```
1.0 总工作              50 000 元(汇总数)
  1.1 分工作               30 000 元
    1.1.1 主任务              10 000 元
      1.1.1.1 子任务               6 000 元(估算数)
      1.1.1.2 子任务               4 000 元(估算数)
    1.1.2 主任务              20 000 元
      1.1.2.1 子任务               5 000 元(估算数)
      1.1.2.2 子任务              15 000 元(估算数)
  1.2 分工作            20 000 元
    1.2.1 主任务               8 000 元(估算数)
    1.2.2 主任务              12 000 元
      1.2.2.1 子任务               7 000 元(估算数)
      1.2.2.2 子任务               5 000 元(估算数)
```

图 3.15　某会展项目自下而上成本估算

利用上述工作分解结构的方法在进行成本估算时,工作划分得越细、越具体,价格的确定和工作量估计越容易,估算的数据就越准确。

3.4.2 编制会展项目质量计划

根据 ISO 9000 的定义,质量是指一组固有特性满足要求的程度。此处的要求是指明确的、通常隐含的或必须履行的需求或期望。在此基础上,项目质量计划是指确定项目应该达到的质量标准和如何达到这些标准的工作计划与安排。在会展项目中,由于质量是可以明显感受并容易被记住的一个部分,因此,质量计划往往会要求对每一个细节都做出详尽的说明,以确保在展会中能符合客户的要求。

1)编制会展项目质量计划的依据

进行会展项目计划编制时,我们需要对质量所要达到的目标有所了解,制订出符合项目的质量计划。通常情况下,编制会展项目质量计划需要的信息和文件有以下几种:

(1)项目的质量方针

项目的质量方针是项目组织和项目高级管理层规定的项目质量管理的大政方针,是项目组织将如何实现项目质量的正式描述和表达,是一个项目组织对待项目质量的指导思想和中心意图。从项目质量管理的角度来看,质量方针的主要内容包括三个部分:

①项目设计的质量方针;

②项目实施的质量方针;

③项目完工交付的质量方针。

(2)项目范围说明书

范围说明书即范围陈述,说明了投资者的需求以及项目的要求和目标,因此范围说明书是项目质量计划确定的主要依据和基础。

(3)产品说明书

产品或服务说明书即产品或服务陈述,通常包括详细的技术要求和其他内容,对项目质量计划的制订非常有用。

(4)标准和规定

项目质量计划的制订必须考虑任何实际应用领域的特殊的标准和规定,如部门标准、行业标准等,这些都将影响项目质量计划的制订。

（5）项目其他工作的信息

除上述方面外,其他方面如参展商的质量要求,也会影响到项目质量计划的编制。

在编制项目质量计划的时候,这些信息和文件时刻影响着计划的编制,形成了计划编制的依据,如图3.16所示。

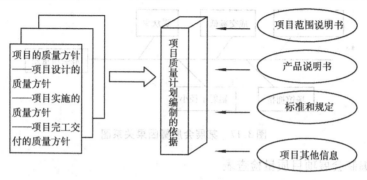

图3.16 项目质量计划编制图

2) 编制会展项目质量计划的方法

项目质量计划编制的方法有很多,最常用的项目质量计划编制方法有以下几种:

（1）成本/收益分析法

这种方法也叫经济质量法。这种方法要求在制订项目质量计划时必须同时考虑项目质量的经济性。制订质量计划过程必须考虑收益与成本之间的平衡,符合质量要求的收益是降低返工率的保证,这意味着较高的生产率、较低的成本和项目有关各方满意程度的提高。成本/收益分析法的实质是通过分析质量的投入成本和所获取收益之比,选择那些对项目最有价值的质量活动。在制订会展项目质量计划时,该方法是重要的参照指标,但有些展会并不强调首届获利,而是追求长远利益。因此在使用该方法时,还应与展会的总体目标一致。

（2）质量标杆法

质量标杆法是指利用其他项目实际或计划的项目质量管理结果或计划,作为新项目的质量比照目标,通过对照比较制订出新项目质量计划的方法,它是项目质量管理中最常用的有效方法之一。通常大型展会如2010上海世博会、世界经济论坛等都可以采用质量标杆法列出项目质量计划。

（3）流程图

流程是用于表达一个项目的工作过程和项目不同部分之间的相互关系的工具，通常用于分析和确定项目的质量形成过程。质量管理中常用的流程图有因果关系图。因果关系图又叫鱼刺图，它通过箭线将质量问题与质量因素之间的关系表现出来，如图3.17所示。

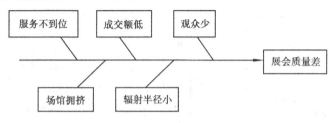

图3.17　某展会质量因果关系图

3）编制会展项目质量检查表

质量检查表主要用于控制质量、分析质量问题、检验质量和评定质量，是项目质量计划的一个重要组成部分。通过对质量检查表的编制，可以对会展项目的质量进行动态的跟踪调查，从而保证项目的质量达到预期标准。

（1）检查表的编制原则

第一，检查表的格式应该简单明了；

第二，检查表的格式应方便使用；

第三，检查表的内容符合检查的目的性。

（2）质量检查表的主要内容

质量检查表的内容应围绕构成会展项目质量的因素来展开。主要涉及的内容有：参展商的实力和数量、专业观众的结构及人次、展会成交额预计、展馆面积和设施情况、展会配套服务是否完善、沟通渠道是否通畅、展会相关活动的价值等。

（3）常用质量检查表格式

质量检查表根据反映质量问题的不同和详细要求有别，在编制时可以采取表格式、命令式或询问式的编制方法。

①表格式。该方法是用表格的形式将展会中的各种质量情况进行列表统计,从而获得直观检查结果,如表3.8、表3.9所示。

表3.8　五大车展质量检查表

车　展	展出面积/m²	参展商/家	参展车辆	观众/人次
东京车展	41.559	263	560	1 420.400
法兰克福车展	215.000	988	60(新车型)	996.500
底特律车展	65.032	73	68	773.422
巴黎车展	180.000	559	60(新车型)	1 460.803
日内瓦车展	76.800	262	500	73.000

表3.9　某展会质量问题的检查

质量问题	参展商				
	A	B	C	D	总　计
沟通不及时	2	3	1	0	6
专业观众少	1	2	3	2	8
场馆设施落后	0	1	2	1	4
成交额低	2	1	0	3	6
总　计	5	7	6	6	24

②询问式。该方法是用询问的方式将展会中涉及的质量问题一一提出,并对照结果进行质量监督控制,如表3.10所示。

表3.10　展中质量工作检查表

编　号	问　题	负责人
1	谁负责巡视展馆并处理日常问题?	A
2	谁负责展会中的新闻发送和交易额统计?	B
3	哪个部门负责解决参展商的疑难问题?	C
4	…	

任务5 编制会展项目沟通计划

3.5.1 项目沟通的方式

沟通过程就是发送者将信息通过选定的渠道传递给接受者的过程。图3.18描述了一个简单的通过过程。

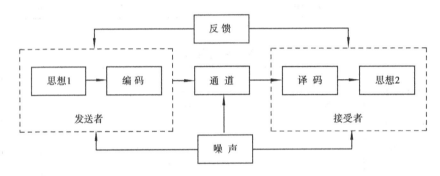

图 3.18 沟通过程模型图

1) 沟通要素

(1) 编码与译码

编码是发送者将其意义符号化,编成一定的文字语言符号及其他形式的符号。译码是接收者在接收信息后,将符号化的信息还原为思想,并理解其意义。

(2) 通道

通道是由发送者选择的、借以传递信息的媒介。

(3) 背景

背景是指各种影响沟通过程的因素,包括心理、物理、社会文化等背景。

(4) 反馈

反馈是指接受者将信息返回发送者,并对信息是否被理解进行核实。

2) 沟通的主要方式

（1）书面沟通和口头沟通

这是指用书面形式所进行的信息传递和交流,如通知、文件、报刊、备忘录等,优点是可以作为资料长期保存,反复查阅。

（2）正式沟通与非正式沟通

①正式沟通是指通过项目组织明文规定的渠道进行信息传递和交流的方式,如组织规定的汇报制度、例会制度、报告制度及组织与其他组织的公函来往。优点是沟通效果好,有较强的约束力,缺点是沟通速度较慢。在正式沟通时,当项目成员为解决某个问题而在明确规定的组织内进行沟通协调工作时,会选择和组建不同的信息沟通渠道。

②非正式沟通是在正式沟通渠道之外进行的信息传递和交流,如员工之间的私下交谈,小道信息等。优点是沟通方便,沟通速度快,且能提供一些正式交流中难以获得的信息。缺点是沟通的信息容易失真。

（3）上行沟通、下行沟通和平行沟通

①上行沟通是指下级的意见向上级反映,即自下而上的沟通。只有上行沟通渠道畅通,项目经理才能掌握全面情况,做出符合实际的决策。

②下行沟通是指自上而下的信息沟通,是领导者向被领导者发布命令和指示过程。

③平行沟通是指组织中各平行部门之间的信息交流。

（4）单向沟通与双向沟通

①单向沟通是指发送者和接收者两者之间的角色不变,一方只发送信息,另一方只接收信息。双方无论是在情感还是在语言上都不需要信息反馈,如作报告、发布指令等。优点是信息传递速度快,缺点是准确性较差,容易使接收信息者产生抗拒心理。

②双向沟通中,发送者和接收者两者之间的角色不断交换,且发送者是以协商和讨论姿态面对接收者,信息发送以后还需及时听取反馈意见,必要时双方可进行多次重复商谈,直到双方共同明确目标和满意为止。如交谈、协商等。这种方式的优点是沟通信息准确性较高,接收者有反馈意见的机会,产生平等感情和参与感,增加自信心和责任心,有助于建立双方的感情。缺点是对发送者来说,在沟通时随时会受到接收者的质询、批评和挑剔,因而心理压力较大,同时信息传递速度也较慢。

（5）言语沟通和体语沟通

①言语沟通是利用语言、文字、图画、表格等形式进行的。

②体语沟通是利用动作、表情、姿态等非语言方式（形体）进行的。

（6）利用会议进行会展项目沟通

在制订项目组织的正式或非正式的沟通计划时，项目经理还要考虑与成员接触的频度，有些成员会比其他成员需要更好的沟通。除定期的沟通外，项目经理还可以计划项目在关键里程碑前后或其他检查时间的会议沟通。

项目沟通中最常见的会议有3种：项目情况评审会议、项目问题解决会议和项目技术评审会议。

①项目情况评审会议。会议的基本目的是通知情况、找出问题和制订下一步的行动计划。项目情况评审会议应该定期召开，以便早日发现问题和找出潜在的问题，防止危及项目目标实现的情况发生。例如，项目情况评审会议可以在项目团队中每周召开一次，与项目业主/客户进行的项目情况评审会议的周期可以长一些，如每月或每季度一次，这需要根据项目的整个议题决定。一般这种会议的日程可以包括如下内容：

第一，自上次会议后所取得的成绩；

第二，各种计划的完成情况；

第三，各项工作存在的差异；

第四，项目工作的发展变化趋势；

第五，项目工作的发展结果预测；

第六，各种需要采取的措施；

第七，下一步行动的计划安排。

②项目问题解决会议。当项目团队成员发现问题或潜在的问题时，应立即和其他有关人员召开一个解决问题会议，而不是等着在以后的项目情况评审会议上解决。尽可能早发现和解决问题对项目的成功非常关键。在项目开始，对于由谁、在什么时候召开项目问题解决会议以及会后实施纠正措施所需权限大小等问题，项目管理者都应当设立相应的规章和准则。项目问题解决会议应该紧扣所需解决的问题。这种会议的具体内容主要包括如下方面：

第一，描述和说明项目存在的问题；

第二，找出这些问题的原因和影响因素；

第三，提出可行的问题解决方案；

第四，评价并选定满意的问题解决方案；

第五,新修订项目相关计划。这一项议题是选择性的,如果要实施的解决项目问题方案涉及计划变更问题,则会议还需要讨论和修订项目计划,反之这种会议就到此结束了。

③项目技术评审会议。在项目的全过程中,包括在项目的定义和设计阶段,不管是何种项目都需要召开项目技术评审会议,以确保项目业主/客户同意项目提出的各种技术方案。这种会议的内容与方法因项目所属专业领域的不同而不同。技术评审会议一般都会有两个阶段,去分别评审不同的技术方案,包括项目技术初步评审会议和项目技术终审会议。

为确保上述会议成功,会前应该确定会议的目的、主题、时间、地点和参加会议的人员,事先应分发会议议程,会议期间要注意按时开会、做好会议记录、控制会议进程和议程,会议结束要总结会议成果,会后应整理会议记录并存档,同时制定相应人员督办会议期间规定的应办事宜。

3.5.2 确定会展项目沟通计划的内容

确定会展项目利害关系者的信息交流和沟通要求。这一过程包括谁需要什么信息? 什么时候需要? 怎么获得? 虽然所有的项目都需要沟通项目信息,但信息需求和传播方式差别很大。确认项目关系人的信息需求和决定满足需求的适当方式是项目获得成功的重要因素。

项目沟通计划的内容包括以下几方面:

(1)信息收集渠道的结构

这即是指采用何种方法,从何人何处收集各种各样的信息。

(2)信息分发渠道的结构

这即是指信息(报告、数据、指示、进度报告、技术文件等)将流向何人以及用何种方法传送各种形式的信息(报告、会议、通知),这种结构必须同项目组织结构图中说明责任和报告关系相一致。

(3)分发信息的形式

分发信息的形式包括格式、内容、详细程度和要采用的符号规定和定义。

(4)日程表

在表中列出每种形式的通信将要发生的时间,确定提供信息更新的依据或修改程序。

（5）更新和细化的方法

这是指制订随着项目的进展而对沟通计划更新和细化的方法。沟通计划可以是正式的、非正式的，也可以是非常详细的或仅仅是粗线条的。具体如何计划应视项目的需要而定。

3.5.3　编制会展项目沟通计划

下面以某会展项目为例，编制项目沟通计划，内容包括会展项目信息相关者的信息沟通要求、谁要求、何时需要以及如何传送所需的信息。

会展项目经理李桂芬和各关系人之间的联系要求如表 3.11 所示。

表 3.11　信息沟通要求

姓　名	所在部门	信息需求	信息提供者
李桂芬		客户资料,包括市场状态、交付方式及技术方面的要求	齐峰
		掌握各阶段进度	毕宁宁
李倩	招商部	客户方面的要求	齐峰
张鹏飞	采购部	所需采购物品需求	杨帆　杨志川
杨帆	工程部	技术文件	李倩
		作业指导书	马怡
		进度计划	毕宁宁
徐巧玲	财务处	对各阶段的项目成本	所有关系人

会展项目经理李桂芬和各关系人之间的信息沟通方式如表 3.12 所示。

表 3.12 信息沟通方式

姓　名	信息需求	信息提供者	沟通方式
李桂芬	客户资料,包括市场状态、交付方式及技术方面的要求	齐峰	会议,书面文件
	掌握各阶段进度	毕宁宁	简短的谈话
李倩	客户技术方面的要求	齐峰	书面文件
张鹏飞	所需采购物品需求	杨帆　杨志川	采购单
杨帆	技术文件	李倩	书面文件
	作业指导书	马怡	书面文件
	进度计划	毕宁宁	书面文件
徐巧玲	各阶段的项目成本	所有关系人	会议

会展项目经理李桂芬和各关系人之间沟通时间如表 3.13 所示。

表 3.13 信息沟通时间

姓　名	信息需求	信息提供者	沟通时间
李桂芬	客户资料,包括市场状态、交付方式及技术方面的要求	齐峰	每月月底
	掌握各阶段进度	毕宁宁	每月月底
李倩	客户技术方面的要求	齐峰	第一周
张鹏飞	所需采购物品需求	杨帆　杨志川	前两天

续表

姓　名	信息需求	信息提供者	沟通时间
杨帆	技术文件	李桂芬　李倩	第 17 周之前
	作业指导书	马怡	第 17 周之前
	进度计划	毕宁宁	每周周末
徐巧玲	各阶段的项目成本	所有关系人	每月末

本章小结

项目管理非常强调项目计划的作用,没有可执行的项目计划,就没有有效的监督。本章主要围绕如何编制项目计划,介绍了会展项目计划涉及的会展目标、计划、编制原理和主要内容;会展项目范围计划的含义、制定会展 WBS 工作分解结构的方法和会展项目范围计划的内容;重点介绍了会展项目进度计划的构成要素,活动定义、活动排序、活动时间估算和制订进度计划;会展项目成本计划的含义、内容、编制程序与方法;会展项目质量计划的主要涉及问题以及会展项目沟通的基础知识和计划编制方法。在学习完成后要求掌握相应的计划编制方法和图表绘制。

【复习思考题】

1. 什么是会展项目计划? 它在项目管理中的作用是什么?

2. 会展项目范围计划编制的内容有哪些?

3. 什么是 WBS,它有哪些表现形式和优缺点?

4. 在进行会展项目进度计划编制时应考虑哪些内容?

5. 什么是关键路径法? 在用关键路径法编制进度计划时应注意些什么?

6. 什么是项目质量计划,它有哪些编制方法?

【实训题】

实训项目一

一、实训组织

寻找一家会展公司了解城市车展策划的过程,并根据展览活动的基本流程编制一份相关的项目计划。

二、实训要求

1.车展项目计划的要素要完整。

2.学生要独立完成。

3.项目计划要具有可执行。

三、实训目的

1.提高学生对会展项目计划重要性的认识。

2.掌握构成会展项目计划的主要要素,让学生学会编制会展项目计划的方法。

3.提高学生的编制会展项目计划的能力。

实训项目二

一、实训组织

根据以下网络图内容制作湖边野餐准备的进度计划表和甘特图,完成湖边野餐的进度计划制订。

二、实训要求

1.使学生深入了解如何进行项目活动排序并绘制项目网络图。

2.学生要独立完成。

3.进度计划表和甘特图要合理。

4.能制订出正确的进度计划。

三、实训目的

1.使学生掌握如何绘制项目进度计划表和甘特图。

2.掌握项目进度计划制订的主要方法。

3.提高学生对项目计划编制的理解,培养学生制订完整项目进度计划的能力。

周末野餐的项目时间管理

在一个紧张工作后的周五晚上,你和你的朋友正在考虑周末怎么去放松,这时电视里的天气预报说周六将是一个风和日丽的好天气,因此你们决定明天去你们所在地附近的某一湖边野餐。由于你们希望能从这次野餐中得到最大的快乐,因此你们决定采用项目管理的方法对这次湖边野餐的准备工作进行很好的计划。

湖边野餐的准备工作并不是很复杂,因此你们没有绘制工作分解结构,而是在通过电话咨询了你们的亲戚朋友的野餐经验后,共同讨论直接确定了湖边野餐准备应进行的具体活动,并确定了活动的负责人,如3.14所示。

表3.14 湖边野餐的具体活动

活动标号	活动描述	活动负责人
1	装车	你,你的朋友
2	去银行取钱	你
3	做鸡蛋三明治	你的朋友
4	开车去湖边	你,你的朋友
5	决定去哪个湖	你,你的朋友
6	买汽油	你
7	煮鸡蛋(做三明治用)	你的朋友

你们对以上活动清单的正确确定一方面在于你和你的朋友对湖边野餐准备工作的范围非常明确,即按你们的意愿为野餐做好一切准备工作并顺利到达野餐目的地;另一方面在于你和你的朋友充分借鉴了以往野餐经验。

另外,以上活动清单的正确确定还在于你和你的朋友充分明确并遵守了下面的约束条件:

(1)你和你的朋友将在周六早上八点在你的家里集合并开始一切准备活动,在这之前你们什么都不做;

(2)在到达野餐目的地前你们必须做好一切准备工作;

(3)你们的所在地有两个湖,一个在你家的南边,一个在你家的北边。因此,你们必须在出发前决定要去哪个湖。

在确定了湖边野餐准备的活动清单后,你们接下来确定了活动之间的依赖关系,并绘制了项目网络图。

通过分析,你们发现在活动之间存在着以下强制性依赖关系:你的朋友在做三明治之前必须把鸡蛋煮好,你们在出发前必须决定去哪个湖。

除以上强制性依赖关系之外,其他的活动之间的依赖关系都是可自由处理的依赖关系,你们通过商量决定按以下方式处理活动之间的可自由处理的依赖关系:

(1)在进行其他活动之前必须决定去哪个湖;

（2）一旦决定下来去哪个湖，你马上去银行取钱；

（3）从银行取到钱后，你去买汽油；

（4）当顶下来去哪个湖后，你的朋友立即开始煮鸡蛋；

（5）鸡蛋一煮好，你的朋友就开始做三明治；

（6）当你带着汽油回来，你的朋友也做好了三明治，装车；

（7）当你们装好车后，你们立即开车去湖边。

以上活动之间的依赖关系如表3.15所示。

表3.15 活动之间的依赖关系

活动标号	活动描述	紧前活动
1	装车	3,6
2	去银行取钱	5
3	做鸡蛋三明治	7
4	开车去湖边	1
5	决定去哪个湖	——
6	买汽油	2
7	煮鸡蛋（做鸡蛋三明治）	5

根据以上表中的信息，用前导图绘制了湖边野餐准备的项目网络图。为了便于后续的网络分析，我们将网络图的节点方框画成图中所示的方框，图中 ES 代表最早开始日期，EF 代表最早完成日期，LS 代表最晚开始日期，LF 代表最晚完成日期，DU 代表活动持续时间，TS 代表总时差。

绘制以上网络图的方法如下：

（1）以节点"开始"开始网络图；

（2）找出所有没有紧前活动的活动，这些活动可以在项目开始时做，在这里活动5是唯一的这样的活动，把活动5放到方框中，并从"开始"方框画箭线指向它；

（3）找出所有以活动5作为紧前活动的活动，这样的活动有活动2和7，把他们放进方框，从活动5画箭线指向它们；

（4）以此类推，在最后用"结束"方框结束项目网络图。

由于你，你的朋友或你们的亲戚对你们将要进行的湖边野餐的准备过程比较了解，因此你和你的朋友在询问亲戚朋友后，经过讨论很容易明确湖边野餐准备活动持续时间的约束条件并做了适当的假定，在此基础上你们根据了解的经验数据确定活动的最可能时间的估计。

确定的约束条件和所做的假设有：

（1）买汽油的时间将受到加油站服务能力和等待服务的排队影响，你们根据了解的情况基本确信在早上 8 点稍过开车到加油站，能立即得到服务，因此作出相应的假设；

（2）去银行取钱的时间将受到银行服务能力和等待服务的排队的影响，但你们基本确信在早上 8 点稍过的时间里可以通过自动取款机立即取到钱，而不需要排队，你们因此做出相应的假设；

（3）讨论决定去哪个湖的时间受到你和你的朋友相互协调的能力的影响，你们确信你们能够非常好的协调这个问题，并做出相应假设；

（4）开车去湖边的时间与去哪个湖有关，但你们的亲戚朋友告诉你们去两个湖的时间差不多。因此，你们假设去两个湖的时间一样；

（5）由于你们只能用电煮鸡蛋，因此如果停电，该项活动的完成将受到影响，但你们确信停电几乎不会发生，因此做出相应假设。

根据以上的约束条件、假设以及通过咨询获得的经验数据，你们估计出活动清单中各项活动的持续时间如表 3.16 所示。

表 3.16　活动的持续时间

活动标号	活动描述	活动持续时间估计/min
1	装车	5
2	去银行取钱	5
3	做鸡蛋三明治	10
4	开车去湖边	30
5	决定去哪个湖	2
6	买汽油	10
7	煮鸡蛋	10

在你们完成了湖边野餐准备的各项活动的定义，排序和时间持续时间估计后，接下来你们制定了湖边野餐准备的进度计划。由于你和你的朋友都希望湖边野餐准备过程在 45 分钟内完成，因此在进度计划的制订上费了一番周折。

你们首先对网络图进行了分析，包括计算各项活动的最早和最晚开始和结束时间、总时差，确定关键路线并计算整个湖边野餐准备过程的持续时间，具体如图 3.19 所示。

图 3.19 表明整个湖边野餐准备的过程需要持续 57 分钟，不符合你和你的朋友的预期要求，因此需要对准备过程的持续时间进行压缩。压缩持续时间的

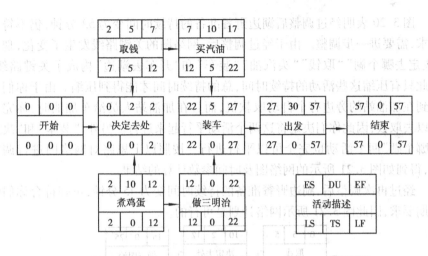

图3.19 网络图一

方法很多,其中一种是快速跟进,即将一般情况下顺序进行的多项活动改为平行进行,你们应用这种方法成功地压缩了准备过程的持续时间。

你们压缩些许时间的烦恼法如下:找出关键路线,减少它所需要的时间。因为只有减少关键路线的时间,才能真正压缩整个项目的持续时间,这样直到另一条路线变为关键路线;继续缩短所有关键路线上的持续时间,直到另一条路线变为关键路线。以此类推,按照以上方法,你们首先考虑将关键路线上的"做三明治"和"开车去湖边"两项活动并行进行,因为在开车去湖边的路上你们两个只有一个开车,另一个闲着,所以只要你自愿开车,你的朋友就可以把三明治的用具搬到车上,在去湖边的路上完成做三明治的任务。这样调整后的网络图及时间参数计算结果如图3.20所示。

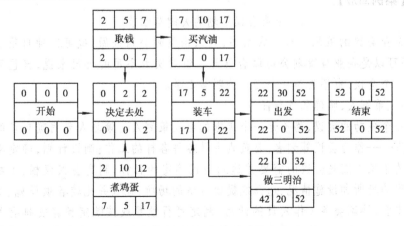

图3.20 网络图二

图3.20 表明经过调整后湖边野餐准备的持续时间变为52分钟,仍不符合要求,需要进一步调整。由于经过调整后,网络图的关键路线发生了变化,现在"决定去哪个湖""取钱""买汽油""装车"和"开车去湖边"构成了关键路线。因此只有压缩这些活动的持续时间,总的持续时间才能得到压缩。由于你们了解到在加油站的旁边有个自动取款机,而且在加油站人员给车加油时,你完全可以去取钱,因此你们决定将这两个活动平行起来进行。另外,"装车"和"决定去哪个湖"两个活动也完全可以平行进行。按照以上思路对网络图进行调整后,得到如图3.21所示的网络图及时间参数计算的结果。

经过再次调整后,湖边野餐准备的持续时间变为45分钟,正好符合你们的预期要求,因此图3.21所示网络计划是可行的。

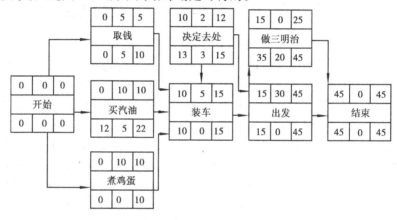

图3.21　网络图三

【案例回放】

企业会议筹划的关键与细节

企业会议的策划执行方式很多,可以由策划公司来做,也可以独自策划举办,还可以是企业与策划公司联合召开。但对实力不足的公司来说,自己动手策划一个会议,也不失为一个经济的明智之举。

一、策划人,明确职责与任务

一个成功的会议,离不开一个优秀的会议策划人。策划人要明确自己的工作职责——作为会议筹划者,要负责去做各种各样的工作:制订计划,确定必须要做的事项以满足会议的需要并达到会议确定的目标、制定会议议程、了解可供使用的场所和设施情况、选择或提议合适的场所、检查并比较各项设施、安排交通事宜、协调会务工作人员的活动、制定可行预算或按既定预算安排有关工作、确定各项各工作的时间安排、视察选定的场所和设施、与各有关单位进行接洽、同会议发言人和各位贵宾进行联系。作为企业的最高管理者,在选择策划人时,可以依据以上标准作为参考。

二、明确会议节点

做会前,要先明确会议活动中的关键节点。

1) 会议类型

会议有各种类型,不同的会议需要不同的环境。明确会议类型是策划并不成功召开会议的前提。召开会议是要达到一定的目的和目标。因此第一个重要步骤是收集各方面的信息,通过收集这些信息可以制定出旨在完成手头众多工作计划。比如召开商务会议,一定要精心筹备,确定相应的与会人员及重要嘉宾;选择召开会议的最佳时间及最佳地点;制定上午会议议程等。议程应明确会议的有效目标并选择最佳的会议议程安排。

2) 确定筹划及执行会议的团队

在一个公司里,从秘书到公司总裁。每个人多多少少都可能会参与会议的筹划,只不过有人是专职从事这项工作,有的是兼任此职,此外还有其他职责。无论是专职还是兼职,最终结果都是使会议顺利完成。他们的工作效率代表着主办单位或公司的工作水平。

3) 沟通

在筹划一个会议时,筹划者最好向上司,会议主办人或会议主席描述一下会议的目的和要求达到的结果。在双方意见达成一致后,筹划者就可以做下一步的会议筹划了。

三、落实细节是关键

真正操作好一个会议,从筹划开始,到具体操作并落实每一个细节,其过程相当辛苦和复杂多变。如果是在主办单位所在地举办会议,因为各方面关系熟一些,可能操作起来会比较顺利。如果是在外地举办会议,那么会议操作的难度会提高,很多因素是办会者预先无法预料和控制的。如:①工作量大,涉及面广,事无巨细,亲历亲为;②由于会议形式多样,不是每一个会议执行人员都经验丰富,需要相关人士的指点;③由于要与不少相关单位(酒店,机场,餐厅,广告,印刷厂商,车队等)发生联系,就某一问题进行谈判,达成利益合作,势必牵扯到付款问题。这样会产生多头付款现象,对财务操作带来不便。诸如此类问题,会有很多。因此,在举办会议前,策划者应该具体明确以下要点:预计召开会议的日期,会议预计召开的周期,计划召开会议的地点,明确会议形式或会议召开程序,需要场地的大小与类型,到会人数的多少,会议预算是多少,计划选用的酒店和设施的级别,为参会者提供的房间标准的详细列表,制作会议邀请函的责任人,会议相关资料的打印负责人,确定会议的发言人(特别是重要发言人),会议需要的视听设备的级别,需要的食品,饮料由主办方提供还是餐厅负责,酒会,招待会的次数,与会者的参会条件及优惠措施,是否为与会者安排一些特别活动,等等。

四、细化预算

在这些要点中,有一点是最关键,那就是会议预算。会议预算是有规律的,也是有方法可循的。

1.制定财务目标

财务目标必须与公司和项目的总目标相一致。有时候,项目目标是信誉目标而不是赢利目标。(如:年终庆祝大会可能是为了增强公司在员工心目中的良好信誉和感谢他们在这一年创造了良好佳绩。该活动的开支最有可能全部由某个部门来负担,根本不是期望中赚钱或是压缩开支)另外,项目的核心财务目标是为了赢利。(如:面向公众的培训班和展览会,必须赚到钱。)

2.制定预算

预算是协助策划者实现财务目标的一个工具。预算中的费用有两类——A:固定费用。它不随着活动的参加人数而变动,即使实际收益少于预期收益时,固定费用也不变。如项目的市场营销费是一种固定费用。在策划会议过程中,同各方面谈判协商时,必须考虑自己所编制费用预算。在合同即将签定时,问问自己留了多大余地应付因天气或其他因素的出席人数的变化情况。确保任何谈妥的定金或违约费在需要支付时能提供这笔钱;B:可变费用。它是根据出席人数或其他因素的变动而变动的。如餐饮费用属可变费用。

案例分析

1.本案例中体现了项目计划体系中的哪些基本原理和知识,对你有何启示?

2.请根据该案例内容绘制一份会议的 WBS 图。

项目 4
会展项目实施和控制

【知识目标】
- 了解常用的会展项目控制的意义和内容
- 熟悉常用会展项目控制的类型和程序
- 熟悉会展项目范围控制的内容
- 学会进度控制的方法
- 学会常用质量控制的方法

【技能目标】
- 能够为简单的会展项目编制项目进展报告
- 能够用横道图对简单的会展项目进行进度控制
- 能够为简单的会展项目进行质量分析

【学习重点】
- 会展项目控制的内容与类型
- 会展项目进展报告的编制
- 会展项目范围、进度、质量控制

【学习难点】
- 会展项目进度控制方法
- 会展项目质量控制要点

【案例导入】

2012 年 9 月 27 日至 30 日,第十届中国国际农产品交易会在北京农业展览馆举行。海南省纳入海南省热带水果质量追溯系统管理的海南金德丰农业开发有限公司生产的"莲雾"产品被第十届中国国际农产品交易会组委会授予金奖。据了解,该企业种植的"莲雾"早在 2010 年就纳入海南省热带水果质量追溯系统管理,在"莲雾"种植、抚管、施肥、施药、修枝、采摘、分拣、包装、入库、销售环节均实施档案记录,分区确责管理,通过质量追溯软件系统生成追溯码,为每箱产品贴上唯一的身份证代码,确保质量安全。

(资料来源:http://www.sina.com.cn2012 年 10 月 16 日 10:45 农业部网站作者:金军)

案例分析

海南金德丰农业开发有限公司生产的"莲雾"产品为何被第十届中国国际农产品交易会组委会授予金奖?

任务 1 制定会展项目监督与控制的目标

4.1.1 会展项目监督与控制的意义

1) 为什么要对会展项目进行控制

会展项目监督与控制是会展项目管理的基本职能之一,是对会展组织内部的管理活动及其效果进行衡量和校正,以确保会展组织的目标以及为此而拟订的计划得以实现。

现实中,由于会展项目的独特性,其目标、要求很难完全按计划进行,即使事先经过周密的计划,在实施过程中仍难免会出现意想不到的情况和各种困难,使项目不能按照原计划进行,因而出现偏差。

如某国际会议项目,在会展项目团队编制项目费用预算时,因为无法估计机票的折扣,所以按去年同时段的 6 折编制预算,后来随着国际石油价格的上涨,机票价格上涨,使预算出现偏差。又如,由于 2003 年的非典影响,使得广州国际鞋类展览会这一国内最高规格的鞋展日期被一拖再拖,最终鞋展延期至 11 月 26 日。

另外会展项目计划总是带有人为的因素,而且是事前的一种设想、预测和主观安排,随着项目的进行,会展项目关系人对项目的要求和期望会越来越具体,他们的要求甚至会使项目计划产生重大变化。这就需要对项目各过程进行监督控制,以保证实现项目的预期目标。若发现实际情况偏离了目标,就要找出原因并判断这种偏差是否会最终影响目标的实现。

控制过程是管理过程的最后一个阶段,对组织实施过程能否与计划方案相一致起保证和监督作用。控制的有效与否,直接关系管理系统能否在变化的环境中实现管理决策及计划制订的预期目标。因此会展项目控制就是监督和检测项目的实际进展,若发现实施过程偏离了计划,就要找出原因,采取行动,使项目回到计划的轨道上来,如果偏差很显著,则须对计划做出相应调整。项目控制要根据具体情况在项目实施的不同阶段使用适当方法,注意采取预防性控制手段。

正如法约尔曾指出的:"在一个企业中,控制就是核实所发生的每一件事是否符合所规定的计划、所发布的指示以及所确立的原则,其目的就是要指出计划实施过程中的缺点和错误,以便加以纠正和防止重犯。控制在每件事、每个人、每个行动上都起作用。"

2)会展项目控制的内容

(1)会展项目范围控制

(2)会展项目成本控制

(3)会展项目进度控制

(4)会展项目质量控制

(5)会展项目变更控制

(6)会展项目沟通控制

(7)风险控制

4.1.2 会展项目控制的类型

会展项目控制类型包括前馈控制、反馈控制和同期控制,它们控制的过程和目的如图4.1所示。

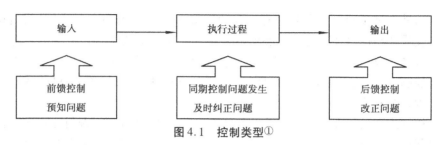

图 4.1　控制类型①

1) 前馈控制

会展项目实施管理的控制工作开始于实际工作前,根据现已掌握的信息(包括以往的经验和最新的情报),将所有可能的情况以及它们的影响因素,还有在实施过程中可能出现的干扰都预先加以详尽分析、预测,并以此制订实施方案,同时还要充分做好出现某些变故的准备,不断地修正计划和实施方案,力求使预测结果和实际情况相一致。

例如,为防止展会期间火灾等突发事件的发生,应事先制定和实施完善的安全管理制度;由专人负责检查各种消防器材和设施,保证消防设施的完好和正常运转;展位搭建结束后,要组织人员检查防火通道及安全出口是否畅通,展位间通道是否达到宽度要求,所有消防器材周围是否有异物阻拦;同时加强所属人员的安全防火培训,让他们能熟练使用各种消防器械,一旦发现安全隐患立即向现场工作人员或保卫人员汇报,把火灾事故隐患消灭在萌芽状态。

由于控制始于行动之前,又称为预先控制。它将可能出现的各种偏差消灭在萌芽状态,使方案的实施避免出现较大的损失。因此,只要能充分掌握信息、准确预测,它将是一种较科学的控制方法。

2) 反馈控制

会展项目多为一次性项目,其项目控制有别于其他管理控制,由于没有可复制的先例,事先制定的控制标准往往由于各种内外因素的变化需要调整。所以应根据会展项目各阶段的实施结果,与计划目标相比较后,制订相应的措施,将出现的偏差及时调节和纠正,这样才能使会展的实施朝预定的方向前进,它对保证最终的产品或服务质量具有重要意义。

例如,在展览招展的过程中,应根据具体的招展进度计划,分阶段对照检

① Robbins S. P, Coutler. 2001 管理学[M]. 北京:清华大学出版社,2001.

查,发现偏离预先的计划轨道时,需立即分析偏差产生的原因,并对未来发展趋势进行分析,采取相应的纠偏措施,及时调整策略,使招展工作能顺利完成。

由于从得到实际成果到比较、评估、分析原因,制订措施并付诸实施,都需要时间,很容易贻误时机,增加控制的难度。会展项目活动的现场控制,不宜采取此控制方法,因为不利的偏差一旦出现,造成的损害往往很难得到弥补。

3)同期控制

在会展项目计划实施过程中,在现场及时发现存在的偏差或潜在的偏差,及时提供改进措施使偏差得以修正的一种方式。同期控制能及时发现偏差,及时修正偏差,是一种既经济又有效的控制方法,也是难度较大的控制方法。它要求控制人员具有敏锐的判断能力、快速的反应能力以及机智的应变能力。因此同期控制成效的高低取决于现场管理人员的素质,同时需要实际操作人员的密切配合。会展项目控制人员,应采取"走动管理"的工作方法,特别是在项目活动进入到实施阶段时,多到现场走走看看,观察项目进展情况,能够及时发现潜伏的隐患,并容易及时采取措施纠正偏差。

4.1.3　会展项目控制的基本程序

1)确定控制标准

控制标准是控制行为实行的依据,是指所期望的业绩水准,它是被管理者用作评估业绩的标准。并不是计划实施过程的每一步都要制定控制标准,而是要选择一些关键点作为主要控制对象。会展项目控制标准要求尽量简明、可操作性强,做到具体化、数字化,容易测定、容易执行。因此关键点的选择需要对会展项目计划内容做全面深入的分析,同时还要充分考虑组织实施过程中的具体情况以及外部环境带来的影响,只有凭借丰富的经验和敏锐的观察力才能确定。例如,邀请参展商数额、海外参展商所占比重、展位出租数量以及专业观众比例等。

2)衡量成效

会展项目控制是一个动态的过程,当工作受内部因素和外部环境影响时,必然会出现偏差,偏离原计划,因此控制者在不断获取项目跟踪所得信息的基础上,要对所发现的问题及时采取措施解决。从管理控制工作职能的角度看,除了要求信息的准确性以外,还对信息的及时性、可靠性和实用性提出了更高的要求。这个程序的内容主要是将实际工作成绩和控制标准相比较,对工作做出客观评价,从中找出差距,发现偏差,进一步采取控制措施,及时提供全面准确的信息。

(1)偏差未出现时

在偏差未出现但征兆已经显露出来时,应及时采取措施,予以补救,以防止偏差出现或尽量缩小偏差。例如,在会议报名阶段,发现报名情况没有达到预期目标,这时应在报名截止日期前,采取诸如增加宣传力度,提高会议知名度,增加服务项目,取得权威机构的支持等一些有力措施,努力消除因参会人数不足带来的影响。

(2)偏差已经出现时

在偏差已经出现时,应及时将信息反馈,以便进一步分析原因,采取措施。例如,在展览接待过程中发现为参展商预定的酒店入住率较低,有大量的房间无人入住,导致了组展方成本的增加,给组展方带来较大损失。接待工作人员应及时将这一情况向组委会汇报,由组委会分析原因后立刻采取相应的措施,这时应积极与酒店联系,请求其配合出售空置的客房,同时马上调整第二天的预订数量,对招待酒会的人数进行重新落实,尽量将损失减少到最小。在这个阶段,实际操作者的自我检查控制也是重要的内容,同时他们的合作态度对衡量结果也有很大影响。

3)分析偏差并予以修正

建立控制标准,衡量实际工作情况,目的是将它们进行比较分析,发现实际的结果与控制标准之间的差异。针对被控制对象状态对于标准的偏离程度,及时采取措施予以纠正,使其恢复到正常状态上来。针对偏差出现的原因通常采用相应的修正方法。

(1)计划本身不合理而产生的偏差

制定目标不切合实际,盲目把目标制订得太高,而实际上实力不够。如利润目标的制定,应根据具体情况,量体裁衣,使之合理且通过努力可以完成。当然在制定目标时,也不应过于保守,低估自己的力量,把目标定得太低,这时也要调整目标。应该注意的是,在原因没有分析清楚之前不能随便更改计划目标,否则,计划目标将失去存在的意义,也就谈不上有效控制。

（2）由于外部环境发生重大变化而产生的偏差

由于某些重大事件,如"非典"、战争和地震的发生等,这些不可控制因素的出现,内部的管理系统只能采取某些措施,尽量消除不利影响,改变策略,另辟蹊径。

（3）由于实际操作者自身原因产生的偏差

当偏差出现时,控制者应认真分析产生偏差的原因,如果是因为实际操作者能力有限,不能胜任工作,就应马上调整人员;如果是由于实际操作者工作不负责造成的,应明确责任,明确激励措施及奖惩条例,调动工作人员的积极性和主动性,使各环节的工作得以顺利完成。

4.1.4　会展项目监督与控制的目标

控制是对管理系统的计划实施过程进行监测,将监测结果与计划目标相比较,找出偏差,分析其产生的原因,并加以处理。会展项目监督与控制就是使会展实践活动符合原计划的安排,监督与控制在整个管理过程中的目标有两方面:一方面起检验作用。它检验各项工作是否按预定计划进行,同时也检验计划方案的正确性和合理性。另一方面起调整作用。任何一个会展实施与计划相比,总是有偏差的。如果计划方案合理时出现偏差,则需要采取相应措施消除各种干扰因素带来的影响,使各项工作纳入正轨;如果出现偏差是由于计划方案不适造成的,则应调整计划,使之与实际情况相适应。会展项目监督与控制的目标主要有:

①确保会展项目的成本在预算范围内开支;

②确保会展项目的进度在计划范围;

③确保会展项目的质量达到计划目标;

总之,控制的目标就是要保证会展项目达到预期的目标。

【知识延伸】

会展项目营销控制不力的主要因素

会展项目营销控制不力的主要原因:一是没有建立完善的营销考核标准;二是不坚持开项目例会,项目经理不重视内部交流;三是不坚持检查业务日志和周报,给下属创造偷懒的机会,导致工作量下滑;四是只培训不考试,使培训形同虚设;五是有惩罚无激励,使团队看不到希望,士气低落;六是有目标不奋斗。

任务 2 编写会展项目报告

4.2.1 会展项目报告的种类

会展项目报告提供各种所需要的信息资料,是会展项目监督和控制的基础。会展项目报告是为项目所有利益相关者编写的,是项目利益相关者之间沟通的重要资料,同时也可提醒项目团队成员应注意的问题。

会展项目报告从时间上来看有日报、周报、月报和季报。日报是会展项目持续期间平时工作的记录,是第一手资料,其他的是一定程度的汇总报告。实际工作中比较常用的一种综合报告是定期的《会展项目进展报告》,该报告包括项目成本、进度、质量、范围等的当期情况、累计情况、与计划比较的偏差等内容,报告的格式可用图表、文字和实物照片,形象展示需要报告的内容,便于会展项目组织者进行监督与控制。

4.2.2 会展项目进展报告

会展项目进展报告是用于描述项目进展情况和取得的成果,传递项目执行绩效的汇总报告。通过会展项目进展报告,可以明确项目按照进度计划已经到达的阶段,项目已按时完成的活动和未按时完成的活动,已完成的项目活动对项目资源的使用情况,原定的项目目标是否已经达到等。

会展项目进展报告可由团队成员向项目经理提供,或由项目经理向会展主办者提供,或由项目经理向更上一层管理者提供。时间按不同项目的特点,可采用天、周、月和季度。例如对于短期会议,每天都应报告会议的进展情况,如酒店联系情况、参会者报到情况等,以便随时调整计划。

项目进度报告一般有日常报告、例外报告和特别报告 3 种。

第一种,日常报告。有规律的将日常项目实施情况进行报告,日常报告可以根据资源利用期限提供,也可每周提供,包括会展活动哪些已经完成,哪些正在进行,实际与计划的比较等。

第二种,项目累计情况报告。自项目开始至今所有时期累计完成情况的报告,可以从中看出项目的发展趋势,并进行不同时间项目实施情况的比较。

第三种,例外报告。用于报告与计划存在重大差异的例外情况,并找出差异存在的原因与解决的办法,使有关管理层和实施人员能及时、足够地注意情况,并做出相应的决策。

4.2.3 会展项目进展报告的编制

1)会展项目进展报告所涉及的主要内容

主要内容包括本期项目的进展情况,本期项目实现中存在的问题以及解决情况、计划采取的措施、项目变更和下一期项目进展预期目标等。格式如表4.1所示。

表4.1 会展项目进展报告

项目名称:	项目编号:
报告日期:	报告编写人:
自上次报告以来的主要成绩	
项目实施的当前情况(包括进度、成本执行情况、工作量的完成情况及其质量)	
上次报告所列出问题的解决情况	
项目当前存在的问题或预计会出现的问题	
计划采取的措施	
项目变更	
下一报告期的项目进展情况预期	

①自上次报告以来的主要成绩。描述在报告期内取得的主要成果和达到的关键性目标。

②项目实施的当前情况。将报告期实际成本、进度和工作范围与计划进行比对,并对重大偏差做出解释。

③上次报告所列出问题的解决情况。上期报告列出的问题,若本期内已解决的或取得进展的,应报告解决情况;若仍未取得进展的,则需说明原因。

④项目当前存在的问题或预计会出现的问题。列出项目在本期实现过程中存在的或预期可能存在的问题,包括进度问题、时间问题、技术问题、成本问题和沟通问题。

⑤计划采取的措施。对本期存在的问题或预计会出现的问题,及上期报告列出的问题本期仍未取得进展的,报告在下一报告期应该采取的改进措施。另

外,还应说明这些措施对项目目标可能造成的威胁,以及有关成本、进度、质量方面的管理和工作要采取的改进措施。

⑥项目变更。项目计划在执行过程中某些意外原因可能需要修改。项目进展报告中应详细列明已经批准的和请求的项目变更,包括变更日期、变更原因及变更的合理性。

⑦下一报告期的项目进展情况预期。描述下一期将完成的重要事项,并对预期目标进行说明和规定,预期目标应与最新更新的项目计划一致。

以某会展项目为例,一周进度报告的格式如表4.2所示。

表4.2 某会展项目周进度报告

1.本周成绩
根据项目横道图描述重大成绩:如招商工作提前3周完成。
描述其他重大成绩:如本展览项目得到某国际机构的重视,提供赞助×美元。
2.下周计划
根据项目横道图描述下周将要完成的重要事项:如展台搭建与布置。
描述其他重要事项:
3.问题:简单列出曾面临的问题和依然存在的问题。如本次展览物流工作存在大件货物装运难的问题。
4.项目变更:列出已批准的和请求的项目变更,包括变更的日期和简单描述。如展览会原定出席的领导由于特殊原因出现变更,需要另行调整。

2)会展项目进展报告编写的依据

①项目计划。项目计划是一份经过批准的正式文件,用于管理项目的执行。包括各种基准计划,如成本基准计划、进度基准计划等。

②工作结果。工作结果是项目计划执行的结果。需在项目计划实施过程中及时收集,以便于项目进展报告的编写。例如在展览会项目实施过程中,各个阶段发生的成本情况、各项目工作有没有达到相应的质量标准和会展期间成交额多少?

③其他项目记录。项目记录包括描述项目的信函、备忘录和文档等。

4.2.4 会展项目信息管理

会展项目管理中报告的产生、形成、发布与利用过程构成了项目信息管理过程,会展项目会涉及大量的物流、人流、资金流,由此产生的信息数量大、分散、种类多,需要及时收集与整理。为保证信息在会展项目实施过程中完整、系统、准确、及时产生、发布和充分利用,须做好信息管理的相关工作。信息管理包括以下程序。

1)信息收集

收集会展项目产生的信息,例如会展项目实施的范围、实施过程中的变更、各种资源的使用情况、进度情况,除内部的信息外,还要注意收集外部的信息,例如国家政策变化对会展业的影响。

2)信息整理

对收集的信息进行初步分析和整理,形成有用的信息提供给相关部门与人员。

3)信息发布

把经过整理的信息按计划提供给相关的项目关系人,实现信息的共享。

4)信息利用

各项目关系人依据信息做出决定和决策。这些决定和决策又形成新的项目信息,用于修正、指导和控制项目实施。

5)信息的储存

将会展项目的信息分门别类由相应的部门进行储存,以便项目结束后进行总结,也为以后的项目提供参考。

任务3 会展项目控制

项目的内外部环境总是在不断的发展变化之中,项目难免也发生各种各样的变化,这些变化包括项目范围、进度、质量、费用、风险、人员及合同等方面,并会对其他方面产生一定的影响。

4.3.1 会展项目范围控制

会展项目范围是指为了成功地实现项目目标所必须完成的、全部的工作。会展项目范围主要包括:参会者、参展商的确定;专业观众的确定;合适的营销战略的制定;会展后勤服务提供者的确定;会展现场管理以及会展总结、评估等。

1) 会展项目范围变更分析

项目范围发生变更,会影响到项目的成本、进度、质量等计划,项目范围变化后,我们要分析范围变更的因素,根据其所造成的影响适当调整原有的项目计划,出现偏差时采取对应的纠正措施使项目回到正常轨道上来。

例如,一个奖励旅游项目,如果调整旅游的线路,势必造成费用、时间的变化。应根据调整后的线路适当调整时间安排和收费标准。

项目变更的因素主要包括五个方面:

(1) 项目要求发生变化

这是一种最常见的情况,主要源于会展项目主办方对项目的需求和期望发生变化。例如:某城市会展中心主办一项庆典活动,原计划包括开幕式、大型演出等活动,但为了配合该城市的招商引资,决定增加体现城市变化和实力为主题的一个展览会。

(2) 工艺技术变化

在项目的实施过程中出现了新工艺、新技术。例如:某展览会在展台搭建时出现一种新型环保节能材料,并可降低材料成本。

(3) 人员变化

在项目实施过程中组织机构发生变化、人员发生调整,如项目经理工作调整,或会展项目总指挥的调整。

(4) 项目设计变化

在项目实施过程中,出现各种困难,项目工作人员或设计人员对方案不断改进,提出更好的方法。例如大型节事活动项目,许多活动受天气的影响,出现困难,影响项目进程,项目组织者就要不断调整方案,以减少天气对项目造成的影响。

（5）经营环境发生变化

会展项目的开放性，决定了其受外界因素的影响。例如，在国际展览招展过程中，出现了汇率的大幅度变动，使预先确定的国外参展商参展费用发生变化。

2）会展项目范围管理计划的更新

会展范围变更需要对项目范围管理计划进行更新。将这些变更记录到项目范围管理计划中，项目利益相关者通过相关会议得知变化的内容及其造成的影响。项目管理计划更新是项目范围变更控制过程的输出。

一般来说，对于计划的调整可能包括以下几种情况：

（1）重新设计项目范围管理计划

如果发现原计划的某些工作环节或程序不需要，或者需要在原计划的基础上增加新的工作内容，就要进行重新设计，重新界定项目范围。

（2）重新安排项目进度

对项目的各环节工作进行重新安排。

（3）重新分配资源

在项目实施中对未来各环节所需的资源重新分配。

3）会展项目范围控制

（1）参与人员范围控制

会展活动中，既要有展出产品、技术的参展商，也要有来参观与洽谈的观众。国际上衡量一个展会是否成功的标志，就是参展商与专业观众的数量和质量，展会的品牌和观众质量是成正比的。

参会者、参展商是会展活动的核心，他们是会展存在的前提，如果没有足够的参会者或参展商，会展活动就不可能开展，他们的参与规模与质量决定本次会展活动的成败。因此会展的主办者要充分利用各种宣传广告手段，营造招展氛围，并利用各种关系和途径，寻求有关单位支持和合作，建立起有效的营销网络，开展声势浩大的市场推广，不仅要尽可能地邀请行业内知名的、有影响力的企业参与，还要使尽可能多的潜在客户参展。

专业观众是展会活动的主要参与者之一，他们是参展商品的目标市场，是吸引参展商前来参展的根本原因。因此会展的主办者必须切实有效地开展专业观众的组织工作,提高专业观众的参展质量,才能为会展的成功举办打下坚实的基础。

(2)营销战略控制

在确定了参与人员范围后,会展项目的实施进入了营销阶段。为了吸引国际知名企业并使它们将最好的产品参展,会展项目组织者应该加强同有关部门、国际组织、行业协会的联系,取得这些部门的支持,努力提高展会的国际参与度。同时通过制定一系列的营销战略,实现会展产品的顺利销售,确保会展组织者的收入来源。但在积极进行营销的过程中,还必须对参展企业实行资格审查,确保参展企业的信誉和品牌以及参展商品的质量。

【知识延伸】

食品展的成功在于有效组织专业观众

法国巴黎国际食品和饮料展览会 SIAL 由法国高美爱博展览集团主办,它是法国第一大展览集团,世界十大展览集团之一,每年主办近 60 个专业展览会。该展创建于 1964 年,两年一届,迄今已有 40 多年的历史。由于参展产品质量高、种类齐全,已成为全世界食品业界采购人员及决策人士的最重要的聚会场所,代表着国际食品行业的发展和创新方向,与德国的 Anuga 食品展每年交错举行,是整个欧洲乃至世界最大的食品行业盛会。

如 2010 年 10 月 17—21 日在巴黎北郊维勒班展览中心(Paris Nord Villepinte)的展览会上,参展商共有 5 838 家,国际展商占 80%,来自 106 个国家和地区;78% 的展商对展会效果表示满意。专业观众有 136 381 名,其中国际观众占 62%,来自 200 个国家;70% 的买家是为寻找新产品及供应商而来。现场有来自 42 个国家的 1 500 多名记者对展会进行报道。

骄人的数据来离不开法国国际专业展促进会长期有效的工作,一个成功的展会需要在全球招募参展商,以丰富全面的展品吸引专业观众。同时还需要在各国动员专业观众,从而使参展企业可以向世界市场促销。建立一个长期高效的海外促销网络是每个展览公司的需求,但任何一家展览公司都很难独自负担一个全球网络。于是便诞生了多家展会联合共享的海外促销网络这一独特的机构———法国国际专业展促进会。

法国国际专业展促进会成立于 1967 年,理事会由法国外贸中心,巴黎工商会,法国专业展联合会,法国雇主协会,巴黎市政府,法国外贸部以及展览中心和专业展览公司的代表组成,是专业展的权威代表。促进会的宗旨在把法国最具权威的国际性专业展介绍到国外去,为各国决策人士和专业人士来法参观或参展提供各种便利和服务。

法国国际专业展促进会到今年已有60个展会成员。会员均为世界知名的国际性专业展会,规模大,国际性强,需要依靠促进会在世界各地做国外参展商的招募工作或国外参观人员的促进工作。其中展览面积达15万~20万平方米的有巴黎航空航天展——AERONAUTIQUE、国际建筑建材展——BATIMAT、国际食品展——SIAL、国际农业及畜牧业展——SIMA 等。

(资料来源:根据新华网资料整理 http://news. xinhuanet. com/expo/2003-02/09/content_719794. htm)

(3)后勤服务控制

会展活动作为为参展商和观众提供交易和贸易的平台,为使他们最大限度地达到参展目的,获得最大效益,活动的主办者应该为其提供优质、完善的后勤保障服务。这些服务包括:物流服务、展位搭建、食宿服务、旅游服务、票务服务、交通管理、安全管理等工作。由于后勤保障服务具有系统性、复杂性、专业性的特点,会展项目组织者往往不可能独自承担,通常情况下,由主办者选择信誉好、有实力的专业展览服务机构,并与之签订合作协议,共同完成会展项目的后勤保障工作。

(4)现场控制

会展期间主办者现场控制的主要目的是协调好参展商、观众和服务商之间的关系,确保展会顺利进行。为此必须做好人员进出的控制、展位及展品的管理、宣传品的管理、噪声控制等工作,并做好成交统计、成交项目签约仪式的安排。

4.3.2 会展项目进度控制

会展项目进度控制是指对项目各实施阶段的工作内容、工作程序、持续时间和衔接关系编制计划,在实际进度与计划进度出现偏差时进行纠正,并控制整个计划的实施,以确保项目进度计划总目标得以实现。

在会展项目实施过程中,需经常检查项目的实际进展情况,并与项目进度计划相比较。如实际进度与计划进度相符,则表明项目完成情况良好,进度计划总目标的实现有保证。如发现实际进度已偏离了计划进度,应分析产生偏差的原因和对后续工作及项目进度计划总目标的影响,找出解决问题的办法和避免进度计划总目标受影响的切实可行的措施,并根据解决措施和办法,对原进度计划进行修改,使之符合现在的实际情况并保证原进度计划总目标的实现。

1)项目进度控制环节

进度控制在项目实施中与质量控制、成本控制相互影响、相互依存、相互制约。项目进度控制包括从会展项目开始实施,直至完成总结评价等后续工作的各个阶段,会展项目进度控制主要包括准备阶段进度控制、实施阶段进度控制和后续阶段进度控制。

(1)准备阶段进度控制

这是在会展项目正式实施前准备阶段的进度控制,具体任务是客观地编制会展阶段进度控制工作细则,编制或审核会展总进度计划和日程安排,审核各部门工作实施进度计划,编制年度、季度、月度工作进度计划。

【知识延伸】

为了控制时间 奥运会开幕式部分表演被取消

伦敦奥组委昨日向外界发布消息称,为了确保参加开幕式的运动员能够在当晚睡个好觉,以及观看和参加开幕式的人们能赶上回家的末班车,伦敦奥运会开幕式的部分表演环节被取消,整个开幕式要控制在3个小时。

伦敦奥运会开幕式创意总监博伊尔说,这是一个不得不做出的决定。"伦敦奥组委给我们提出了控制开幕式时间的要求,我们必须要做到这一点。"为了能做到这一点,博伊尔将一段四分钟的自行车特技表演全部取消,而这只是其中之一,其他一些开幕式表演内容也进行了编排和调整,以缩短时间。

按照计划,伦敦奥运会的开幕式将在当地时间本月27日晚上8点12分开始热场表演,在9点正式开始,经过彩排后发现,要持续到第二天凌晨的零点30分左右才能结束,很显然开幕式时间有些过长,对于参加开幕式的运动员、教练、表演人员等都可能带来一定的不利影响。

(资料来源:北京青年报2012年07月20日09:32:43)

(2)实施阶段进度控制

在会展项目实施过程中进行的进度控制,是会展计划能否付诸实现的关键过程。在此阶段,进度控制人员应要求各部门定期汇报工作进展情况,视具体情况定期或不定期召开各部门工作会议,一旦发现实际进度与目标偏离,必须及时采取措施纠正偏差,以保证各项工作沿正常轨道顺利进行。

（3）后续阶段进度控制

这是在完成整个会展任务后进行的进度控制,具体内容包括:及时组织评估工作;处理工程索赔;整理本次会展有关资料,及时将有关信息向客户通报;将客户档案、总结评估报告及时整理归档;根据实际实施进度,对有关人员进行答谢,以保证下一阶段工作的顺利开展。

在项目进度控制时必须明确,计划不变是相对的,变化是绝对的,制订项目进度计划所依据的条件也在不断变化。影响项目进度原计划的因素很多,既有人为的因素,也有自然因素,因此控制者即使制订了一个科学合理的进度计划也不能放弃对进度计划实施的控制。同时也不能因进度计划肯定要变,而对进度计划的制订不重视,忽视进度计划的合理性和科学性。应该采取正确的态度来看待计划与控制调整的关系,一方面在确定进度计划制订的条件时,要具有一定的预见性和前瞻性,使制订出的进度计划尽量符合变化后的实施条件;另一方面,在项目实施过程中,也要依据变化后的情况,在不影响进度计划总目标的前提下,对进度计划及时进行调整。

2）会展项目进度控制方法

（1）记录项目的实际进度

要知道会展项目的实际进行是否与计划相符,先要做好基础的记录工作,了解会展项目的每项活动的实际进度,包括各项活动的实际持续时间、实际开始和结束时间和哪些已经完成和尚未完成。例如:会议接待的接机活动,计划是2天,而实际上用了3天;整个会议议程因此推迟1天;再如展览会的招展工作,原计划从3月1日至3月30日,结果到4月3日也未结束。对会展项目的实际进度跟踪可采用日常观测法和定期观测法。对项目周期短的,采用日常观测,例如短期会议。

（2）进度偏差分析

将项目的实际进度与计划进度进行比对,若发现出现偏差,应对产生偏差的原因进行分析。基本方法可采用横道图比较法,该方法是将在项目进展中通过观测、检查和收集到的信息,经整理后直接用不同的颜色或不同粗细的实线横道线并列于原计划的横道图上,进行直观比对,如表4.3所示。经分析,会议接待时间超过原计划,主要原因是由于天气,影响参会人员的交通。为保证会议不延期,将市外参观考察改为市内参观考察,缩短一天。

表4.3　某会议实际进度与计划进度比较分析

工作编号	工作名称	工作时间（天）	项目进度								
			1	2	3	4	5	6	7	8	9
A	会议筹备	2									
B	会议接待	2									
C	正式开会	2									
D	会议参观	2									
E	会议结尾	1									

注:细实线为计划进度,粗实线为实际进度。

(3)项目进度计划更新

这一过程包括分析进度偏差的影响和进行项目进度计划的调整。首先分析进度偏差的工作是否为关键工作,并计算出偏差的大小,判断对项目总周期有无影响,根据以上分析,对项目进度计划进行调整,特别是关键工作的调整,因为如果关键工作没有机动时间,其中任何一项活动持续时间的延长或缩短都会对整个项目产生影响。所以关键工作的调整是项目进度调整的重点。另可通过改变某些活动的逻辑关系,增减工作项目和调整非关键活动来调整项目进度,当采用以上方法都不行时,可通过重新编制计划来满足要求。

4.3.3　会展项目质量控制

质量是会展的核心要素之一,在会展市场竞争中,会展项目必须以质量为基础,凭借卓越的质量,才能实现会展项目的可持续发展。项目质量控制是为满足项目的质量要求而采取的作业技术和活动,包括确定控制对象,规定控制标准,制订具体的控制方法,明确所采用的检验方法,说明实际与标准之间产生差异的原因,为解决差异而采取的行动。

质量控制是会展实施活动中一项极其重要的控制活动。其根本目的在于提高产品或服务质量,增强会展企业的市场竞争能力,为塑造品牌会展项目打下坚实的基础,从而提高会展企业经济效益,保证会展企业的生存与发展。

1)会展项目质量控制内容

会展项目是会展企业的产品,其质量具有两个方面的内容:一是项目本身的质量如何？即是否取得权威机构的支持、是否代表该行业的发展方向、是否获得国际有关机构的资格认可等。二是项目工作人员的工作质量如何？即能否提供专业、优质、全方位的会展服务。

工作质量控制是通过会展项目组织内部各部门以及每位成员的工作态度、工作绩效等反映出来的。一方面，会展的项目实施过程中大量的工作是直接面对客户的，工作质量与产品质量合二为一，工作的过程，也就是向客户提供服务的过程；另一方面，工作过程的设计、策划产品的过程是工作质量和产品质量的保证，从一定意义上讲，提高工作质量也就是在提高产品质量，而且只有提高了工作质量才能提高产品质量。对产品质量的检验只有在事后才能准确得出结果，而对产品质量的事前控制必须通过控制工作质量来实现。因此，在现代质量管理中，会展项目组织越来越将质量控制的重点放在工作过程中。

2）质量控制的方法

会展项目可采用排列图法和因果图法进行质量控制。

（1）排列图法

收集一定时期内的质量数据，将影响质量的因素进行排列，统计出各种因素出现的频率和累计频率并绘制帕累托曲线。该方法将经济学上80/20原则用到管理领域，区分"关键的少数"和"次要的多数"，从而抓住关键因素，解决主要问题。

例如，对某展会的质量进行调查，分别就各项目关系人进行调查，调查数据如表4.4所示，统计数据分析如表4.5所示。

表4.4　某会展项目质量调查

一级指标	二级指标	不满意人数	政　府	主办方	参展商	专业观众	供应商	媒　体
展会规模	展厅	13	2	2	3	2	3	1
	参展商结构	21	1	3	7	3	5	2
	观众结构	9	2	2	1	2	1	1
	展览连续性	3	0	1	1	1	0	0
展会服务	展出管理	52	6	11	14	9	7	5
	接待服务	7	1	3	2	1	0	0

续表

一级指标	二级指标	不满意人数	政 府	主办方	参展商	专业观众	供应商	媒 体
展会价值	影响力	8	1	0	3	2	1	1
	展会主题	7	1	2	1	1	1	1
	贸易效果	36	6	8	9	9	2	2
合 计		156	20	32	41	30	20	13

表 4.5　某会展项目质量调查统计表

原 因	频 数	频 率	累计频率
展出管理	52	0.333	0.333
贸易效果	36	0.231	0.564
参展商结构	21	0.135	0.699
展厅	13	0.083	0.782
观众结构	9	0.058	0.84
影响力	8	0.051	0.891
接待服务	7	0.045	0.936
展会主题	7	0.045	0.981
展览连续性	3	0.019	1
合 计	156	1	

根据累积频率为 0~80% 的因素为主要因素的原则,从表 4.5 可以看出,展会质量不好的主要原因是展出管理、贸易效果、参展商结构和展厅问题,要提高会展的质量,须先从以上几个方面入手。

(2)因果图法

确定需要分析的质量特性,并分析影响质量特性的各种因素,用大枝表示大原因,中枝表示中原因,小枝表示小原因,并找出关键因素用文字说明或作出记号。如第三章的图 3.16 所示的展会质量原因分析。

3)实施全面质量控制

在企业质量控制活动中,国际上普遍运用的是全面质量控制。全面质量管理是指企业内部的全体员工都参与到企业产品质量和工作质量工作过程中,把企业的经营管理理念、专业操作和开发技术、各种统计与会计手段方法等结合起来,在企业中普遍建立从研究开发、新产品设计、外购原材料、生产加工,到产品销售、售后服务等环节的贯穿企业生产经营活动全过程的质量管理体系。

全面质量管理是由美国专家戴明首先提出的,它使用的方法是科学全面的,以统计分析方法为基础,综合应用各种质量管理方法。全面质量管理提出:一切为了顾客,一切以预防为主,一切凭借数据说话,一切按"计划—执行—检查—处理"循环办事。

可在会展项目管理活动中引入全面质量管理的理念与方法,把展览会作为一种产品,通过 ISO 9000 质量标准体系有效地控制各过程的质量。从以下几个方面对会展质量进行控制。一是确定会展项目的质量目标,如将专业观众的数量及展场服务的投诉率作为质量目标的核心;二是确定会展项目的主题,这好比是产品的开发,这需要深入的市场调查与研究;三是资源管理;四是专业观众的组织,如果将会展作为一种产品,则观众组织工作便是它的生产过程;五是会展服务,如在展会中,展品的运输、展台的搭建通常成为投诉的主要来源,这就需加强工作人员的服务意识;六是分析改进,会展项目结束后,通过分析各相关数据,对比目标,提出改进的办法与措施。将质量管理活动贯穿于整个会展项目的整个过程,加强过程的质量管理并持续改进,会展项目才有生命力。

本章小结

在会展项目实施过程中,管理者应以计划中拟订的目标为依据,根据内部和外部的变化对项目实施过程中的各个环节进行有效控制,及时调整和改变策略。它不仅能保证计划如期高效的完成,而且能有助于管理者在计划的实施过程中,及时发现问题,采取相应措施进行调节,从而避免造成更大的损失。本章通过分析控制管理的意义,讨论了会展项目控制管理的目标及重要性;阐述了会展项目控制管理的类型以及会展项目范围、进度和质量控制的方法。

【复习思考题】

1.简述会展项目控制的目标。

2. 会展项目控制的类型有哪些?

3. 会展项目控制的程序是什么?

4. 会展项目报告的主要内容是什么?

5. 简述会展项目质量控制的意义。

【实训题】

实训项目一

一、实训组织

请跟踪一次会议活动,观察主办单位确定的控制内容有哪些?

二、实训要求

1. 落实参会人员的范围。

2. 明确会议的主题与会议议程。

3. 掌握会议要达到的目标与要求。

三、实训目的

提高学生对会展项目实施过程的控制水平。

实训项目二

一、实训组织

请策划一次班级联欢会,并对整个计划的实施按每天进行项目报告的编写。

二、实训要求

1. 落实班级联欢会的关系人。

2. 编制联欢会、范围计划、进度计划和费用计划。

3. 编制联欢会进展报告。

三、实训目的

1. 使学生能编制简单的项目计划、项目报告。

2. 提高学生对会展项目实施过程的控制水平。

【案例回放】

化危险为机会

1972 年慕尼黑奥运会上,发生了 9 名以色列运动员被恐怖分子杀害的严重政治恐怖事件,史称"慕尼黑惨案"。流血事件震惊了体育界人士,促使后来各届奥运会加强了安全保卫工作。慕尼黑惨案促使奥运会这项极具影响的世界性体育盛会均将安全问题作为首要的问题予以关注和重视。

2005年9月11日，台风"卡努"突然从杭州登陆。那一天，IT界盛会"西湖论剑"开得正酣，美国前总统克林顿及网络巨鳄杨致远、丁磊、汪言、马云等人都在杭州，附近机场全部停飞，滞留人群慌做一团，场面令人尴尬。

无论是"慕尼黑惨案"的人为灾害，还是突然袭击的SARS、台风、暴雨等自然的破坏，这些都已成为往事，但当人们从最初的恐慌和噩梦中走出来的时候，检视我们面对突发事件的应对机制，就成了我们必须要面对的问题。

据了解，正紧锣密鼓筹备中的浙江义乌小商品博览会开幕在即，却传闻浙江嘉兴一带出现霍乱病菌流行的苗头，据说部分外商已经来到中国。在这种情况下，作为主办单位，如何及时控制疾病的继续蔓延和减少对本次活动影响的一个"应急系统"的建立被提升到一个至关重要的位置。

9.11事件发生时，美国的麦克米伦正在举办一场书画展，面对当时美国国内极度恐慌的气氛，组委会召开了由参展商、专业观众等不同角色的代表参与的会议，来商讨画展是否需要继续进行。商讨结果决定照常进行，与此同时应急系统也开始启动。因此整个展览现场并没有出现人们所预料的慌乱和不安。这是严格按照应急方案来解决突发性事件的典型事例。这个时候严格按照危机管理的规律做出的应急对策，有效地避免了名誉和经济上的损失。而我国会展业人士却对危机管理和应急系统的认识不足，对应急系统的概念和在实际操作方法都很含糊。由于展览会的可变因素较大，太依赖计划会使计划跟不上变化，因此对于展览组织机构的应变能力与处理就有了更高的要求，为避免遇到突发事件后出现束手无策的尴尬局面，针对这些现状，记者有幸采访了危机管理专家上海交通大学安泰管理学院EMBA主任、会展经济研究中心执行主任过聚荣博士。

过聚荣博士告诉记者，会展应急系统是会展危机管理的一个重要部分。"紧急事件"与"突发性事件"大致具有同一的内涵。国际上对突发事件具有代表性的定义是欧洲人权法院对"公共紧急状态"（Public Emergency）的解释，即一种特别的、迫在眉睫的危机成危险局势，影响全体公民，并对整个社会的正常生活构成威胁。"紧急事件""突发事件"同属于一个概念范畴。"Emergency"在英文中的含义是指"突如其来出乎意料的事故或情况，必须要刻不容缓地采取行动"。

在会展过程中出现紧急事件、紧急状态后，建立什么样的方式和方案来对应的体系被称之为"会展应急系统"；按照危机的生命周期阶段特征实施针对性管理。其视角是结合时间序列加以分析，也即在危机发生发展的每一阶段制定相应战略。危机管理有四个基本特征:预警防范、快速反应、公共沟通、恢复学习。

国外应急系统虽然有值得我们借鉴的地方,他们更多的是对一些人为因素造成的危机和情况有一定概率的预计和防备,但涉及的自然灾害所波及的突发性事件却是人类很难抵挡的。

我国也有很多类似的成功经验和失败教训,应急系统所要应对的是一种不确定因素,属于未知的、或者未来发生的事情。从理论上讲,我们应该用"肯定会出现"的心理和态度去面对。但是我国展览人大多对风险和危机的认识不足,其根源来自于人们的侥幸心理。毕竟,大多数危机情况的出现概率非常低,尤其是自然灾害等天灾的发生。作为主办方或组委会,在组展和办会议的过程中,可能会出现诸如展会"无法达到预期效果"、会议中"重要嘉宾"没有到位等令人头疼的问题,如何避免被市场定位为"垃圾展"或者"骗展",都可以纳入会展危机管理的范畴之中。尽管有些"垃圾展"不会造成人员的伤亡。但是,它对会展品牌的损害却是巨大的。对危机的认识正如俗话所说:一朝被蛇咬,十年怕井绳。只有真正经历过,并付出惨重代价,才会加以重视。

过聚荣博士认为,每一个大型的活动中的每一个环节都可能出现问题,小到一个人摔倒,大到自然灾害的应对,尤其在会展活动中的布展和撤展过程中(包括展览期间提供的食品)存在许多紧急情况出现的可能性。在活动组织过程中,成立危机管理小组,及时进行通报信息,集思广益,商讨处理措施方案。危机管理小组成员由活动中的不同角色中的代表者组成,出现问题的时候,作为领导者知道指挥点在那里,通过何种方式进行通信,以求用最快的速度对突然发生的事件作出最有效的反应,从而取得解决问题的办法,将各种风险和损失降至最低。

过聚荣博士说,他更倾向于以危机管理的视角来对待会展活动中紧急事件。所谓"危机"实际上就是危险和机会并存,危险有可能转化成机会,关键在于是否能在适当的时机做出正确的抉择。危机管理的重要特征在于危机公关。危机公关是当组织在事件中遭遇信任、形象危机或某项工作产生了失误时,组织通过一系列的活动来获得社会大众的谅解与理解,进而挽回影响的一项重要的危机管理工作,其目的是将现在的风险转化为组织未来发展的机会。危机形式的发展进程同样也是一个动态、变化的过程。与公众的沟通可以唤起社会对危机管理行为的支持。过聚荣主任认为危机公关的发言人应完成四项基本任务,即在公众面前表现自然、有效回答问题、清晰的表述危机信息以及能处理复杂问题。通过向本组织内部和利益相关者各方面及时通报信息,防止各类谣言的蔓延,消除破坏作用。

很显然,一个有效的危机处理,会提升参展商、观众等各方面对活动的举办方和组织方的信心,增强信赖度。那么,危险和机会转化的过程就为品牌的提升创造了机会。

案例分析

1. 当会展项目在实施过程中出现危机事件,与计划出现重大偏差时,应如何应对?

2. 会展项目实施过程中,出现哪些情况可以用危机管理的方法进行控制?

(资料来源:中外会展网)

项目 5
会展项目财务管理

【知识目标】

- 了解会展项目财务管理的目标与内容
- 熟悉会展项目财务预测的方法
- 学会利用本量利方法预测会展项目财务利润
- 熟悉会展项目财务预算的内容
- 学会编制会展项目财务预算
- 熟悉会展项目资金筹措的方式
- 熟悉会展项目费用控制

【技能目标】

- 能够为简单的会展项目(如小型会议)预测利润
- 能够为简单的会展项目(如小型会议)编制财务预算方案
- 初步具备应收账款管理的能力

【学习重点】

- 会展项目财务预测的方法
- 会展项目财力预算的编制
- 会展项目财务控制的方法

【学习难点】

- 会展项目财务预算的编制

【案例导入】

洛杉矶奥运会是 1896 年奥运会创办以来首次由民间承办的运动会,既无政府补贴,又不能增加纳税人负担,加之美国法律还禁止发行彩票,一切资金都得自行筹措。而在此之前,奥运会的开支是巨大的,如 1972 年,慕尼黑花了 10 亿美元;1976 年,蒙特利尔花了 20 多亿;而 1980 年,莫斯科竟花了 90 多亿美元。筹委会主席尤伯罗斯领导这个委员会"白手起家,广开财源",采取了如下主要措施:与企业集团订立资助协议;出售电视广播权和比赛门票;压缩各项开支,充分利用现有设施,尽量不修建体育场馆;不新盖奥林匹克村,租借加州两座大学宿舍供运动员、官员住宿;招募志愿人员为大会义务工作等。本届奥运会的支出总预算为 4.5 亿美元,以各种经营方式收支相抵尚可盈余 1.5 亿美元。但据 1984 年 12 月 19 日洛杉矶奥运会组委会公布的材料,盈余为 2.5 亿(一说 2.15 亿)美元。

案例分析

洛杉矶奥运会是如何在政府没有投入的情况下成功举办的?

任务 1 确定会展项目财务管理的目标与内容

会展项目在生命周期的不同阶段,资金的形态会发生变化,从而形成资金运动。会展项目运行过程中客观存在的资金运动为财务活动,体现的经济利益关系为财务关系。会展财务管理就是会展项目组织者组织财务活动、处理财务关系的管理工作。

5.1.1 会展项目财务管理目标

会展项目财务管理的目标是指在特点的理财环境中,通过会展项目组织的理财活动所要达到的目的。它是会展项目组织开展一切财力活动的基础和归属,应与项目组织的总目标保持一致,也是评价会展项目经济效益的基本标准。

1) 以利润最大化为目标

利润是衡量会展项目经营成果和项目管理水平的重要指标,是会展企业经营活动追求的目标。商业化运作的会展项目,多是以利润最大化为财务管理的目标。

2) 以外部效益最大化为目标

会展项目的外部效益,是指通过会展项目的实施对会展企业未来经营环境的改善程度,包括市场资料的获取、企业商誉的提升、未来产品销量的增加、潜在客户的增加等内容。许多企业举办的庆典活动,旨在推广企业,提高企业的影响力。

5.1.2 会展项目财务管理的内容

会展项目的财务活动包括投资活动、筹资活动、资金营运活动和分配活动。会展项目的财务关系主要包括以下几个方面:会展项目投资者与组织者之间的财务关系;会展项目组织者与债权人之间的财务关系;会展项目组织者与政府之间的财务关系;会展项目组织与会展企业之间的财务关系;会展项目组织内部职工之间的财务关系。

整个会展项目的财务内容就围绕财务活动的开展与财务关系的处理展开。

1) 投资

投资是指会展项目组织者为项目正常开展进行资金投入的活动。如为举办体育赛事兴建体育场馆。在投资活动中,投资规模的大小与多少要和会展项目的规模结合起来,由于会展项目是一次性的项目,投资的固定资产价值高,特别是不动产,要充分考虑项目后的使用效率,尽量提高利用率。例如99世博会建设的昆明世博园现在是云南一个著名的旅游景点。

2) 筹资

筹资是指会展项目组织者为满足项目投资和资金营运需要,筹集所需资金的行为。要考虑筹资的数量、筹资的方式和时间进度。不同的会展项目,资金筹集方式不同。一般情况下,中小型会展项目主要通过会展公司自身的经营积累和项目的收入来解决项目运营的资金问题;大型会展项目由于资金需求巨大,还需要通过政府和企业资助、银行借贷等多种方式筹措资。财务管理就是要选择合理的筹资方式,以最小的资金成本筹集到会展项目所需要的资金。

3) 资金营运

会展项目在运行过程中,会发生一系列的资金收付行为,包括资金耗费和资金回收。以展会为例,收入主要包括展位收入、门票收入、会务费收入、赞助收入、设备出租收入以及提供劳务收入等;支出包括市场开发费、会展营销费、场馆租金、展览布置费、承包商费用、交通运输费、通信费和人员工资与津贴等。会展项目组织者需确定营运资金的管理策略,主要从以下几个方面进行管理。

（1）应收账款的管理

许多会展项目通常是在实施期间才能获得收入,如会议项目一般是参会者到会后才交纳会议费;展览项目一般参展商事先只预付定金,在会展提供时或结束时才支付尾款,甚至有时会拖欠。这导致在项目持续期间应收账款的形成。应收账款减少了项目的现金流入量,增加了管理成本,并且会给会展项目带来财务风险。

应收账款的管理就是要缩短它的占用时间,减少发生坏账的风险。值得注意的是,虽然应收账款会增加资金成本,但采用应收账款政策能吸引参会者和参展商,扩大会展项目的规模,从而增加会展项目的收入,所以不能一概否定,需要制订合理的应收账款管理策略。

①加强应收账款回收的监督。会展项目的应收账款发生的时间长短不一,有的在信用期内,有的超过信用期。一般来说,逾期时间越长,收款难度越大,发生坏账的风险也越大。应收账款回收的监督管理即是对每一项应收账款的发生时间、回收情况、金额大小、信用期内、超过信用期和超过的时间多少、发生坏账的可能性等进行监督与管理。

②确定信用标准。信用标准是客户获得商业信用所具备的最低条件。会展项目组织者可对客户的信用资料进行调查分析,确定一组具有代表性、能够说明其付款能力的指标,如应收账款平均收款天数、赊款履约情况等,所以应制定严格的信用审批制度,最大限度地防止客户拖欠账款。

对给予信用条件的客户考虑具体的信用条件。信用条件是指接受客户信用时对方提出的付款要求,主要包括信用期限、折扣期限和现金折扣率等。信用条件的基本表现形式如"2/10,n/30",意思是:若客户在 10 人内付款,可以享受 3% 的现金折扣;如果放弃折扣优惠,则全部款项必须在 30 天内付清。这里,30 天为信用期限,10 天为折扣期限,3% 为现金折扣率。

③制订收款政策。收款政策是对客户违反信用条件,拖欠甚至拒付账款所采用的收账策略与措施。当账款被拖欠后,首先分析现有的商业信用标准与审批制度有无纰漏;其次对客户的资信等级进行调查与评价,将信用品质差的客户删除,并对其拖欠的款项进行催收,态度可以渐加强硬直至提出警告,最后向法院提起诉讼。对信用记录正常的客户,通过去电、去函或人员见面的方式进

行协商,沟通交流,达成谅解。须注意的是任何收款政策都是有成本的,所以我们在制订应收账款政策要把握好度,政策过宽,会导致客户拖欠账款;政策过严,催交过急,又可能伤害无意拖欠的客户,影响会展项目收入。

（2）应付账款的管理

应付账款是会展项目组织者应支付给商品供应商或服务提供者的款项,它是一种资金耗费。会展项目组织者可在不影响自己商业信用的前提下推迟应付账款的支付时间。在没有现金折扣的情况下,这种方式没有资金成本,是会展项目一种较好的筹资方式;如果有现金折扣,就要分析资金周转情况和放弃现金折扣的代价,通过比较最终作出决策。

（3）现金的管理

会展项目前期需垫付大量的现金,为保证会展项目的顺利开展,应在前期通过各种措施进行资金筹措。并且在整个项目持续期间,根据项目所处阶段的需要量对现金进行安排,预防各种不测因素的影响,保证现金的供给。另外,对于周期长的会展项目,在现金充足的情况下可将暂时不用的现金进行投资活动,以取得更大的利益。但进行投资应充分考虑投资的风险,避免造成投资损失,影响项目的正常进行。

4)分配

会展项目组织者通过举办会展项目取得收入,实现资金的增值。全部收入在补偿成本费用和交纳税金后,还应将剩余的收益在投资者之间进行分配。会展项目组织者要依据法律的有关规定,确定合理的分配方式和分配金额。

5.1.3　会展项目财务管理的程序

1)规划和预测

根据会展项目的目标与规划,结合对未来形势的预测,来建立会展项目财务的目标和规划。

2)财务决策

按照会展项目的财务目标要求,利用专门的方法对各种财务方案进行决策。例如某会展项目组织者举办一项影响较大的博览会项目,筹集资金方式有多种方案,可向政府争取拨款、可向社会拉赞助、可销售展位和进行组合筹资,财务决策就是要从制订的多个方案中选取最优方案。

3）财务预算

根据所预测的会展项目规模、收入和支出情况,编制财务计划。

4）财务控制

对预算和计划的执行情况进行监督、调整和控制,以保证预算的实现。

5）财务分析、业绩评价与激励

对会展项目的财务成果进行分析,评分相关责任人并进行奖励与惩处。

【知识延伸】

上海世博会运营目标

上海世博会运营的总体目标:安全、便捷、和谐。上海世博会运营的具体目标:一是吸引 7 000 万人次参观者,实现 60 亿元门票销售收入;二是确保园区安全、有序、协调、稳定地运行,不发生重大的责任事故;三是用主题理念指导园区运营,为参观者提供便捷、优质的服务,使其感受美好的生活;四是为参展者提供宾至如归的系列服务和帮助;五是充分利用科技手段,努力实现科学运营、数字世博;六是勤俭办博、廉洁办博,保证运营收支平衡、略有盈余;七是实践文明行动,大幅提高市民文明素质,进一步提高我国的国际形象和地位;八是创办一届规模大、质量高的跨国界、多民族、全人类的经济、文化、科技交流盛会。

（资料来源:http://www.51766.com/zhinan/11010/1101093676.html）

任务2　会展项目财务预测方法

5.2.1　会展项目财务预测的内容

预测是用科学的方法,根据过去和现在推测事物未来发展趋势。预测是编制预算的基础,准确的财务预测是保证会展项目项目成功的前提。会展项目财务预测主要包括以下几个方面。

1) 规模的预测

会展项目的规模预测是对参会人数、参展商数量和展览面积、出席活动人数等所做的预测。规模预测是收入预测与支出预测的基础。规模预测一般通过分析历史数据、市场调查、发放邀请函和收到回执等方式综合确定。

2) 收入的预测

根据会展项目的规模以及收费项目、收费标准来预测收入。

3) 成本的预测

根据会展项目的规模,依据掌握的经济信息、历史成本资料以及成本与各种技术经济因素的相互依存关系,采用科学的方法,对会展项目未来成本水平及其变化趋势做出的科学推测。

4) 财务风险的预测

预测由于资金不到位导致会展项目工作受到影响的可能性。

5.2.2　预测的方法及在会展项目中的运用

1) 预测方法

(1) 定量预测方法

定量预测方法是根据历史资料与影响因素之间的数量关系,建立数学模型来预计推断未来的各种预测方法的统称,包括趋势预测方法和因果预测方法。运用定量预测分析法,需要完备和准确的历史数据,会展项目虽然都是一次性的,但有许多项目都是按时间规律多次举办,如奥运会每4年办1次。我们可以借助以前的数据进行预测和分析。

(2) 定性预测方法

定性预测方法是预测者根据掌握的专业知识和丰富的实际经验,运用逻辑思维方法对未来规模、收入和成本进行预计推断的各种方法的统称,如专家会议判断法、市场调查法、函询调查法等。这种方法简单易行,适用于缺少完备、准确的历史资料或难于进行定量分析的情况。

实际应用中,一般将定量预测方法与定性预测方法结合应用。即在定量分析的基础上,考虑定性预测的结果,综合确定预测值,从而使最终的预测结果更加接近实际。

2)预测方法在会展项目中的运用举例

会展项目支出名目繁多,特别是大型节事活动,如果成本预测做不好,会导致项目的失败。会展项目的成本与规模、利润之间存在着密切关系,可运用本量利分析方法来进行成本预测和目标利润规划。

3)成本性态分析

成本性态分析是指在明确各种成本性态的基础上,按照一定的方法,最终将全部成本分解为固定成本和变动成本两大类的分析过程。

(1)固定成本

在一定的时间和业务量范围内,成本总额不随会议人数、参展商和参加活动人数变化而变化的成本。但单位固定成本随着业务量的增加而成反比例减少。例如:会展项目中成员的工资、广告费、公共关系费等,在固定总成本一定的情况下,扩大规模能降低单位业务量的固定成本。

(2)变动成本

成本总额随会议人数、参展商和参加活动人数变化而成正比例变化的成本。但单位变动成本却保持不变。例如:交通费、视听设备租赁费、食宿费等,只有降低单位变动成本,才能降低总变动成本。

(3)总成本

会展项目总成本等于固定总成本加变动总成本。

会展项目所涉及的支出内容繁多,有些是固定费用,有些是变动费用,而有些则是混合费用。而且同样的费用在不同的会展项目中性质不一样,例如:租赁费,对于租赁会议室来说,一般是固定费用,但对于租赁视听设备来说,一般是变动费用。运用本量利分析法,我们事先都需要采用一定的方法将混合成本进行分解。

4)案例——会展项目保本点的预测

保本点又称盈亏平衡点,当会展项目处于保本点时,企业没有利润或利润为零,处于不亏不盈状态。会展项目保本点预测是要确定会展项目的规模有多大时,该项目能够不盈不亏。

假设某会展项目利润为 R，目标利润为 R'，会展项目规模即业务量为 X、保本业务量为 X'、目标利润业务量为 X''，单位收入为 P，单位变动成本为 V，固定总成本为 F，单位边际贡献为 M，则：

总成本公式为：

$$总成本 = 变动总成本 + 固定总成本 = F + VX$$

利润公式为：

$$利润总额 = 销售总收入 - 总成本 = 销售总收入 - (变动总成本 + 固定总成本)$$
$$R = PX - VX - F$$

目标利润公式为：

$$目标利润 = (实际业务量 - 保本业务量) \times (单位收入 - 单位变动成本)$$
$$R' = (X - X') \times (P - V)$$

保本点业务量公式为：

$$保本点业务量 = 总固定成本 / (单位收入 - 单位变动成本)$$
$$X' = \frac{F}{P - V}$$

达到目标利润的业务量公式：

$$达到目标利润的业务量 = (目标利润 + 固定成本) / (单位收入 - 单位变动成本)$$
$$X'' = \frac{R' + F}{P - V}$$

单位边际贡献公式：

$$单位边际贡献 = 单位收入 - 单位变动成本$$
$$M = P - V$$

案例 1　佳通会展公司举办一个培训会议，收入主要是学员的参会费，每人 800 元；会议场地租金为 10 000 元(可容纳 300 人)，专家讲课费 10 000 元；每人每天食宿费 100 元，会议共 3 天，资料费每人 50 元，交通费用每人平均 50 元，会议项目组成员相关管理费用 10 000 元，前期公共关系费 5 000 元。公司定位的目标利润为 50 000 元，最后实际参会人数有 260 人。

解：

第一，该会展项目保本人数分析：

通过分析开支可知：会议场地租金、专家讲课费、会议项目组成员相关管理费和前期公关费都是固定成本，而住宿费、资料费是变动成本。

$$\frac{X' = F}{(P - V)} = \frac{(10\ 000 + 10\ 000 + 10\ 000 + 5\ 000)}{[800 - (100 \times 3 + 50 + 50)]} \approx 88(人)$$

即该会展项目若参会规模为 88 人可保本，此时项目利润为零。图示法如 5.1 所示。

第二,若该会展项目的目标利润定为 50 000 元,则项目规模应达到:

$$X'' = \frac{R' + F}{P - V} = \frac{50\ 000 + 35\ 000}{800 - 400} \approx 213(人)$$

即该会展项目若参会规模为 213 人时,公司可实现目标利润 50 000 元。

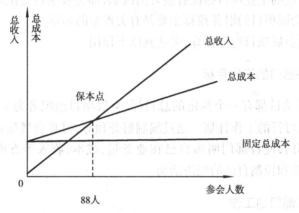

图 5.1 盈亏平衡分析图示

第三,边际利润分析:

当会议人数规模每超过保本点 1 人,单位边际贡献为:

$$M = P - V = 400 \text{ 元}$$

即每超过保本点人数一人,可为该项目带来 400 元的利润。

第四,该会展项目利润预测:

现参加会议人数为 260 人,减去保本点 88 人,剩余 172 人,单位边际贡献为 400 元,则该会展项目利润总额 = 172 × 400 = 68 800 元。

即该会展项目最终实现利润总额为 68 800 元。

以上保本点预测是在会展项目只有一种业务的情况下。在实际工作中,许多会展项目会同时开展多种活动,各种活动有相应的收入与成本,就会需要进行综合保本点的预测。

任务 3 编制会展项目财务预算

5.3.1 编制会展项目财务预算的作用

会展项目全面预算是会展项目组织者为实现既定的目标,将会展项目全部经济活动过程的正式计划用数量反映出来。会展项目财务预算是全面预算的重要内容，是会展项目组织者在计划期内反映有关现金收支、经营成果和财务状况的预算。财务预算包括现金预算、预计损益表和预计资产负债表等。由于会展项目与一般的工业项目相比有显著的区别，即会展项目提供的是会展服务不是产品，故会展项目的财务预算主要是有关现金的预算。

通过编制会展项目财务预算，可达到以下作用。

1) 明确各部门的工作目标

每个会展项目都有一个预定的总目标，会展项目组织者为实现总目标，制订了各种切实可行的工作计划。通过编制财务预算，可将会展项目的总目标分解到各相关部门，使各部门明确自己在业务量、成本、收入等方面应达到的水平，并据以安排和控制自己的经济活动。

2) 协调各部门的工作

会展组织各部门之间具有相对的独立性，这样会造成各自为局的局面，全面预算将全部工作严密组织起来，纳入统一指挥，使各部门相互协调，达到会展项目的总目标。

3) 控制各部门的经济活动

会展项目组织者在实际经济活动中，难免会偏离项目的总目标，为使各部门的工作符合实现会展项目总目标的要求，需要对各部门的经济活动进行分析与控制，而依据就是全面预算。

4) 考核各部门和项目组成员的工作业绩

通过对会展项目各部门和项目组成员的工作进行考核，可以评价其工作业绩，并找出差距，为下一个会展项目积累经验。

5.3.2　会展项目财务预算的内容

会展项目财务预算即财务总预算，是由若干相互联系、相互协调的预算组成的有机整体，是会展项目组织者有效使用资金，并保证预算期支付能力的财务计划的具体化和数量化。会展项目主要包括会议、展览、大型节事活动和奖励旅游，各自的收支组成不尽相同，而且相同类型的会展项目持续的时间长短也不尽相同,例如小型的会议和展览从筹备到结束时间为几天,而大型的会议和展览项目则长达几年。但无论是何种类型的会展项目,财务预算一般都由以下预算组成。

1) 收入预算

会展项目的收入预算主要从主营业务收入、政府资助收入和资源开发收入3方面进行。一般情况下,市场化运作的商业会展项目多以主营业务收入和资源开发收入为主;政府机构主办或支持的项目,多以政府拨款和资源开发收入为主。

不同的会展项目类型,其主营业务收入的来源也不同。例如,会议项目的主营业务是召开会议,其主营业务收入的来源是参会费;又如,展览项目的主营业务是展位的出租,其主营业务的收入来源是展位费收入。

一般情况下,主营业务收入是商业会展项目最主要的收入来源,编制这部分收入预算时,应充分考虑到市场因素对价格的影响,以保证预算的准确性和可靠性;政府资助收入的预算数额一般是固定的,不易出现偏差,编制较为简单;资源开发收入是会展项目组织者充分利用项目的各项有形资源或无形资源,为项目的各方参与者提供其他服务获得的收入,主要包括门票收入、入场费、广告赞助收入、其他服务收入、利息收入等。

2) 支出预算

会展项目的支出预算主要有场馆费用、布展搭建费用、招商招展费用以及行政后勤费用等。会展界一般将会展费用划分为5大类,并根据不同的特点和标准提出分配比例和备用比例。成熟的会展项目的支出预算可以在历史数据的基础上进行,预算的准确度相对较高。新的会展项目则要根据市场调查或者同类项目的市场数据进行测算,需要更多的假设和主观判断,其准确度相对较低。

3) 现金收支预算

现金收支预算包括现金收入、现金支出、现金余缺和资金的筹集与运用4个部分。现金收入部分包括预算期初的现金余额和预算期内的现金收入。现金支出部分包括预算期预计的各项现金支出,以会议项目为例,包括支付会议室租赁费、食宿费、人工费和管理费用等,还包括上交的各种税金,购置设备和支付利息等方面的支出。现金余缺是指全部现金收入与现金支出的差额。收入大于支出,说明现金有节余;收入小于支出,说明现金不足。资金的筹集与运用是指预算期现金不足时如何筹集,现金多余时如何利用,包括向银行借款、偿还贷款、购买有价证券、有关利息支出等。

4)预计损益表

预计损益表反映预算期内会展项目的最终经营成果。

5.3.3 会展项目财务预算编制案例

1)会议项目财务预算的编制

(1)会议收入预算

会议收入主要来源一般包括以下几个方面:

①拨款。由主办单位拨付的专用款项,这是会议的主要收入来源,特别是政府机关组织的会议。

②参会费。由参会者向会议主办者交纳的参加会议的费用。这是会展公司承担会议项目的主要收入来源。

③赞助支出。由赞助商向会议主办方提供的赞助。赞助收入日益成为会议活动的主要收入来源。

④广告收入。在会议举办期间为企业进行广告宣传获得的收入。

⑤参展费。在会议期间举办展览会,从参展商处获得的参展费收入。

⑥提供其他服务的收入。在会议期间为参会者提供其他服务所获得的收入。

(2)会议支出预算

会议支出一般分为固定费用和变动费用。固定费用主要包括管理费用、会议室费用、广告费用、邮资与印刷费、演讲者出场费等;变动费用主要包括交通费用、食宿费用、赠品费用、资料费用等。

案例2 佳信会展公司承办一个国际文化交流会,会议持续时间为4个月。根据市场调查和预测,预计参加该会议的人数月平均为500人。来回交通费用由参会者自理。

收入主要来源:

a.国际组织拨付的专项费用80万元,在会议开始一次拨付;

b.参会费,每人每月800元,预计当月可收到50%,另50%在次月收到;

c.在会议期间,预计每个月可收到赞助费5万元,广告费2万元;

d.为参会者提供特约服务,预计每月可获得手续费为1万元。

支出主要为:

a.会议场地租赁费,预计每月为2万元,需当月支付;

b.管理费用每月需3万元,包括广告宣传费5 000元,公共关系费5 000元,会议管理人员工资15 000元,会议营运费5 000元。除管理人员工资需当月支付外,其他费用均可当月支付50%,下月支付50%;

c.演讲者出场费4万元,平均每月1万元。需当月支付;

d.食宿费每人每月1 000元;交通费每人每月100元;两项费用均当月支付50%,其余在次月支付;

e.获得特约手续费需安排两名工作人员,每人月工资为1 500元,另需发生各种费用每月为500元,均需当月支付;

f.该公司最低现金余额不少于80 000元。暂不考虑企业所得税;

h.专项决策需购进设备250 000元,安排第一个月;另根据根据每月的资金节余情况进行短期投资与借款。

解:

第一,根据该会议项目的收入预测情况,编制公司收入预算如表5.1所示。

表5.1　该会议项目收入预算　　　　　　　　　　　　　　　单位:元

项　目		第一月	第二月	第三月	第四月	合　计
收入小计(1+2+3+4+5)		1 280 000	480 000	480 000	480 000	2 720 000
1.会费收入:		400 000	400 000	400 000	400 000	1 600 000
人均会费收入[元·(人·月)$^{-1}$]		800	800	800	800	800
参会人数		500	500	500	500	2 000
2.拨款收入		800 000				800 000
3.特约服务收入		10 000	10 000	10 000	10 000	40 000
4.广告费收入		20 000	20 000	20 000	20 000	80 000
5.赞助费收入		50 000	50 000	50 000	50 000	200 000
预计现金收入	第1月	1 080 000	200 000			1 280 000
	第2月		280 000	200 000		480 000
	第3月			280 000	200 000	480 000
	第4月				280 000	280 000
	现金收入合计	1 080 000	480 000	480 000	480 000	2 520 000

注:第四个月会费收入的50%计200 000元要到会议结束的下月才能收到。

第二,根据该会议项目支出预测情况,编制支出预算如表5.2所示。

表5.2　该会议项目支出预算　　　　　　　　单位:元

项　目	第一月	第二月	第三月	第四月	合　计
支出小计	613 500	613 500	613 500	613 500	2 454 000
1. 会议场地租赁费	20 000	20 000	20 000	20 000	80 000
2. 管理费用:	30 000	30 000	30 000	30 000	120 000
其中:管理人员工资	15 000	15 000	15 000	15 000	60 000
广告宣传费	5 000	5 000	5 000	5 000	20 000
公共关系费	5 000	5 000	5 000	5 000	20 000
会议营运费	5 000	5 000	5 000	5 000	20 000
3. 食宿费与交通费	550 000	550 000	550 000	550 000	2 200 000
其中:食宿费	500 000	500 000	500 000	500 000	2 000 000
交通费	50 000	50 000	50 000	50 000	200 000
4. 演讲者出场费	10 000	10 000	10 000	10 000	40 000
5. 特约手续费	3 500	3 500	3 500	3 500	14 000
其中:人工费	3 000	3 000	3 000	3 000	12 000
其他费用	500	500	500	500	2 000
预计现金流出　第1月	331 000	282 500			613 500
第2月		331 000	282 500		613 500
第3月			331 000	282 500	613 500
第4月				331 000	331 000
现金流出合计	331 000	613 500	613 500	613 500	2 171 500

注:1. 第四个月的管理费用中的广告宣传费5 000元,公共关系费5 000元,会议营运费5 000元的50%计7 500元到会议结束次月支付;2. 第四个月的食宿费与交通费550 000元的50%计275 000元到会议结束次月支付。

第三,根据该会议项目的收入和支出情况,编制现金收支预算如表5.3所示。

表5.3　该会议项目现金收支预算　　　　　　　　单位:元

项　目	第一月	第二月	第三月	第四月	合　计
期初现金余额		99 000	91 100	82 450	272 550
现金收入预算	1 080 000	480 000	480 000	480 000	2 520 000
现金收入合计	1 080 000	579 000	571 100	562 450	2 592 550

续表

项 目	第一月	第二月	第三月	第四月	合 计
现金支出预算	331 000	613 500	613 500	613 500	2 171 500
主营业务税金及附加	0	26 400	26 400	26 400	79 200
购置设备	250 000				250 000
现金支出合计	581 000	639 900	639 900	639 900	2 500 700
现金余缺	499 000	− 60 900	− 68 800	− 77 450	291 850
向银行借款				60 000	60 000
偿还银行借款					
支付借款利息					
购入有价证券	− 400 000				− 400 000
收回有价证券		150 000	150 000	100 000	400 000
收有价证券利息		2 000	1 250	500	3 750
现金筹集与运用合计	− 400 000	152 000	151 250	160 500	63 750
期末现金余额	99 000	91 100	82 450	83 050	355 600

注:1. 主营税金及附加按每月收入的5.5%计算,一般当月税金次月交纳,第一个月计算税金的收入
不包括上级拨款部分,会议结束后次月还需支付第四个月税金26 400元;2. 有价证券月息为
0.5%;3. 会议结束次月收到应收款后还银行借款;4. 借款月利率为0.8%,会议结束次月月初需
偿还银行借款60 000元和利息540元;5. 借款、购入和出售有价证券在期初,利息收入均在出售
有价证券的当月;6. 本案例没有考虑企业所得税。

第四,根据前面编制的收入、支出预算编制预计损益表,如表5.4所示。

表5.4 该会议项目预计损益表 单位:元

项 目	第一月	第二月	第三月	第四月	合 计
会展项目收入	1 280 000	480 000	480 000	480 000	2 720 000
减:会展项目支出	613 500	613 500	613 500	613 500	2 454 000
减:设备折旧		375	375	375	1 125
减:主营业务税金及附加	26 400	26 400	26 400	26 400	105 600
减:利息费用		− 2 000	− 1 250	40	− 3 210
税前净收益	640 100	− 158 275	− 159 025	− 160 315	162 485

注:1. 设备月折旧率为1.5%,从设备购入次月提;2. 第四月利息包括有价证券利息收入500元和计
提的银行借款利息540元。

第五,总结

根据该会议项目预计的基本资料,我们提前编制了财务预算,从而使会展项目经理能事先预知现金的收支情况,从而安排好资金的筹措与使用,提高资金的利用效率;另通过编制预算,还可预测出该会议项目的财务成果情况,从而为制定收入政策和开支标准提供依据。

2)展览项目财务预算的编制(书中只列举收入与支出项目,编制预算方法与会议项目相同)

(1)收入预算

包括以下项目:广告收入;优惠销售收入;捐款收入;展览会展台租金收入;赠款和合同收入;大型活动票房收入;商业销售收入;注册费收入;赞助费收入;经销商佣金收入。

(2)支出预算

一般来说,会展行业习惯在办展的经验和财务的历史数据的基础上把展览的费用分为了四大板块:设计施工费(展台费用)、展品运输费、宣传公关费、行政后勤费(人员费用),并作出相应的支出预算。有时会展项目为确定盈亏临界点,对费用采用固定费用和可变费用的分类方法。固定费用包括:调研费、许可证费、注册费、新闻费、公关费、广告费、日常管理费、设计施工费、装饰费、现场办公费、展品运输费、展场设备租赁及相关费、工作人员费。变动费用包括:餐饮费、印刷费、服务费、视听设备租赁费、活动节目设计单费、参展人员用品费。

【知识延伸】

2012 年匈牙利"中国出口商品展览会"费用预算表

摊位费	标准:11 500 元/9 平方米	包含:室内标准展位 9 平方米展位展台搭建、展会基本设施、增值税等费用。
报名管理费	2 000 元/摊位	
展品运输费	展品运费以外运公司报价为准。	
人员费	全程随团(10)天	26 000 元/人(国际机票;城市间交通费;人员费:10 天食、宿、公杂)
	展期随团(6)天	18 500 元/人(国际机票;城市间交通费;人员费:包括 6 天食、宿、公杂)
	注:上述人员收费标准为财政部规定的在匈牙利生活费用标准。	

续表

人员管理费	1 000 元/人(邀请函、签证材料,团组管理等,所有参展人员均需交纳)
签证费&保险费	1 500 元/人(因公普通护照、属于北京领区、由我中心统一办理签证)
	(因私护照、自办或我中心代办签证)

3)大型节事活动的收入支出预算(书中只列举收入与支出项目,编制预算方法与会议项目相同)

大型节事活动的收入与支出虽然与会议、展览项目有相同之处,但由于其规模大、参加人数多、媒体曝光度高、影响力大,故收入的来源和方式较多,开支也较广。一些特别大型的项目又可分为若干个子项目,故可对各个子项目进行财务预算的编制。

(1)收入预算

收入预算包括以下项目:广告收入;出售电视转播权收入;赞助收入;接受捐赠收入;票房收入;商业销售收入;注册费收入;投资利息收入;经销商佣金收入等。

例如影响巨大的奥运会收入主要有:出售奥运会的电视转播权;奥林匹克TOP 计划;门票收入;广告收入;捐赠收入;国际奥委会供应商;国际奥委会特许经营权;国际奥委会纪念币铸造;体育彩票、纪念币和邮票权利的转让 9 个方面。

(2)支出预算

支出预算包括以下项目:市场营销费;设备设施购置费;日常管理费;职员或志愿者费用;租赁费;劳务费;运输费;保险费;评估费;注册费等。

5.3.4 会展项目预算的编制方法

1)固定预算

固定预算是指以预算期内某一特定的业务量为依据编制,不考虑预算期可能产生的变动。例如前面编制的会议项目预算,是按出席会议为 500 人的规模来编制。

固定预算是传统的预算编制方法,在现实中运用非常广泛。优点:编制简单,成本较低;缺点:由于会展项目业务量会发生变化,从而使得编制的预算出现偏差,同时影响项目组成员控制成本支出的积极性。

2)弹性预算

弹性预算是指以会展项目在预算期内可能发生的多种业务量水平为基础,分别确定与之相应的成本费用数额而编制的能适应多种业务量水平的预算。

弹性预算克服了传统固定预算编制方法的缺陷,扩大了预算的适用范围,使对预算执行情况的控制、考核、评价都建立在可比的基础上,并避免了由于业务量发生变动而对预算进行的频繁修订。

例如案例2,参会人数可按300、500、800等数量分别编制相应的预算,这样预算的适用范围就比较广。

任务4 筹措会展项目资金的方式

5.4.1 商业赞助

自1928年奥运会的赛场上第一次出现正式的商业赞助——美国可口可乐饮料公司向出征阿姆斯特丹的美国代表团提供上千箱饮料以来,商业赞助已成为会展项目的重要资金来源,会展项目的管理者也越来越重视赞助商的确定、赞助方案的制订和与赞助商接洽等工作。当代企业对参与各类赞助活动的热情和兴趣比以往任何时候都要高涨,各式各样的商业赞助活动渗透到社会、经济和文化生活的各个角落。例如奥运会,如果没有商业赞助,1984年的洛杉矶奥运会就不可能成为历史上第一次走出亏损的奥运会,并获得2.5亿美元的净收入。

1)商业赞助的含义

赞助是企业公关活动形式的一种。它是指企业通过赞助某一项体育赛事、社会或政府活动、艺术项目活动等,并围绕赞助活动展开的一系列营销,从而借助所赞助活动的良好社会效应,提高企业的品牌知名度与品牌形象,以获得社会各界广泛的好感与关注,为企业创造出有利的生存和发展环境。

例如:在1988年汉城奥运会上,三星等韩国大型企业集团充分利用作为东道主的时机,通过商业赞助的方式,向世界推广了其企业品牌形象,为走向海外市场、参与国际竞争打下了基础。

从以上定义可以看出,商业赞助有以下特点:

一是赞助是一种商业行为,不是无偿的捐赠;

二是赞助可以表现为现金支付,也可是非现金的实物或服务;

三是赞助商通过赞助活动,从中得到回报。

2)商业赞助的运作

虽然一些备受全球瞩目的体育赛事如 NBA、世界杯足球赛和奥运会会成为吸引世界一流大众消费品制造商和服务商大笔商业赞助的重要项目,但不是所有的会展项目都能够成功获得赞助,这还需要会展项目组织者精心运作,开展调研,对赞助商进行开发,推销赞助建议书,签订赞助合同,从而获得最终所需赞助。具体程序如下。

(1)进行市场调研

赞助之前都应做好深入细致的调查研究,调查会展项目组织自身的公共关系状况、经济状况、赞助活动的影响、被赞助者的公共关系状况等。在此基础上,研究赞助项目的必要性、可行性和有效性。

(2)开发赞助商

开发赞助商有两种方式:一是社会公开方式;二是内部定向方式。

社会公开方式是指会展项目组织者公开向社会各类企业、机构或个人招标,以获取商业赞助的形式。以这种方式获取的赞助具有不确定性,所获取的赞助取决于会展项目自身的影响力以及能给赞助人带来的商业回报,而且所需准备时间较长,所支付的成本较高。一般来说,影响力较大的会展项目采用这种方式。

内部定向方式是指会展项目根据自身情况,有针对性地选择赞助商,通过商业谈判形式获取赞助并给赞助商相应的商业回报。以这种方式获取赞助一般是与某个特定行业相关,赞助商一般为行业内的领袖,所需准备时间较短,所支付成本较低,但风险较高,因为一旦行业内的领袖企业不愿提供赞助,会展项目的赞助计划就会落空。

(3)推销赞助建议书

赞助建议书是一份有关会展项目具体情况和赞助具体事项的书面材料,包括对会展项目的历史说明、会展项目组织者的资源情况、其他赞助商相关证明材料、本次赞助的基本情况等。

（4）签订赞助合同

这是指就赞助事宜与赞助商进行多轮谈判后签订具有法律效率的合同。

3）商业赞助的原则

（1）相关性原则

所举办的会展项目与赞助企业的产品及促销活动相结合。例如，可口可乐公司赞助奥运会，耐克公司赞助 NBA。

（2）利益互换原则

赞助商赞助的目的是从会展项目活动中获得一定的利益。例如，赞助商通过赞助活动进行市场营销，扩大企业和其产品的知名度。

（3）不等价原则

商业赞助不是一般的市场交换，不需要遵循等价交换原则。赞助商的赞助金额与会展活动的成本无关，赞助商的回报并不是与所投入的赞助金额成比例，有些赞助商会获得巨大的商业回报，有些会没有回报。

（4）市场开发的排他权原则

同层次的赞助商享有不同的市场营销权。赞助商在主办国地域范围内享有市场开发的排他权（包括共同排他权）。

4）商业赞助的类型

（1）按赞助的内容

商业赞助的类型可分现金赞助、实物赞助和混合赞助。

（2）按赞助的形式

商业赞助的类型可分独家赞助和联合赞助。

（3）按赞助的对象

商业赞助的类型可分单项赞助和多项赞助。

5）选择赞助商的标准

会展项目的主办方按以下标准来确定赞助商。

（1）报价因素

赞助商所报的赞助价格越高，说明赞助商越有实力。

（2）资质因素

赞助商必须是行业内领先的企业，有良好的前景和充足的资金支付能力。

（3）品牌因素

赞助商的产品和服务品牌具有一定的市场影响力。

（4）市场推广能力

赞助商在市场营销和广告推广方面具有较强的能力，利用所赞助的会展项目进行市场营销，扩大企业和会展项目的影响。

例如：北京奥组委选择赞助企业时，主要参照企业的资质、品牌、推广能力，是否能够提供充足、先进、可靠的产品、技术或服务等标准来选择，而企业所报的赞助价格，是否有充足的资金支付赞助费用是选择赞助企业最重要的考虑因素。

5.4.2 市场开发

市场开发是指以会展项目的标志、名称、形象等所有知识产权的转让为条件从而获得所需资金、物资、技术和服务的行为。市场开发是大型会展项目的重要收入来源。

例如，北京奥运会举办经费预算为16.25亿美元，其中市场开发承担了经费来源的80%。组委会的市场开发是指，以北京2008年奥运会标志、名称、形象等所有奥林匹克知识产权的转让为条件，获得资金、物资、技术和服务的行为。市场开发的收入主要来源包括9个方面。9个方面涉及市场开发、赞助和捐赠，赞助收入前面已做了详细说明，捐赠收入也是会展项目的一个重要收入来源，与赞助不同的是，捐赠者通常不图求商业回报，但在操作中，捐赠者也会获得较大的商业回报。企业和个人捐赠北京奥运会，国家税务总局还给予相关的减免税优惠政策。

【知识延伸】

长春汽博会的市场开发

长春汽博会是国内三大车展之一，首批市场开发项目包括汽博会门票印制、票面广告招商及门票销售权、汽博会模特大赛承办权、汽博会展场内广告招商权、汽博会会刊印制及广告招商权、汽博会指定运输及展馆服务单位、汽博会美食广场整体招商权、汽博会组委会唯一指定工作用餐供应单位、汽博会指定冷饮服务单位、汽博会组委会各种证卡及志愿者服装赞助、汽博会组委会使用手袋赞助等十个项目。推出的第二批开发项目,包括指定保险公司、汽车销售月承办权、指定产品、指定宾馆、汽博会赞助、指定银行、指定拍卖公司、指定通讯公司、指定通信服务单位、汽博会开幕式文艺晚会承办权、指定交通、旅游服务单位等10个项目。

5.4.3 融资

融资包括借款、发行债券和商业信用等方式。长期借款、企业债券、租赁融资和其他长期应付款,是大型会展项目的重要筹资方式之一,需要办理相关的担保手续。会展项目也可采用商业信用来筹集流动资金,主要通过应付账款、预收账款来实现,且资金成本较低,有时甚至没有,是会展项目一种非常好的资金筹集方式。

总之,不同来源资金可使用时间的长短、附加条款的限制和资金成本的大小都不相同,项目组织者在筹资时不仅要从数量上、时间上满足生产经营的需要,而且要考虑资金成本的高低与财务风险的大小,一般选择最佳的筹资组合,实现财务管理的整体目标。

任务5 会展项目费用控制

为保证会展项目财务预算的顺利进行,应将正确编制的预算指标逐级分解并落实到项目组织的各部门及责任者,并作为逐级考核工作绩效的依据。要达到预期财务目标,必须由项目组织的全体成员参与和努力。作为项目管理者,应以预算为起点,加强管理,强化控制功能,在预算的执行过程中采取一系列控制手段,保证会展项目的顺利进行。

5.5.1 项目费用控制原理和过程

1)项目费用控制原理

项目费用控制就是在项目实施过程中,以项目的费用预算为基准,保证项目在预算或可接受范围内执行,并用于控制预算的变更。项目费用控制原理如图5.2所示。

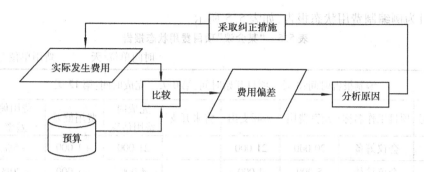

图5.2 项目费用控制原理图

2)费用控制过程

①监控:监控费用执行情况(项目进展报告),查明与预算的偏差及原因。

②记录:确保所有正常的变更在费用基准中准确记录。

③阻止:阻止不正确、不合理或未经核准的变更纳入费用基准中。

④报告:将核准的变更通知相关利害关系人。

⑤控制:采取行动进行费用控制。

需要注意的是,会展项目费用控制须与进度控制、范围控制和质量控制结合起来,单纯地控制费用,会影响会展项目进度与质量,造成不好的影响。

5.5.2 会展项目费用控制程序

1)确定会展项目费用基准

这是指将会展项目按时间段编制的预算,按时间段把估计的费用加起来即可求得费用基准,一般以S曲线表示。前面编制的会展项目支出预算可作为费用基准,是计划工作预算支出。在实施过程中要及时填写费用状态报告,对合理的变更要及时修改预算,将其作为费用控制的依据。

2)实际开支的测量与记录

(1)测量实际进度

了解会展项目各项活动的实际开支;了解各项活动各时间段的实际开支。

(2)记录实际开支

将会展项目实际发生的费用进行记录,得出项目费用状态表。以"某会议"

项目为例编制费用状态报告,如表5.5所示。

表5.5 "某会议"项目费用状态报告

时间单位/天　　　　费用单位/元

编制报告时间:8天 项目开始时间:第0天 完成时间:第12天						
编号	项目工作名称	预算费用	实际支出	将来开支	完成时费用估算	费用偏差	费用偏差率
A	会议筹备	20 000	21 000		21 000	+ 1 000	+ 5%
B	会议接待	5 000	4 000		4 000	− 1 000	− 20%
C	正式开会	50 000	40 000	15 000	55 000	+ 5 000	+ 10%
D	会议参观	30 000	10 000	18 000	28 000	− 2 000	− 6.67%
E	会议结尾	10 000	2 000	7 000	9 000	− 1 000	− 10%
合　计		115 000	77 000	40 000	117 000	+ 2 000	+ 1.739%

3)实际开支和费用基准的比较

将会展项目各项活动实际开支同费用基准进行比较,对活动 A 和 B 在第8天已经完成,其超支情况容易判断,前者超支 1 000 元,后者节约 1 000 元;但其他工作以后的活动不容易判断,因为在第8天,这些活动尚未结束,只有先了解它们已完成的工作量后,才能做出判断。

为此,在第8天,先计算已完成工作量同该活动总工作量的比值 ω 和该活动实际开支同该活动预算费用的比值 b,然后进行比较,ω/b 分别大于1、等于1和小于1时,表示该项活动有节余、符合预算和超支。要计算超支或节余数额,采用挣值法。

挣值法是通过分析项目目标实施与项目目标期望之间的差异,从而判断项目实施的费用、进度、绩效的一种方法,又称偏差分析法。

4)会展项目费用偏差的原因及措施

会展项目费用偏差的原因是多方面的,需要对项目进行定量与定性的分析。一般来说,会有以下几个方面的原因导致超支,不同的会展项目原因也会不尽相同。宏观原因如政治因素、物价上涨、突发事件等;微观原因如工作效率低、管理协调差、沟通不好、执行人没有责任心等。

5) 会展项目费用预算的控制成果

(1) 修改费用预算

(2) 进行预算更新

(3) 项目结尾

(4) 总结教训

本章小结

会展财务管理是会展项目组织者组织财务活动、处理财务关系的管理工作。财务活动是会展项目运行过程中客观存在的资金运动,财务关系是会展项目中参与各方之间的经济利益关系。会展项目财务管理的内容包括投资、筹资、资金营运和分配管理4个方面。投资是指会展项目组织者为项目正常开展进行资金投入的活动;筹资是指会展项目组织者为满足项目投资和资金营运需要,筹集所需资金的行为;资金营运是对资金运动的管理,主要加强对应收账款、应付账款和现金的管理,加快现金的流入和延缓现金的流出,制定合理的信用政策,保证项目各阶段所需要的资金,减少资金成本,有效使用资金获取收益,对增值的资金按国家的相关政策进行分配。

会展项目财务预算是指会展项目组织者在计划期内反映有关现金收支、经营成果和财务状况的预算。财务预算包括现金预算、预计损益表和预计资产负债表等。由于会展项目的特点,会展项目的财务预算主要是有关现金的预算。在编制会展项目财务预算时要根据不同的会展项目类型来编制,因为它们的收入和支出的内容不尽相同,如会议、展览和大型节事活动的收入和支出有较大的差异。预算编制的方法有固定预算和弹性预算,两种方法适用范围不同,弹性预算更能反映会展项目规模的变动过程与预算之间的关系。

会展项目资金筹集的方式主要有商业赞助、市场开发、接受捐赠和融资等方式,各种方式资金成本不同,不同的会展项目筹资的方式也不同。影响大的项目,因赞助商获取商业回报高,容易通过商业赞助筹集到相应的资金,市场开发效果也好。

会展项目财务预算在执行过程中由于各种原因会产生偏差,有的是正常的变更,但有的是异常的波动,需要项目组织者对项目费用进行控制,以达到项目的目标。项目费用控制就是在项目实施过程中,以项目的费用预算为基准,保证项目在预算或可接受范围内执行,并用于控制预算的变更。

【复习思考题】

1. 会展项目财务管理的对象和内容是什么?
2. 如何加强对会展项目应收账款的管理?
3. 会展项目资金筹集的方式有哪些? 各有什么特点与适用范围?
4. 简述会展项目费用控制的必要性?
5. 何为商业赞助,商业赞助的特点是什么?

【实训题】

实训项目一

一、实训组织

以5—8人为一个小组,通过活动,调查一个会展项目的主要收入和支出情况,各小组选举一名同学将本小组的调查结果在会上进行交流,总结会议、展览会的主要收入来源和主要支出项目。

二、实训要求

1. 了解会议的主要收入与支出项目。
2. 了解展览会的主要收入与支出项目。
3. 了解会议与展览会的主营业务收入。

三、实训目的

提高学生对会展收入项目和成本项目的认识。

实训项目二

一、实训组织

以5～8人为一个小组,编制大明展览公司举办的一个会展项目的财务预算,资料如下:大明展览公司拟举办的小型展览项目预计4周,共搭建标准展位100个,每个展位收入为20 000元,展览期每周交纳5 000元;广告收入预计200 000元,展览开始第1周收到50%,结束的第四周收到50%;另为参展商提供家具出租,预计可收入50 000元,展览开始时交50%,次周交50%;会务费收入每人400元,展览开始时交纳;现展位已出售75%。该公司为搭建展台支付各种材料与人工费1 200 000元,在展览开始的第二周交纳;租用场地租金400 000元,在展览开始时交纳50%,结束时交纳50%;公共关系费120 000元、管理费80 000元(包括人员工资、住宿和出席人员的相关费用)、广告制作费20 000元,这3项费用按平均数每周支付;参会人员餐费每人120元,展览会结束时一并向饭店支付。该公司全部收入按6%的综合税率上交税金,于项目全部结束次周缴纳。

二、实训要求

1.计算该展览会项目的保本业务量,即有多少人参会(缴纳会务费的人数)能保本?

2.若参加会人数为300人,请编制该展览会4周的财务预算(收入预算、支出预算、现金预算和预计损益表)。

三、实训目的

1.训练学生预测保本业务量的能力。

2.训练学生编制固定预算的能力。

【案例回放】

2006杭州世界休闲博览会商业赞助实施办法

为了激发社会各界关心、参与和支持2006杭州世界休闲博览会,规范2006杭州世界休闲博览会(简称"休博会")的赞助行为,维护休博会和赞助人双方的合法权益,根据有关法律和《2006杭州世界休闲博览会规章》,制订本办法。

第一章　赞助的适用

第一条　本办法适用于直接赞助给休博会,赞助接受者为2006杭州世界休闲博览会组委会(执委会)办公室(简称"休博办")。

第二章　赞助的形式

第二条　资金赞助可以是人民币,也可以是中国各商业银行可以存兑的外币。外币与人民币的货币兑换必须通过中国的银行进行。

第三条　实物赞助

1.必须是休博会所需要的,且符合该物品的国家质量标准。

2.赞助的实物以该产品的出厂价或市场价孰低的原则确定价值。

3.赞助实物的包装、运输、安装等均由赞助人负责。

第四条　其他赞助

1.企事业单位在正常的经营活动中,根据协议约定免费为休博会提供劳务服务的,以其免费金额作为赞助额。

2. 企事业单位把其正常出租经营的场地经过协议约定免费提供给休博办统一安排使用的,以其免费金额作为赞助额。

第三章 赞助的确认

第五条 休博办验证赞助人资信情况后,与赞助人签订赞助协议,明确赞助的形式、金额、交付方式与回报方式,明确双方的权利与义务。

第六条 资金赞助以到账实收的金额为准,实物赞助以双方确认并经休博办验收签证的价值量为准,其他赞助以协议约定的交付验收办法为准。

第四章 商业赞助的回报

第七条 赞助人有权按协议约定获得相应回报。

第八条 对赞助人的回报不得违背国家有关法律法规,不得损害他人的合法权益,不得损害休博会的声誉。

第九条 回报以提升赞助人的社会形象为主要目的,以授予荣誉和给予宣传为主要形式。

第十条 回报形式包括冠名、授牌表彰、给予休博会专用标志使用权、全国或省市主流媒体广告宣传、休博会主要场馆环境宣传、杭州市户外广告宣传、赠送休博会相关项目门票等。

第十一条 赞助回报根据赞助额度分档次进行,具体条款由双方协商确定。

第十二条 商业赞助通过代理机构进行的,部分赞助回报可由代理机构负责承担,具体办法可在合同中约定。

第十三条 商业赞助通过休博会组委会(执委会)办公室安排给项目或子项目的,项目或子项目必须提供和落实回报资源。

第五章 商业赞助的管理

第十四条 欢迎社会各界对休博会的赞助支持,赞助人可以是企事业单位、社会团体、个人等,但不接受社会信誉低下者的赞助及休博会不需要的赞助。

第十五条 未经休博办同意,任何人不得以休博会的名义吸收赞助。

第十六条 经休博办正式授权,境内外企业可作为商业赞助代理机构,在授权区域和范围内,依照委托合同的要求凭授权书开展商业赞助代理工作;休博办按协议支付代理机构根据征集赞助款总额的一定比例计算的代理费。

第十七条 休博办直接受理的赞助事项,由休博办与赞助人签署赞助合同。代理机构受理的赞助事项,由休博办、代理机构与赞助人签署赞助合同。赞助人有特殊要求的另行商定。

第六章 其他

第十八条 以上条款适用于直接赞助给休博会,赞助接受者为休博办,赞助资金进入休博办指定账户;给休博会项目或子项目提供商业赞助,赞助接受者为项目具体承办单位的,不适用以上条款。

第十九条 鼓励并支持休博会各项目单位依法有序地开展吸收商业赞助的活动,但必须以项目承办单位自身的名义进行,并须规范赞助中的财务管理工作,制止违反有关法规、损害赞助人和受益者权益的行为。

第二十条 未经休博会项目主办、承办单位同意,任何单位不得以休博会项目名义接受赞助。

第二十一条 休博会项目或子项目直接接受商业赞助的,项目或子项目承办单位应按协议约定用自身资源提供回报;直接接受休博会资助同时又接受社会商业赞助的休博会项目或子项目承办单位,应将吸收赞助情况报休博办备案。

第二十二条 本办法自公布之日起执行,并由组委会办公室负责解释。

案例分析

1.赞助的形式主要有哪些? 请举例说明?

2.对赞助人的商业回报应注意些什么?

项目6
会展项目组织与团队建设

【知识目标】

- 了解常用的会展项目组织机构类型
- 熟悉常用会展项目组织机构的特点与适用范围
- 学会根据各类会展项目的特点选择相应的组织机构类型
- 学会组建高效会展项目团队的方法
- 学会编制会展项目人力资源计划

【技能目标】

- 能够为简单的会展项目(如小型会议)设置相应的组织机构
- 初步具备团队建设的能力
- 能够为简单的会展项目(如小型展览会)编制人力配备计划
- 初步具备会展项目经理的基本素质和能力

【学习重点】

- 常用会展项目组织机构设置方法
- 高效团队建设与激励方法
- 会展项目人员配备方法

【学习难点】

- 会展项目组织机构的选择
- 会展项目高效团队的建设

【案例导入】

中国政府成立中国 2010 年上海世博会组委会(简称组委会),作为全国筹办上海世博会的领导机构;组委会下设执委会,作为组委会具体工作的执行机构;执委会的日常办事机构是上海世博会事务协调局。世博会中国政府总代表负责与世博会直接相关的国际联络事宜。上海世博土地储备中心(上海世博土地控股有限公司)负责世博会所需用地的储备、开发、租让、回收和后续利用。上海世博(集团)有限公司负责世博会场馆建设、会期管理、场馆后续利用。上海世博会运营有限公司主要负责世博运营期间的各项工作。

(资料来源:展会网[www.1131.cc])

案例分析

中国举办大型会展项目采用的组织机构有何特点?

任务1 建立高效的会展项目组织机构

6.1.1 会展项目组织的类型及特征

会展项目的组织结构问题包含两层含义,一是举办会展项目的组织结构,二是具体负责实施会展项目的管理团队的组织结构。前者的组织结构会影响具体负责会展项目的团队和项目经理的工作,特别是项目经理调用组织内部资源的能力。例如,北京奥运会,举办的组织机构是中国政府,而负责具体实施的组织机构是北京奥组委。本项目阐述的会展项目组织主要是实施会展项目的管理团队的结构。

会展项目组织具有以下特征:

第一,项目组织目标单一、工作内容庞杂;

第二,项目组织是一个临时性机构;

第三,项目组织应精干高效;

第四,项目经理是项目组织的关键。

6.1.2 会展项目组织结构设置原则

会展项目组织是保证会展项目正常实施的组织保证体系。就会展项目这种一次性任务而言,项目组织建设包括从组织设计、组织运行、组织更新到组织终结这样一个生命周期。项目管理要在有限的时间、空间和预算范围内将大量物资、设备、信息和人力组织在一起,按计划实施项目目标,必须建立合理的项目组织。在设置时,应遵循以下原则:

1) 目的性原则

项目组织机构设置的根本目的,是为了产生组织功能去实现项目目标。从这一根本目的出发,就应因目标设事,因事设岗,因职责定权力。

2) 精干高效

会展项目组织是一个临时性组织,项目结束后就要解散。因此,项目组织应精干高效,力求一专多能,一人多职,应着眼于使用和学习锻炼相结合,以提高人员素质。

3) 项目组织与企业组织一体化原则

项目组织往往是企业组织的有机组成部分,企业是它的母体,项目组织是由企业组建的,项目管理人员来自企业,项目组织解体后,其人员仍回到企业,所以项目的组织形式与企业的组织形式密切有关。

4) 管理跨度原则

管理跨度也称管理幅度,是指一个管理者直接管理的下属人数。管理跨度越大,管理者需要协调的关系就越多,反之,就越少。另管理跨度的大小决定了管理层次的多少。在组织规模一定的情况下,管理层次与管理跨度成反比。因此,应根据会展项目负责人和班子成员的能力与项目的大小进行权衡。

5) 系统化原则

由于会展项目在实现的过程中,不同专业、工作任务之间存在着大量交叉,这就要求项目组织要形成一个有机整体,防止职能分工、权限划分和信息沟通相互矛盾或重叠。

6) 及时更新原则

会展项目的阶段性和一次性必然带来任务量、资源配置种类和数量的变化。这就要求组织结构随之调整、及时更新,以适应会展项目活动内容的变化。

7) 与项目母体组织一体化原则

项目、项目班子人员一般都从属于某个组织,即使项目班子本身是一个独立的组织,也会受到建立该项目的母体组织或多个母体组织的影响,带有其脱胎出来的母体组织的痕迹。所以在组织选择时应与项目母体组织一体化或相适应。

6.1.3　了解常见的会展项目组织结构类型及优缺点

1) 职能组织型

该结构呈金字塔形,如图6.1所示。采用职能组织型,将会展项目放在会展公司或政府机构某个职能部门中进行,这个部门是对项目的实施最有帮助或最有可能使项目成功的部门,必要时,其他职能部门提供协助。这种组织形式适合于规模较小、单一专业领域的项目。例如会展公司为某个单位提供庆典用的展台搭建项目可安排在工程部,直接由工程部经理负责。

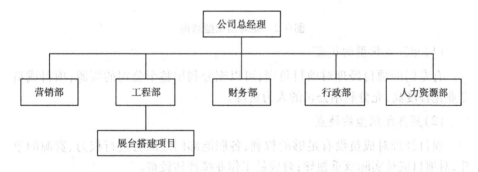

图6.1　职能型组织结构

（1）职能组织型的优点

项目成员可同时从事项目工作和日常工作;同一部门之间容易沟通与协调;专业性强;项目成员发展平台好,归属感强。

（2）职能组织型的缺点

职能部门通常会优先考虑日常工作,降低对项目的重视;与其他职能部门没有正式的沟通渠道,难以取得相应的支持;项目成员会消极对待项目工作;忽视其他部门在项目上的利益。

2)矩阵组织型

这是现代大型项目中应用最广泛的新型组织形式,如图6.2所示。它是职能组织型和项目组织型的结合,将职能组织型的纵向优势和项目组织型的横向优势有效结合起来。采用矩阵组织型,各职能部门中与项目有关的人员被临时抽调出来在项目经理的领导下从事项目工作,这时的成员有两个领导。这种组织形式加强了各职能部门同各项目之间的协作关系。

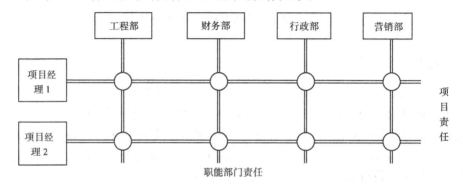

图6.2　矩阵组织型结构

(1)矩阵组织型的优点

有专门的项目经理对项目负责;可以充分利用整个公司的资源;项目成员专业化程度高;充分利用公司的人力资源。

(2)矩阵组织型的缺点

项目经理对成员没有足够的权利;各职能部门之间会进行权力、资源的争斗;对项目成员实际双重领导;对成员工作业绩评估较难。

3)项目组织型

项目组织型是一种独立于其他职能部门之外的、自成体系的项目机构,如图6.3所示。这种组织形式适合于大型会展项目,如奥运会。在这种组织形式中,几乎所有的项目成员都是全职的,各职能部门不直接参与项目工作。

(1)项目组织型的优点

项目经理有充分的权利来管理项目;团队成员职责清晰,精力集中,沟通容易;对项目进行中出现的各种情况易于跟踪和控制,反应速度快;有利于团队建设。

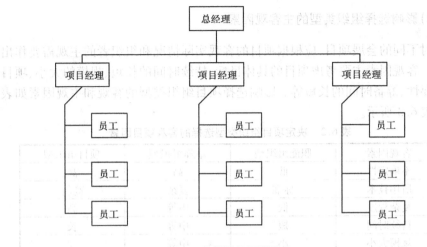

图 6.3　项目组织型结构

（2）项目组织型的缺点

如果一个会展公司有多个项目，会造成各种资源的重复配置；管理成本高；项目组织缺乏稳定性；职能部门没有参与，影响项目的技术水平。

6.1.4　选择高效的会展项目组织结构类型

1）各种组织形式类型特点与适用范围

每一种组织结构形式都有其优点、缺点和适用条件，没有一种万能的、最好的组织结构形式。各种组织结构类型的特点可概括如表6.1所示：

表 6.1　组织结构类型与特点

组织形式　　特征	职能组织型	矩阵组织型			项目组织型
		弱	中	强	
项目经理权限	很少或没有	有限	小到中等	中到大等	很高甚至全权
全职人员工作比例	几乎没有	0～25%	15%～60%	50%～95%	85%～100%
项目经理任务	兼职	兼职	全职	全职	全职
项目经理常用头衔	项目协调员	项目协调员	项目经理	项目经理	项目经理
项目管理行政人员	兼职	兼职	兼职/全职	全职	全职
项目组织的独立性	完全没有	没有	有限	独立	完全独立

2)影响选择组织类型的主客观因素

对不同的会展项目,应根据项目的客观实际情况和组织者的主观需要作出选择。客观因素主要考虑项目的具体目标、持续时间的长短、规模的大小、项目的重要性、筹备时间的长短等。影响选择项目组织类型的客观和主观因素如表6.2、表6.3所示。

表6.2 决定项目组织类型选择的客观项目因素

客观因素	职能组织型	矩阵组织型	项目组织型
不确定性	低	高	高
所用技术	标准	复杂	高新
复杂程度	低	中等	高
持续时间	短	中等	长
规模大小	小	中等	大
重要性	低	中等	高
时间限制	宽	中等	紧

表6.3 决定项目组织类型选择的主观项目因素

主观因素	职能组织型	矩阵组织型	项目组织型
项目经理权限	小	中	大
项目成员的投入程度	中	中	高
资源利用率	好	好	低
项目整合性	中/小	中/小	大
职能部门的支持	大/中	大/中/小	无
反应速度	快	中/慢	快
项目与职能部门的冲突	中/小	大	无

综合各种客观和主观因素后,我们就可以对不同的会展项目选择合适的项目组织类型。一般来说,规模小、专业面窄的会展项目选择职能组织型结构;类似的、大型的、重要的、复杂的会展项目,应采用项目组织型结构;内容差别较大、技术复杂、要求利用多个职能部门资源时,适合选择矩阵组织型结构。

3)案例分析

我们以展会项目为例介绍其组织机构设置的情况及部门工作职责。通常来说,展会组织一般采用职能组织型,在项目经理领导下,划分为以下9个职能部门,并明确各职能部门的工作职责,在工作职责内开展工作,并对项目经理负责。

(1)策划部

策划部是会展组织的主要基础部门,它的主要工作是企业策划与展出策划两部分。企业策划是对整个会展企业形象的策划、组织的包装等;展出策划是制订展览工作方案。

(2)业务部

业务部是会展组织的重要部门之一,企业赢利与否直接取决于业务部的招商业绩。业务部的主要工作是招徕和联系参展商,有些组织又称业务部为招商部。主要工作职责是招展宣传、选择参展商、组织展览团,另外还负责展品运输、展台设计与施工等工作。

(3)市场部

市场部主要负责新闻宣传、广告策划实施、协调与各社会团体或政府的关系等。宣传工作是会展项目成功与否的基础保证,其手段主要是广告与联络。具体工作内容包括:制订年度场馆销售计划;根据市场变化对价格政策的制订和修正提出建议并报请领导批准后执行;负责场馆营销,签订场馆出租合同;执行合同收款;负责有关展览会的报批手续等。

(4)信息部

信息部负责展览会的通信、网络数据的租赁业务以及会展企业信息系统的规划、建设与维护,应用软件及办公电脑、耗材的采购与管理,同时还负责组织内部通信系统及网络的建设与保障工作等。

(5)管理部

管理部的主要工作包括对展台准备工作的管理,展台后续工作的管理及展会整体评估工作的管理等。

(6)工程部

工程部负责会展组织的各项基建工作;展会期间建筑物装饰装修建设和设备设施的维修与养护。

(7)财务部

财务部主要工作是编制会展项目预算,控制项目费用,筹集和运用好资金,使企业获得最佳收益。

(8)人力资源部

人力资源部负责会展项目所需人员的招聘、培训、考核、奖罚等工作,保证项目所需的人力资源。

(9)保安部

保安部的主要职责是维护展览现场的良好秩序,确保展会环境安全。

【知识延伸】

北京奥组委机构设置与奥组委各部门工作职能

第29届奥林匹克运动会组织委员会(简称北京奥组委)成立于2001年12月13日,它承担着北京奥运会和北京残奥会各项筹办任务的组织工作。北京奥组委的执行机构为执委会,执委会由主席、第一副主席、执行主席、执行副主席和执委组成。

北京奥组委现下设26个部门。随着北京奥运会筹备工作的全面展开,北京奥组委逐步扩大它的编制,2008年增加到30多个部门。

1.组织机构

北京奥组委

● 北京奥组委各部门

秘书行政部;总体策划部;国际联络部;体育部;新闻宣传部;工程和环境部;市场开发部;技术部;法律事务部;运动会服务部;监察审计部;人事部;财务部;文化活动部;安保部;媒体运行部;场馆管理部;物流中心;残奥会部;交通部;火炬接力中心;注册中心;开闭幕式工作部;奥运树部;票务中心;志愿者部。

● 北京奥林匹克传播公司

● 北京奥运新闻中心

● 北京市人民政府"2008"工程建设指挥办公室

● 青岛奥帆委

2.北京奥组委各部门工作职责

秘书行政部:负责组委会与政府部门和京外赛场城市的协调联络工作,负责组委会内部的行政管理,负责北京奥运会城市运行的协调工作。

总体策划部:负责北京奥运会和北京残奥会总体工作计划的编制、调整和项目管理工作,负责为组委会提供决策服务,负责组织、协调组委会风险管理工作。

国际联络部：负责与国际奥委会、各国家和地区奥委会及奥林匹克大家庭成员的联络和协调工作，并提供相关服务。

体育部：负责北京奥运会和北京残奥会竞赛项目的组织工作。

新闻宣传部：负责新闻发布、记者接待和社会宣传工作，负责组委会网站内容建设和奥林匹克教育工作。

工程和环境部：奥组委负责场馆和相关设施建设及环境保护活动的综合协调主管部门。

市场开发部：负责为北京奥运会筹集资金，实施北京奥运会的市场开发活动，包括赞助计划和特许经营计划，负责国际奥委会的市场开发计划在中国奥委会辖区的实施。

技术部：负责为北京奥运会和北京残奥会提供竞赛成绩、信息、通信及其他必要的技术服务和保障。

法律事务部：负责组委会合同和法律事务管理及奥林匹克知识产权保护工作。

运动会服务部：负责北京奥运会和北京残奥会住宿、交通、注册、餐饮、观众服务和奥运村及场馆运行工作。

监察审计部：北京奥运会组委会监督委员会的办事机构，负责对组委会资金、物资的使用管理进行监督，对工作人员履行职责、廉洁自律情况进行监督。

人事部：负责组委会机构设置和人力资源管理，负责组委会工作人员和志愿者的招募、培训及各项管理工作。

财务部：负责编制和管理组委会总预算、年度预算和会计核算工作，实施北京奥运会财务风险管理、物流管理和物资采购工作。

文化活动部：负责奥林匹克青年营和各项仪式活动以及奥林匹克文化活动的组织和实施工作，负责北京奥运会形象与景观的设计和管理工作。

安保部：负责北京奥运会和北京残奥会期间的安全保卫及维护公共秩序工作。

媒体运行部：负责主新闻中心、国际广播电视中心和场馆媒体中心的规划和运行工作，为注册媒体人员提供工作设施和各项服务。

场馆管理部：奥组委负责协调、推进、落实场馆化管理和赛时场馆运行的职能部门。奥运会筹备阶段，牵头管理、统筹协调各竞赛场馆和非竞赛场馆的场馆化推进工作。奥运会举办期间，协助主运行中心负责各场馆团队的管理运行工作。

同时,负责协调各部门完成场馆从奥运会到残奥会期间场馆运行协调工作。

物流中心:物流中心是为奥运会、残奥会及相关活动提供物资和服务的后勤保障部门。其主要职责是:负责组织制订奥运会的总体物资需求计划,负责奥运会所需各类物资的采购、仓储、配送、追踪、管理、回收和处置。

残奥会部:负责协调制订北京残奥会筹备工作规划、工作方案;协调、督促各部门残奥会筹备工作的进展和落实;负责与国际残奥委会、国际单项残疾人体育联合会和国内残疾人组织的沟通、联络和协调;对各项残奥会专项特殊工作提出指导性意见;协助残奥会相关的各项培训、推广、宣传工作。

交通部:负责北京奥运会和北京残奥会奥林匹克大家庭成员交通服务和交通运行管理工作。

火炬接力中心:负责北京奥运会火炬接力的计划和运行实施,包括传递城市联络、路线编制、火炬手运行、仪式庆典、宣传与媒体、形象与景观、市场开发与品牌保护、安保法律、后勤保障和路上运行。

注册中心:负责北京奥运会和残奥会奥林匹克大家庭成员、残奥大家庭成员及工作人员的注册工作。

开闭幕式工作部:负责制订实施开闭幕式工作计划和组织运行政策;组建奥运会开闭幕式工作团队,保证创意、制作、排练和最终实施的顺畅结合。联系方式:0086-10-66698189

票务中心:负责北京奥运会和残奥会开、闭幕式和体育比赛的票务运行工作,包括门票印制、销售、配送及赛时场馆票务运行工作。

志愿者部:负责北京奥组委前期志愿者、"好运北京"体育赛事志愿者及奥运会、残奥会赛时志愿者的需求分析、招募、培训、管理、后勤保障、表彰奖励等工作;参与组织以志愿者为对象的宣传教育工作;负责"好运北京"体育赛事志愿者和奥运会、残奥会观众服务的规划和组织工作。

任务 2   组建高效的会展项目团队

6.2.1   为什么要组建会展项目团队

会展项目团队成员来源广泛,通常情况下是一些从未在一起工作过的人员组成,与传统的团队相比,具有以下特征:

1) 成员来源的广泛性

会展项目团队成员来源较为广泛,特别是大型会展项目需要多个组织和成员的参与。例如1999年昆明世博会是我国政府承办的第一次国际大型会议;1996年中国政府成立了以国务院副总理李岚清为主任,由云南省政府、外交部、国家旅游局等18个部门参加的组委会,并在昆明设立了组委会的执行机构和云南省政府的办事机构——云南省园艺博览局。

2) 成员工作的双重性

会展项目团队成员多为兼职者,除兼职会展项目的工作外,还有自己本身的工作。如大型体育赛事活动有非常多的志愿者参与,包括医生、科技人员、大学生等。

3) 成员工作的变动性

会展项目团队成员在会展项目周期所处的各个不同阶段变动较大。

4) 经理权利的有限性

会展项目经理对团队成员没有足够的正式行政权力,有些项目团队成员的级别比项目经理高。

5) 团队的临时性

会展项目团队是临时性的,随着会展项目的完成而解散。

6) 时间的短暂性

一些会展项目如中小型会议持续时间短,需要团队成员尽快进入状态。

我们可以肯定的是,如果没有团队建设,则将出现以下情况,影响会展项目的成功。

第一,不可能使来源多样性的团队成员短时间内融合并形成一个整体;

第二,对多样性的团队成员和行政级别高于自身的成员管理难度增加;

第三,临时性项目团队中成员变动大、兼职人员多和项目结束时面临团队成员解散的问题,都会对团队成员的士气有所影响。

鉴于以上情况,决定了会展项目团队建设的重要性和特殊性,会展项目团队建设的目的在于创造团队活力,提高团队的工作效率,完成会展项目目标。

6.2.2 如何组建高效的会展项目团队

1)明确会展项目团队建设目标

会展项目团队是为了实现会展项目的目标而协同工作的一组个体的集合,一个迅速形成的、由具备协作精神的成员所构成的临时性组织。作为团队来说,应包含以下含义,同时也应该将其作为团队建设的目标。

(1)共同的目标

每个组织都有自己的目标,项目团队也不例外,正是在这一目标的感召下,项目队员凝集在一起并为之共同奋斗。对于一个会展项目,为使项目团队工作有成效,就必须在项目开始前明确目的和目标。

(2)合理分工与协作

在目标明确之后,每个成员都应该明确自己的角色、权力、任务和职责,明确各个成员之间的相互关系。在会展项目的实施过程中,每个人的行动都会影响其他人的工作,因此团队成员都需要了解为实现项目目标而必须做的工作及其相互间的关系。在实际操作过程中,项目团队在建立初期就让团队成员明确项目目标和成员间的相互关系,可减少以后在项目执行过程中的误解。

(3)高度的凝聚力

凝聚力指团队成员在项目内的团结与吸引力、向心力。团队对成员的吸引力越强,队员坚守规范的可能性越大。一个有成效的项目团队,必定是有高度凝聚力的团队,它能使团队成员积极热情地为项目成功付出必要的时间和努力。

(4)团队成员相互信任

团队的另一个重要特征就是信任,即成员之间相互关心,相互信任,承认彼此存在的差异,但能够自由表达,通过交流,达到最终的理解与支持。

(5)有效的沟通

团队还应具有高效沟通的能力,项目团队应具备硬件装备,具有全方位的信息沟通渠道,保证沟通直接、高效;另外,团队成员还应具备一定的沟通能力,能交流、倾听、接纳其他队员的意见,并经常能得到有效的信息反馈。

2) 识别会展项目团队建设不同阶段特点与应采取的领导方式

要建设高效的项目管理团队,须先识别项目团队发展的 5 个阶段,项目经理应根据每个不同阶段的特点对项目成员进行领导。作为项目团队成员,则应在会展项目经理的领导下尽快适应工作。

(1) 组建阶段

在这一阶段,团队成员从原来不同的组织调集在一起,大家都以各自的个人目标为主。这时大家通过相互认识,了解别的成员的情况,收集有关项目的信息,弄清项目是干什么的和自己应该做些什么,进行个人的定位,找到自己在团队中的角色。

在组建阶段,项目负责人发挥着重要作用,要向成员介绍项目的背景、目标和任务,构建团队的内部框架,确定团队成员的角色和项目团队与各职能部门的信息联系及相关关系。领导行为主要是组织和指导班子成员的工作,使每个人都对具体活动负起责任。

(2) 磨合阶段

团队成员明确了项目的工作目标以及各自的职责后,开始执行各自分配到的任务。但在实际工作中,各方面的问题会逐渐显露出来,团队士气有所下沉。团队的冲突和不和谐是这阶段的一个显著特点。团队成员之间由于立场、观念、方法和行为等方面的差异而产生各种冲突,人际关系陷入紧张局面。

另外,团队队员也会与周围的环境产生不和谐,如会展项目在运行过程中需要与项目外其他部门协调各种各样的关系,在协调中会遇到各种各样的困难。

在磨合阶段,项目负责人应在团队中树立威信,项目领导和队员都应积极促成冲突的解决,并且认识到协调成员的差异和安定大家的情绪需要一定的时间,应积极有效地引导大家,力求在冲突与合作中寻找理想的平衡。领导行为以支持为主,建立切实可行的行为和工作标准,向成员解释应当做哪些工作,通过反馈激发成员的行为动机。

(3) 正规阶段

经受了磨合期的考验,团队目标更加明确,团队成员之间、团队与项目负责人之间的关系协调。项目团队成员适应工作环境,相互信任,大量地交流传息、观点和感情,合作意识增强。同时项目规程得以改进和规范化,并不断促进新制度的建立。这时项目团队的凝聚力开始形成。

在正规阶段,项目负责人应鼓励团队建立一个创造性的工作模式,尽量减少对工作的指导性,而是给予更多的支持。领导行为以指导为主,并采用措施鼓舞人心,以保持团队发展的势头。

（4）成效阶段

经过前面阶段,团队确立了行为规范和工作方式。项目团队成员积极工作,努力实现项目目标。团队成员有集体感、荣誉感和归属感,信心十足。

项目团队能开放、坦诚、及时地进行沟通,团队成员相互依赖度高。相互的理解、高效的沟通、密切的配合、充分的授权,这些宽松的环境加上队员们的工作激情使得这一阶段容易取得较大成绩,团队精神和集体的合力在这一阶段得到了充分的体现,每个团队成员在这一阶段的工作和学习中都取得了长足的进步和巨大的发展。

在成效阶段,项目负责人的领导行为以委托为主,将工作和相应的权限交给成员,以鼓励队员发挥自己的主动性、积极性和创造性。

（5）解散阶段

随着会展项目的结束,项目团队面临解散,这时团队成员出现不稳定,大家都在考虑自己的将来。这时必须改变工作方式才能完成最后各种具体任务,项目负责人要告诉各成员还有哪些工作需要做完。

在解散阶段,项目负责人最好采用措施收拢人心,稳住队伍,同时,也要考虑成员以后如何安排的问题。

上面介绍了会展项目团队发展的五个阶段和应采用的领导行为,在实际工作中应注意,由于会展项目的特点,通常并没有很长的时间来支持团队的"形成"和"磨合",需要一成立就高效、规范地开展工作,这就要靠两个方面来保证:一是在项目负责人和成员的选拔上,要考虑各自的组织背景、工作经验、职业背景、教育背景、年龄、性格和性别等,对有项目管理教育背景和工作经验的人优先考虑;二是通过灵活、高效的项目团队启动会议,尽快使项目团队进入规范化阶段。

3）为团队创造良好的工作环境与氛围

会展项目团队的工作环境和氛围对于是否能高效地完成项目非常重要。为形成良好的氛围,要增强团队的凝聚力、提高团队成员的士气和解决好工作中的冲突。

（1）形成团队凝聚力

团队凝聚力指团队对每个成员的吸引力和向心力以及团队成员之间人际关系程度和力量。团队凝聚力受项目内部因素的影响，外部因素如外部环境的威胁；内部因素如领导方式、团队目标、奖励方式、团队成员对团队依赖程度等。一个高凝聚力的团队，项目经理的领导风格适应会展项目的实际情况，提倡"参与式"管理，能够充分的授权和恰当的激励方式；项目团队成员相互尊重，具有强烈的事业心和责任感，沟通完全和充分；为成员提供自我发展与实现的平台。

（2）提升团队士气

团队士气就是团队精神，即团队成员愿意为实现团队目标而奋斗的精神状态和工作风气。高志气的团队必须是具有高凝聚力的团队、大家目标一致的团队、具有化解矛盾能力的团队和适应外部环境变化能力的团队。

（3）化解冲突与矛盾

会展项目团队在工作中，由于工作压力大、环境复杂多变和协调工作困难等原因，工作中出现冲突在所难免。冲突可充分暴露问题，激起讨论，澄清思想或寻求新的方案，但若控制不好就会破坏团结、破坏沟通、降低信任。冲突有人力资源、设备、费用、责任、时间规划、管理程序和个性等类型。项目经理依据经验确定解决冲突的方式，常用的方式是协商，其次是妥协，接下来是缓和、强制和退出。但退出是一种临时解决问题的方法，不能根本性地解决问题，应采用多沟通与交流的方法，大家换位思考，力争达成一致，保证项目的成功。

项目负责人为确保团队成员能经常相互交流沟通，可将成员安排在同一办公室，也可举办各种社交活动，还可通过定期召开团队会议等方式。

6.2.3 会展项目团队建设与激励方法

1）会展项目团队建设方法

（1）角色界定法

贝尔宾（Belbin）1981 提出一组 8 人角色，如表 6.4 所示，后来又对角色的名称做了修改。贝尔宾是通过一系列模拟练习得出 8 人角色的，他还证明说，成功的团队是通过不同性格的人结合在一起的方式组成的。另外，成功的团队中必须包括担任不同角色的人。

表6.4 团队角色

角 色	行 动	特 征
主席(协调者)	阐明目标和目的,帮助分配责任和义务,为群众做总结。	稳重、智力水平中等、信任别人、公正、自律、积极思索、自信。
左右大局者	寻求群体讨论的模式,促成群体达成一致,并做出决策。	稳重、智力水平中等、信任别人、公正、自律、积极思索、自信。
内线人	提出建议和新观念,为行动过程提出新视觉。	个人主义、慎重、学识渊博、非正统、聪明。
监测/评估者	分析问题和复杂事件,评估其他人的成就。	冷静、聪明、言行谨慎、公平客观、理智。
公司工人	把谈话和观念变成实际行动。	吃苦耐劳、实际、宽容。
团队工人	为别人提供支持和帮助。	喜欢社交、敏感、以团队为导向、不具决定作用。
资源调查者	介绍外部信息,与外部人谈判。	有求知欲、多才多艺、喜欢交际、直言不讳、富有创新精神。
实施者	强调完成规定程序和目标的必要性,并且完成任务。	力求完美、坚持不懈、勤劳、注意细节、充满希望。

(2)建立统一价值观法

许多人认为,团队建设的核心是在团队成员之间就共同价值观和某些原则达成共识,因此团队建设的主要任务是建立上述共识。魏斯特(West, M. A)提出了达成共识的5个方面,如表6.5所示,并以此作为指导团队建设的原则。

表6.5 达成团队共识的五个方面

明确	必须明确建立团队的目标、价值观及指导方针,而且经过多次讨论。
鼓动性价值观	这些观念必须是团队成员相信并且愿意努力工作去实现的。
力所能及	团队所期望的结果必须是通过大家的共同努力可以实现的。
共识	所有团队成员都支持这一观点是至关重要的,否则他们可能发现各自的目标彼此相反或无法协调,存在根本冲突。

续表

未来潜力	团队共识必须具有在未来进一步发展的潜力。拥有固定的、无法改变的团队共识是没有意义的,因为人员在变、组织在变,工作的性质也在变,需要经常重新审视团队共识,以确保它们仍然能够适应新的情况和新的环境。

(3)任务导向法

以任务为导向的建设途径,强调团队要完成的任务。按照这一途径,团队必须清楚地认识到某项任务的挑战,然后在已有的团队知识基础上研究完成此项任务所需要的技能,并发展成具体的目标和工作程序,以保证任务的完成。

(4)人际关系法

该途径通过在成员间形成较高程度的理解与尊重,来推动团队的工作。

2)会展项目团队激励方法

激励是指驱使一个人做某件事的内在动力。会展项目团队员做出的成绩的多少,既取决于他们的能力,也取决于他们对工作的投入程度,而对工作的投入需要通过有效的激励。下面是两个有代表性的激励理论。

(1)马斯洛的需求层次论

在马斯洛的需求层次论中,马斯洛将人的需求分为 5 个层次,从低到高分别是:生理需求、安全需求、社会需求、尊重需求和自我实现需求,只有较低层次的需求满足后,才会产生更高一层的需求。

根据这一理论,在会展项目团队建设中,项目经理要充分了解团队成员的需求状态,通过相应的激励,充分发挥他们对工作的投入程度。

(2)赫茨伯格的双因素理论

在赫茨伯格的双因素理论中,赫茨伯格把工作因素分成两大类:保健因素和激励因素。保健因素是让人们灰心的因素,如工作环境、工资、安全等,这些因素对激励来说是中性的,但若得不到满足,就变成负激励;激励因素是创造团队成员工作满足感的因素,如责任感、成就感、成长机会、职务晋升等。根据这一理论,在会展项目团队建设中,要充分利用激励因素,如项目经理可在自己权利范围内,为团队成员创造有较大自我发展空间的机会,以此来激励团队成员。

3）建立会展项目团队绩效考核办法

会展项目的成功,是靠团队整体的工作来保证的,是每个团队成员创造的,但若不对个体进行考核,会造成团队成员心理的不平衡,影响大家的积极性,严重的会导致团队的瘫痪。所以需建立合理的、有效的团队绩效考核标准与办法。

（1）建立团队绩效评估体系

团队绩效评估体系包括:

①团队成员个人工作表现考评;

②对团队工作的考评;

③团队在整个组织中的贡献考评。

（2）绩效考核的方法

①业绩考评表:它根据所限定的因素来对成员进行考核;

②目标管理:它是一种潜在有效的考评员工业绩的方法;

③360°评价法:在团队中实施全方位、全过程的评价,调动团队所有成员以及各个方面参与。

并不是组建的会展项目团队就是真正的团队,我们可通过一些标准进行判断,表6.6是判断会展项目团队是否形成真正意义团队的标准。

表6.6　会展项目团队形成的判断标准

序号	团　　队	非团队
1	所有成员具有强烈的团队成员意识,以团队成员的身份为荣,有强烈的归属感。	成员不或者不完全把自己看作其中的一员,成员之间互不认同。
2	所有成员都以会展项目的目标为自身工作的首要目标。	成员之间按特定利益划分成多个小团体。
3	团队成员之间团结合作,彼此尊重,充分交流,信息共享。	成员之间信任度不高,或相互猜疑,不相互信任与沟通,信息不共享。
4	每个团队成员都能发挥自己的作用,并在自己所负责的工作中形成工作的核心角色。	只有少数人担任核心角色。

续表

序号	团　队	非团队
5	成员愿意在自己的权利和职责范围内作出决定和承担责任。	成员害怕承担责任而尽量避免做出决定,一旦遇到问题就上交。
6	所有成员愿意在任何时候、任何地点进行与项目有关的工作,愿意加班,愿意出差。	接受工作讲条件,上下班时间划分清楚。
7	团队成员共同的行为规则和规范。	没有明显的行为规范与规则。

【知识延伸】

如何做一个成功的会展项目经理?

在会展业务中,项目经理"是充满活力的、带来生命力"的元素,他们是会展项目的核心人物,也是项目成功的关键。会展项目经理需要具备下列三种能力:

1.团队领导能力

会展项目经理首先必须是一个合格的团队领导者,他所肩负的责任就是领导团队准时、优质地完成全部工作,在不超出预算的情况下实现项目目标。这就需要会展项目经理必须具备良好的信誉,使项目团队成员觉得他是一个有诚信、有效率、有能力项目经理;他必须具有灵活的人际关系,善于在各团队成员之间和公司各支持部门之间进行协调;有广泛的经营常识(不要精通,但要全面),知道各个团队成员所负责工作的功能和经营管理方法,能够正确确定哪些工作应由团队内部的哪些人员完成,哪些工作应交给承包商完成;有卓越的指导能力,能够协助团队成员解决问题,或者懂得什么时候需要聘请外部专家来解决问题;有高度的学习意愿与创新意图,因为他是团队内部营造创新环境、推动创新观念的关键人物。最后也是最重要的一点是他还必须具备激励团队士气、为团队成员创造工作意义的能力。

2.项目经营能力

很多会展项目经理认为自己是一个执行者而不是计划者,当接受一项任务时,第一个反应就是着手开始解决这个问题。然而在会展经济不断国际化、全球化的今天,会展项目成功必须依靠创新精神与创新能力。因此,项目经理必须有与高层一同研拟策略、设定目标并排列目标优先顺序的能力。项目经理还是会展项目的设计师,他必须正确设定会展主题、精心设计节目。项目经理必须善于着眼于"大画面"的事务,例如项目的生命周期、工作分工结构的开发、管理流程变动的实施,等等。

3. 项目管理能力

要有规划技巧。项目经理进入项目执行之前,首先要制订一份完备的工作进度表,对展前、展中、展后各个阶段,在什么时间完成什么事进行详细的规划,并在项目实施过程中监督执行。会展项目的各项工作是环环相扣的,哪些工作可以"并行",哪些工作必须"串行",哪些工作需要多少资源,都必须认真规划,并在执行过程中做到任务、进度、资源三落实。同时,要知道再完美的计划也会时常遭遇风险,项目经理应该能够预测变化并且能够适应变化,在项目发生变化时能够及时调整。另外还有质量管理能力、合同管理能力、交流沟通能力、国际事务处理能力等。

(资料来源:http://www.showguide.cn/n/20102204.html)

任务3　会展项目人力资源配置

6.3.1　编制会展项目人力资源计划

1)会展项目人力资源管理的基本知识

会展项目人力资源管理是根据项目目标、采用科学的方法,对项目组织成员进行合理的选拔、培训、考核、激励,使其融合到组织之中,并充分发挥其潜能,从而保证高效实现项目目标的过程。项目人力资源管理的内容包括:

第一,量的管理。对项目组织人力资源外在因素的管理,即根据会展项目的目标,进行适当的人员调配。许多大型会展项目时间短、人员用量大,许多岗位除安排正式的工作人员外,还需要大量的志愿者配合工作,例如2000年悉尼奥运会的志愿者达到4.7万人,从组织报名、人员选拔、工作及职业道德培训到工作各环节的管理,都直接关系到项目的成功与否。

第二,质的管理。对项目组织人力资源内在因素——心理和行为的管理,充分调动和发挥人的主观能动性,做到人尽其用。许多会展项目专业性强,需要具有高素质的人员参与。例如,奥运会除需要大量的一般工作的志愿者外,还需要医生、电脑工程师、翻译等专业人员。

项目人力资源与一般人力资源的区别还在于：强调团队精神，在项目人力资源管理中要建设一个和谐、士气高昂的团队；因项目的各阶段人员变动大，人力资源管理具有更大的灵活性。

项目人力资源管理的主要工作包括人力资源计划、人员选聘、人力资源开发。

2）编制会展项目人力资源计划

会展项目人力资源计划是指会展项目组织者，通过科学的预测和分析自己在环境变化中的人力资源供给和需求状况，制定必要的政策和措施，以确保项目在需要的时间和需要的岗位上获得必要的数量、质量和结构的成员，并使组织和个人都能够得到长期的利益，从而实现项目目标的过程。

（1）会展项目人力资源计划编制的原则

①灵活性原则：面向未来，充分考虑项目组织内外部因素的影响。

②整体性原则：以项目总目标为依据，各分部工作都要服从总体目标，同时还要与其他计划相配合。

③双赢原则：充分考虑组织与个人的利益，好的项目人力资源计划能够保证项目组织和个人共同发展，实现双赢。

（2）项目人力资源计划的主要内容

①组织规划：包括选择何种组织结构类型，并确定各单位的分工协作及报告关系，进行相应的权力分配。

②制订人员配备计划：根据项目范围计划、项目进度计划和组织规划，预测出项目在整个实施过程中各阶段所需要的各类人员数量。

③制订团队成员的开发计划：根据项目目标制订的针对项目团队成员的培训计划、绩效考评计划、激励计划等。

④计划的执行与控制：项目组织将会展项目人力资源计划付诸实践，并根据实施结果进行评估与修正。

（3）会展项目人员配备计划

人员配备计划对项目组织来说是一项十分重要的工作，特别是对于大型会展项目，需要的人力资源数量十分巨大，合理的人力资源配备不仅能降低人工成本，而且还能提高项目组织的工作效率。如2000年悉尼奥运会4.7万人志愿者工作的总工作时数达 545 万小时,若折算为人民币价值达 1.1 亿澳元。从事专业业务的志愿者包括医生、翻译、电脑技师、司机等。如何进行如此庞大规模人员的配备,直接关系到奥运会的成功与否。

人员配备计划的内容须根据人力资源总体规划的要求,从而制订出项目在整个实施过程中人力资源配备的规划和安排。在人员配备计划中说明需要多少岗位;每个岗位的职责和具体任务;每个岗位需要的能力、技巧和资格;每个岗位所需人员的获得及配备的具体安排和打算。概括起来,人员配备计划工作主要包括:

①工作分析。工作分析是通过分析和研究来确定会展项目组织中角色、任务、职责等内容的一项工作,包括工作承担者成功完成工作所需的技能、知识、能力。工作分析是人力资源管理的基本工具。表 6.7 列出工作分析可以提供的一般信息。

表 6.7　工作分析提供的信息

职　位	工作职责
展览经理	主要负责指导和管理展商活动,包括销售和促销活动。
展会主管	主要负责展会的计划、组织和管理工作,包括制订预算、选择场地、与场地出租者进行协调以及监督展台销售。
会议主管	主要负责会议计划、组织安排、开发、选址和会议预算,与场地出租者进行协商以及协助演讲人。
一般展会工作人员	协助展览经理的管理工作,向参展商提供服务,包括编制参展商名册和协助展会现场管理。
一般行政管理人员	负责市场营销、登记和审核协会成员资格。
会展策划师	从事会展的市场营销、方案策划、销售和营运管理等相关活动,负责会展项目的市场调研、进行项目立项、招商、招展、预算与运营管理等方案的策划、项目销售以及现场运营管理。
会展设计师	根据品牌特色和客户的要求选展和布展,包括现场观察展位位置,构思展位主题、展览形式,设计制图,安排场地布局,并能现场指导安装人员以及展览礼仪的企划等。

续表

职　位	工作职责
会展项目经理	行业内有多年从业经验的会展项目负责人,主要职责为承接会展项目,负责所承接项目的组织、实施,完成部门下达的创收指标等工作。
会展客户/销售经理	负责国际展会的咨询、销售、后续服务以及相关商务的联系接洽工作。

资料来源:中国会展经济报告

工作分析的最终结果是形成工作说明书与工作规范。工作说明书是工作分析的书面文件,是一种说明岗位性质的文件,包括岗位定义与说明,即每个岗位工作的内容、权限和工作关系等。工作规范主要是根据工作说明书中所规定的岗位职责,说明对担任该岗位工作的人员的特定知识、能力和个性特征等方面的规范化要求。

②选配人员。根据工作分析的结果—职位说明书选配能满足要求的人员。

(4)人员配备计划的方法

①角色和责任分配。项目角色和责任分派给恰当的个人或部门,分派工作应当同项目范围的确定配合起来,并明确各自在组织中的角色、关系的一种方法。这种分派可用矩阵表示。对于大的会展项目,分派矩阵可以分成几个层次编制,例如,高层次上的分派矩阵可规定哪一单位负责工作分解结构的哪一部分任务,而低层次的分派矩阵则用于在部门内部将具体活动的角色和责任分派给具体的人。

例如:某中型会议项目,需要完成的工作任务有:会议票务、会议商务考察、会议签到与入住、会议翻译、展台人员训练、会议保安、会议展览设计、会议订餐服务等,项目团队由8人组成,通过角色和责任分配,将工作分派给每一位团队成员,并明确具体的责任,编制责任矩阵如表6.8所示。

表6.8　某会议项目的责任分派矩阵

人　员 工作单元	刘明	李明	胡军	王大行	刘可	苏方	张林	李佛
会议票务	P		F		R			
会议商务考察		P					R	R

续表

人员　工作单元	刘明	李明	胡军	王大行	刘可	苏方	张林	李佛
会议签到与入住	P		F		R			
会议翻译				P				R
展台人员训练		P				R		
会议保安			P				R	
会议展览设计				P		R		
会议订餐服务		F	P					R

符号说明:P——责任人,F——参与决策人,R——执行者

②人力资源需求曲线。人力资源需求曲线是根据项目时间和网络图中对各项工作的计划安排,统计并形象表示出各时间段项目所需人力资源数量的曲线。

人力资源需求曲线绘制方法是以时间为横坐标,以人员数量为纵坐标,根据时标网络图中的各项目工作的起止时间及各项目工作所需人力资源数量,统计出各时间段内所需的总人数,并用折线表示出来。

例如:某展览项目包括的工作单元、各工作单元代号、起止时间和所需人员数量如表6.9所示。根据表中内容编制的该展览项目时标网络图如图6.4所示,根据时标网络图中各项工作的起止时间可统计出每个时间段项目所需要的人员总数,做出的人力资源需求曲线如图6.5所示。图6.4中A4(4)表示工作单位代号为A,4表示所需工作时间,(4)表示所需人员数量。

表6.9　某展览项目工作单元及相关资料表

工作单元	代号	起止时间/周	所需人员数量
接洽阶段	A	1~4	4
设计阶段	B	4~5	2
签约阶段	C	5~5	2
制作阶段	D	6~6	3
现场施工阶段	E	6~7	4
展示期间及撤场阶段	F	8~12	10
后续跟踪服务	G	13~13	2

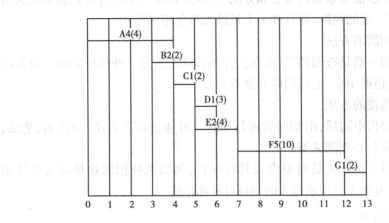

图 6.4　某展览项目时标网络图

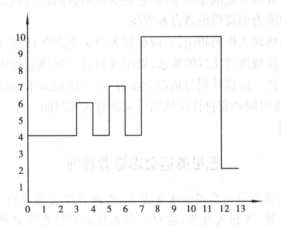

图 6.5　某展览项目人力资源需求图

（5）人员招聘

人员招聘就是通过各种途径和方法获得项目所需人力资源的过程。这项工作的好坏直接关系到项目的成功与否，因为项目所有的工作都是由人来完成的。人员招聘的目标就是要获得项目所需的人力资源。

①人员招聘的途径。

a. 内部招聘：内部招聘是从会展公司或会展项目组织母体内部招聘所需人员。内部招聘的优点是对人员了解全面，准确性高，应聘者可更快适应工作，同时可激励员工士气，成本也较低；但缺点是人员来源局限。

b. 外部招聘：外部招聘是面向社会公开招聘。外部招聘的优点是人员来源广泛,选择面宽,能带来新的思想和方法;但缺点是项目组织者对招聘来的人员不了解,存在一定的风险,而且外来人员进入角色相对慢些。

②人员招聘的方法。

内部招聘一般是查阅档案、发布公告和管理层指定。外部招聘的一般方法是发布广告、借助中介、上门招聘和推荐。

③人员选拔的方法。

应聘者提出申请后,由招聘者进行筛选。可通过以下方法:申请表、笔试、面试、工作模拟、心理测试等。

会展项目在选拔人员时要考虑其特殊性,例如选择招聘途径时可内外结合,对临时性专业人员需求量大的项目可外部招聘。

(6)培训计划

培训是人力资源开发的主要手段,它是保证项目组织的成员具备完成任务所需要的知识和能力而提供的教育和训练。

培训计划是培训工作的指南,它应根据人力资源配备计划、项目进度计划、工作说明书及工作规范等文件的要求,做出项目目标实现过程中对项目组织各类人员的培训安排。培训计划包括以下步骤:评估培训需求;确定培训目标;选择适当方法;安排时间和安排评价培训效果的方式和时间。

【知识延伸】

悉尼奥运会志愿者管理

2000年悉尼奥运会志愿者达4.7万人,志愿者中大学生很多,也有公司职员、家庭妇女、教师、退休人员等,其中一半人从未干过志愿者的工作。政府出资3 600万澳元,设置129个教学点,提供总计100万小时的培训。培训内容分为三个部分:一是奥运知识培训,要求志愿者熟悉奥运历史、理想和精神,悉尼奥运会的特点,会标、吉祥物的含义,等等;二是场馆知识,熟悉场馆的位置、竞赛项目、时间与地点,自己的位置与职责,报告与责任系统等;三是专业技能培训,如赛事口译、安检程序、救护知识等等。

另外志愿者还要进行行为守则和职业道德教育的培训,如规定:从穿上志愿者服装时起,不准在公众面前吃东西,不准随意坐在观众位置上,不准与运动员合影;等等。

每位志愿者的培训时间从十几小时到几十周的时间。这就保证了奥运会对志愿者的需求,保证了奥运会的成功。

本章小结

会展项目组织是保证会展项目正常实施的组织保证体系。会展项目组织建设包括从组织设计、组织运行、组织更新到组织终结这样一个生命周期。会展项目组织结构设置要遵循目的性、精干高效、项目组织与企业组织一体化、管理跨度适度、系统化、及时更新和与项目母体组织一体化等原则。会展项目的组织结构形式通常有职能组织型、矩阵组织型和项目组织型三种,每种形式有各自的优势与弱点,会展项目在选用相应的组织结构时要结合项目的特点进行分析。

会展项目团队与传统团队相比,有自身的特点,在会展项目团队建设中要尽量缩短组建和磨合阶段,尽快进入正式阶段,这就要求会展项目组织者根据会展项目的情况,结合实际采用各种提高团队凝聚力的方式,讲究一定的领导方式。

会展人力资源是项目管理成功的保证,我们要根据会展项目的规模、类型、影响力等因素,选择相应的人员数量与质量,以保证项目的成功完成。人力资源管理包括人力资源计划、人员配备和人力资源开发。人员配备的方法有角色和责任分配与人力资源需求曲线,这两种方法都利用图形进行直观的描述。人力资源开发就是对现有潜在人员能力的挖掘,多采用培训方式进行。

【复习思考题】

1. 会展项目组织的概念及组织设置的原则是什么?

2. 举例说明职能组织型、矩阵组织型和项目组织型三种组织结构的优缺点及适应情况。

3. 简述会展项目团队与传统团队的区别,如何加强会展团队的建设。

4. 简述有效会展项目团队建设的方法与措施。

5. 简述会展项目人员配置计划的内容。

【实训题】

实训项目一

一、实训组织

班级举办一个联欢晚会项目。

二、实训要求

1. 成立项目组织机构并明确职责。

2. 分析该项目工作单元和所需人员。

3. 编制人力资源需求曲线。

三、实训目的

1. 提高学生对项目组织机构重要性的认识。

2. 让学生掌握会展项目人力资源配置的方法。

实训项目二

一、实训组织

将学生进行分组,5~8人一组,任命小组组长,在规定的时间(1至2周)内调查会展公司举办的1~2个会展项目。

二、实训要求

1. 小组在调查时,按团队建设的相关知识发挥各人的最大作用。

2. 调查会展公司在各项目中采用的组织结构类型,并分析总结。

三、实训目的

1. 使学生掌握会展项目常用组织机构及特点。

2. 使学生学会在调查工作中进行团队协作。

【案例回放】

2011年深圳大运会筹委会招聘工作人员简章

近期,深圳市2011年大运会组委会执行局(以下简称执行局)将在深圳市官方网站上开通"大运人才"频道,并建立后备人才库。热情欢迎有志于大运筹办事业的各类优秀人才登录,注册个人信息。

招聘工作人员的基本条件:

——遵守宪法、法律,愿意为2011年大运会贡献才艺和力量;

——具有大学本科及以上学历;

——具有较扎实的外语基础和一定的外语运用能力；

——具有一定的计算机操作能力；

——身体健康；符合招聘职位基本要求的人员。

执行局人力资源部将根据用人需求和拟聘职位的条件要求，严格按照招聘程序，对后备人才库中符合拟聘职位条件要求的人员，组织考试考核，择优聘用。

执行局的主要任务是承担组委会和执委会的日常工作；负责筹备、举办工作的日常组织管理，负责组织、协调有关的对外合作与交流活动，承办组委会、执委会交办的其他工作。

执行局内设综合协调、督查、人力资源、计财、外联、场馆竞赛、市场开发等多个部门，将根据筹备工作进展需要分期分批招聘人员。

执行局对工作人员实行契约管理，所有人员均需签订聘用合同，试用期6个月（试用期包括在聘用合同期内），聘期由执行局确定，最长签至大运会结束后半年。执行局实行岗位工资制度，具体工资分配方案、工资结构和发放形式等由执行局再行制定，报市政府及有关职能部门批准后实施。

执行局的工作人员主要分两类管理：

一类是抽调机关事业单位的在职人员，其人事关系、工资关系、党团组织关系、人事档案原则上保留在原单位，2011年大运会结束后，回原单位工作。

另一类是公开招聘的雇员，其人事关系、工资关系、党团组织关系均在执行局，人事档案由深圳市人才交流服务机构统一管理，执行企业养老保险制度，2011年大运会结束后，原则上自主择业，执行局将提供必要的帮助。

执行局对雇员的激励措施有：

——不受我市现行雇员工资政策限制，按照岗位的性质、职责任务、所需资格条件等因素实行市场薪酬制度，并定期增长；

——高层级雇员岗位空缺时，所有符合条件的雇员都可以竞聘；

——非本市户籍的雇员雇用期满后可将户口迁入我市；

——高级雇员根据国际惯例和市场价格实行协议薪酬，并可在雇用期间入住免费提供的人才公寓。

大运会结束后雇员分流安置措施：

——大运会最后一年，我市其他机关事业单位雇员岗位空缺的，可以直接聘用符合岗位条件的执行局雇员；

——其他事业单位职员职位空缺的，可以从符合职位条件的执行局雇员中选聘；

——对于未能选聘到其他机关事业单位的执行局雇员,雇用期满不再续签合同,由执行局根据聘用时间给予一定的经济补偿。

（资料来源：http://sports. QQ. com 2007 年 05 月 11 日 13:56 腾讯体育）

案例分析

1. 大型会展项目人才招聘中的条件是如何制定的?

2. 该会展项目对工作人员如何管理,为什么?

项目7
管理会展项目的风险

【知识目标】

- 了解项目风险管理的过程
- 了解会展项目中的不确定性
- 理解会展项目风险管理的理念——预防为主
- 掌握如何定义和识别会展项目的风险
- 掌握如何评估识别出来的会展项目的风险
- 学会制定会展项目风险应对策略

【技能目标】

- 能够组织团队识别会展项目可能碰到的风险
- 初步具备能对会展项目识别风险,并编制风险登记册
- 具备为会展项目制定风险应对策略的能力

【学习重点】

- 会展项目初步风险管理计划的编制
- 为特定的会展项目编制风险登记册
- 会展项目风险应对策略的制定

【学习难点】

- 会展项目风险登记册
- 会展项目风险应对策略

【案例导入】

案例一:2007 年 3 月在德国汉诺威电子展上,中国 20 多家 MP3 生产企业因涉嫌未向相关公司缴纳专利费,被德国海关暂扣展品,说明企业"走出去",必须认真对待知识产权问题。

案例二:2006 年 2 月 4 日菲律宾首都马尼拉体育馆外发生严重踩踏事故,起因就是因为现场一名男子在人群中高喊"炸弹",从而导致排队等候的人群惊慌失措,四散奔逃,最终酿成踩踏惨剧。可以想象,如果没有那声喊叫,就没有这次事故,如果人群能冷静些,所造成的后果不至于这么严重。反思一下不难发现,有不少的安全事故的起因发生在活动参与者身上,或情绪失控、或行为过激、或麻痹大意。因此对于参与活动的群众来说,提高自我安全保护意识,掌握风险规避方法和安全救助技巧,也是风险与安全管理的重点。

案例三:2004 年 2 月 5 日,北京市密云县元宵节灯会踩踏事件造成重大人员伤亡,直接造成 37 人死亡、37 人受伤。这起事件的发生引起了国内社会各界的高度重视,从而将会展安全问题提上了法律的高度。2005 年 9 月 9 日由北京市人民代表大会常务委员会通过了《北京市大型社会活动安全管理条例》,该条例可以说是用血的教训换来的。

案例分析

1. 上述实例中碰到的风险能否有效预防?

2. 如果上述实例中的风险能预防,如何预防?

任务 1　认识会展项目风险

会展活动举办中充满着各种不确定性,作为会展业从业者,这是无法避免的事实,认识到这一点将对我们有效地管理会展活动中的不确定性是非常重要的。正如墨菲定理指出,任何事情有可能出错,那么,它就会出错。在项目工作中,不确定性是不可避免的,只有通过主动地采用预防措施管理不确定性。在会展项目管理中对待风险的态度也应该是预防的态度。

会展项目风险管理旨在,通过早期积极识别不确定性,并且制定策略主动消除或减弱风险发生的可能性,加强会展项目的管理团队在会展活动举办的过程中管理风险的能力,从而提高会展活动实现目标的可能性。

7.1.1　建立风险意识

要想在会展项目管理中,提高风险管理的效果,首先要在会展项目的组织者中,特别是主要的管理人员中建立起风险意识,使大家对风险有共同的认识。风险意识的建立有助于在会展项目实施过程中,高层管理者对风险管理者进行主动、积极的支持,从而提高风险管理的效果;风险意识的建立有助于在会展项目管理中长期地推行风险管理,形成会展项目组织有效的风险管理方针政策,从而提高会展企业风险管理的水平和企业竞争力。

会展项目管理中主要的风险的意识包括:

1)事先就采取积极的预防态度是最有效的风险管理策略

在编制会展项目计划的时候,会展项目管理团队就要积极地去识别可能会发生的风险,并制定相应的行动策略。制定了详细的风险管理策略后,在项目实施中要进行落实;否则,不会取得预期的风险管理效果。

2)认识到风险管理是取得成效的办法

好的风险管理,可以降低举办会展项目失败的可能性,有时,若风险管理得好,甚至可以为会展项目带来意想不到的回报。

3)充分认识在会展组织中长期开展风险管理的必要性

只在一个会展项目中进行风险管理,对提高会展组织自身的会展组织水平作用不大,只有长期地坚持在不同的会展项目中进行风险管理,这样就可以形成风险管理的文化,积累风险管理的有效方法,最终可以提高风险管理水平,使会展企业更具有竞争力。

7.1.2　风险模型

1)什么是风险

(1)风险是一种不确定性

会展项目中的风险是指会展活动举办过程中,不期望得到的项目结果出现的可能性,或者是希望得到的结果不出现的可能性。比如首届中国—南亚博览会于 2013 年 6 月 6 日至 10 日在云南昆明举行,该项目开始时间和结束时间都已经通知了参展商,通常是不能改变的,那么在筹办这次会展活动的过程中,会展活动的开始时间有可能因为某种原因,而发生延误,这种不确定性就是一种此次会展活动的一个风险。

风险是一种不确定性,在整个会展项目生命周期中存在的不确定性,这种不确定性是风险与问题相区别的特点之一。在会展项目管理中,不能把项目中的问题和风险混淆:问题是肯定会发生的事件,在发生之前,它们能被意识到。问题和风险在会展项目管理中同样重要,但是,管理的策略却是不一样的。在会展活动的举办中,人们习惯于关注问题、解决问题,传统的会展组织管理中对问题如何管理研究得比较多,而对于风险的研究则比较薄弱的。

(2)风险来源

因为会展活动的独特性,决定了会展项目存在某种不确定性,这种不确定性可能会对会展项目的目标构成影响,如果项目的目标定义不够明确,就会导致一系列的相关项目工作的无效性。比如目标定义不明确,则依据目标编制的进度计划、成本计划将会在实施过程中缺乏可执行性,最终导致不能按期举办会展活动。所以风险的管理也应该随着会展的目标逐渐细化而细化。

会展活动最大的特点是人流量多、大,人群密度大,受关注程度高,从某种程度上说,这是衡量活动成功的重要标志。然而也正是由于这些特点,安全问题一直是会展行业所关注的重点,各种突发事件,如流行性疾病、自然灾害、人为破坏、突发性的伤亡事故等随时可能发生,这些突发事件不仅仅能导致会展的延期或夭折,更重要的是它将带来不可预见的极其严重的后果,造成恶劣的社会影响。

例如大型会展活动如会议、展览和大型节事活动等,是由人、场地、设备设施和信息组成的沟通平台。这里的人包括参与活动的政府、企业、群众等,他们是风险管理的主体,他们的行为决定着风险是否受控,决定着风险所带来损失的大小。大型活动举办场地的风险主要来自于展览馆、会议室、室外展区、周边环境的设计和规划。

风险对会展项目目标实现有可能构成威胁,也有可能会是成功的机会。所以,在会展活动的组织管理过程中,组织或个人应该既要分析风险不利的一面,也要充分利用会展项目有利的一面来增加会展项目成功的机会。

例如在会展活动举办过程中,场地的确定和参展商的邀请是两个子项目工作,可以先确定场地,然后再来确定参展商的数量,也可以先确定参展商的数量,然后再确定场地,或者是两项工作同时进行。具体实践过程中,三种方法都是可行的,同时三种方法都存在风险,要依据当时的客观情况来决定采用哪种方法。如果承担三种方法的风险,并能为会展项目按时开始带来好处,那么这种风险就是一种机会。

不确定性虽然不能被消除,但是,通过主动地认识不确定性,就有可能降低风险。比如根据积累的经验等预测不确定性发生的可能性、发生后产生的影响,然后制订措施,通过主动地管理会展项目风险,使它对会展项目的目标不构成危险,则有可能会为项目带来好处。

2)风险要素

会展项目的不确定性不能够消除,但是,可以通过一定的方法来减弱威胁发生的可能性,或提高机会发生的可能性。在会展项目管理中,可以通过以下几个方面提高对风险的认识:

第一,认清风险发生的可能性有多大;

第二,充分地理解风险事件发生后可能给会展活动带来的后果;

第三,确定是什么原因引起这种不确定性发生。

对任何风险只有认识到以上的几个最基本的方面,我们才可以去制订有效的措施去管理它。

根据 PrestonG. Smith,GuyM. Merrit 的风险 7 要素模型,可以把会展项目的风险定义为包括以下 7 要素,如图7.1 所示。

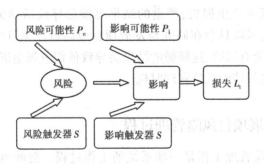

图7.1　会展项目风险7要素模型

①风险事件:导致会展项目遭受损失的事件。

②风险事件驱动器:在项目环境中,能促使人们相信某一风险会发生的某种因素,或引起风险事件发生的事件(原因)。

③风险事件发生的可能性:这种风险事件发生的可能性。

④风险后果:风险事件发生后引起的潜在的损失或结果。

⑤风险后果驱动器:在项目环境中,促使人们相信某一风险结果发生的某种因素。

⑥影响的可能性:风险结果发生的可能性。

⑦风险损失:风险发生时,损失价值大小。

由于风险是否肯定发生,发生了以后是否一定会带来损失都具有很大的不确定性,因此采用期望值①的概念描述风险损失值,叫作期望损失值,任何风险的期望损失值为:

$$风险期望损失值 = P_e \times P_j \times L_t \qquad (公式 7.1)$$

任务2 掌握会展项目风险管理的过程

会展项目风险管理是事先主动识别和控制不希望的项目结果的一系列活动。其目的是提高对项目有利事件发生的可能性及其影响,减少不利事件发生的概率及其影响。风险管理是会展项目管理的一个部分,为系统的项目管理工作充当保安的角色,是成功地组织会展项目不可分割的一部分。

在项目管理中,导致风险管理失败的主要原因是缺乏主动性和对风险认识不足,在会展活动中,如果不积极主动地去管理风险,那么在举办过程中,将会出现很多救火工作需要救火队员紧急处理,而这种工作通常只起到弥补的作用,无法消除或减少产生损失,严重的结果可能会导致活动失败;更为可怕的是,很多人会认为风险只会在研究与发展项目或高科技项目中才会存在,而会展项目根本不可能有风险,这样做的结果会导致他们忽视会展活动系统的风险管理工作,而错过最佳的风险管理时机。

7.2.1 会展项目风险管理过程

会展项目风险管理工作是一项系统的工作过程。会展项目的风险管理贯穿整个项目管理工作;在会展项目初期就需要识别重大的风险,在初期识别可能的风险对于会展项目尤其重要。在初期,即使风险发生,对会展项目的影响

---

① 期望值是指人们对自己的行为和努力能否导致所企求之结果的主观估计,即根据个体经验判断实现其目标可能性的大小。

较小,而在项目后期,则影响较大,特别是对时间和预算目标影响最大,从效率的角度,风险识别越早越有利。会展项目风险的管理也是有一定的方法可遵循,比如美国项目管理协会把项目风险管理定义为识别、分析、制定应对项目风险的策略,然后对风险进行监控的一系列过程。会展项目风险管理的过程可以参照图7.2所示的过程进行。

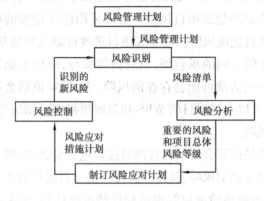

图7.2　会展风险管理过程

1)制订风险管理计划

编制具有可执行性的风险管理计划是风险管理工作的基础之一。对会展项目风险应对计划在风险管理中的重要性认识,必须与对风险认识的重要程度相适应,必须能有效地迎接挑战,必须及时,必须在该项目的背景下现实可行,必须经过所有相关单位的同意,必须有具体责任人对它负责任。

风险管理,越是经常做,就会变得越容易,经常对风险展开讨论,就会使对风险的讨论更加容易、更加准确。

2)风险识别

风险识别是识别会展项目的组织过程中,存在哪些不确定性对项目目标的实现会构成危险,以及哪些方面的不确定性可能会对项目目标的实现有促进作用。

风险管理就是要遵循图7.1的风险模型,按照一定的工作步骤来逐渐定义会展项目的风险。识别就是要遵循图7.1中的风险模型定义风险事件、风险事件原因、风险影响和风险影响的原因等风险属性。在风险识别阶段,我们可以采用各种技术,比如头脑风暴(Brainstorming)、德尔菲技术、专家访问、过去会展项目举办的经验等来发现各种可能的风险,比如进度方面的风险、成本方面的风险、质量方面的风险、范围方面的风险、项目组织与团队方面的风险。头脑风暴是风险识别过程中最有效的方法。

风险识别中,可以按照风险分类的标准进行识别,比如可以分别识别进度风险、成本风险、质量风险等。那么,相应就可以采用进度计划的工具、成本计划的工具来识别特定的会展项目风险。可以采用已经批准的项目进度计划来识别可能存在的项目进度风险。在完成项目进度计划编制的基础上,由完成进度计划中所有工作的不同的承包商、供货商等参与,应用头脑风暴组织他们识别他们负责的每一项活动可能会存在的风险。如果要识别会展项目可能存在的成本风险,那么可以会展项目的 WBS 和会展项目的活动清单为基础,识别与成本目标相关的风险。

如果风险分类是按照会展项目管理的过程进行分类的,则可以采用会展项目管理的过程模型来识别风险,具体的操作方法与进度计划识别风险类似。在识别过程中,用图表描述的项目管理过程代替进度计划,要求参与项目实施各方共同识别项目实施过程中可能会出现的风险。这种方法,对于有比较成熟的会展项目管理经验,即有比较成熟的会展项目管理流程的组织是比较有效的方法。

需要注意的是,在风险识别过程中,要尽可能地让参与会展活动的各关系人都要参与到头脑风暴中来,特别是直接负责具体的会展项目活动的人更是必不可少。

3) 风险分析

风险分析是进一步地确定图 7.1 的风险模型中关于风险的更多属性,主要确定风险事件发生的可能性、风险影响的可能性,然后按照公式 7.1 计算每一个风险的期望损失值,依据风险的期望损失值就可以对被识别风险进行排序,这样哪些风险在会展项目举办过程中有重要的影响也就一目了然了,这就进一步为风险制定策略奠定了基础。

确定风险事件和风险影响发生的可能性是风险管理的难点,通常有两种分析方法,一种是定性风险分析,另外一种是定量风险分析。对于没有成熟的会展项目组织管理经验的组织以及相对比较简单、规模比较小的会展项目,通常只能采用定性分析的方法来估计可能性,采用这种方法估计得到的概率通常只是一种定性的描述,比如采用0.1,0.3,0.5,0.7,0.9数字描述风险事件和风险影响发生的可能性,比如可以采用表7.1主观估计风险可能性。而对于有比较成熟的会展项目管理经验的组织,或者是比较复杂、规模较大的会展活动,就需要在定性分析的基础上,进一步采用定量分析的方法来确定会展项目风险事件和风险影响的可能性,比如采用敏感性分析、决策树分析等方法。

表7.1　主观估计风险可能性

可能发生的风险因素	权数 (W)	风险因素发生的可能性(C)					W × C
		极大 1.0	比较大 0.8	中等 0.6	不大 0.4	较小 0.2	

　　风险分析中,尽可能地采用数字的形式体现风险对会展项目的影响,计算得到每一个风险的期望损失值,就可以判断该会展项目中哪些风险是比较重要的风险、需要会展的举办者积极地应对。

　　但是,什么样的风险才是关键的风险?在风险管理中,可以采用事先确定的概率影响矩阵为标准来确定风险对会展项目的恶影响级别,概率影响矩阵类似于为特定会展项目制定的风险影响衡量标准,利用该标准与风险分析的结果比较,就可以确定风险的影响级别。

4)制订风险应对计划

　　即确定风险预防措施和万一发生时的应急措施。对项目风险进行识别和分析之后,就要做好风险应对策略。一般而言,坏风险(威胁)的应对策略可归为以下几类:接受、回避、缓解和转移。实际工作中,需要对这些策略进一步细化,并把各种策略组合使用。对正面风险(机会)的应对,可以采用下面几种方法:利用、分享、提高、接受。

5) 监控风险

前面讨论了如何识别、分析以及应对风险。还需要注意的是,在实施风险应对措施的过程中,要动态地进行风险监控。

首先我们不可能把所有风险都识别出来并加以分析与应对,因此在项目执行过程中需要不断注意新风险。其次,风险状况可能随项目进展而变化,如观察列表中某个低优先级风险,可能因周围环境的变化,其发生概率或影响程度大大增加。因此,有必要在项目生命周期内持续地监督,对新风险以及发生变化的风险进行评估,并制定或调整应对策略。

风险监控涉及如下一些主要工作:

第一,识别、分析新风险,并制订相应应对措施。

第二,跟踪已识别风险,包括列入观察清单的低优先级风险,注意它们的变化。

第三,必要时,启动对现有风险的重新分析。

第四,监督风险应对措施的实施情况,考察它们的有效性,并在必要时启动对应对措施的更新。

第五,根据风险情况,决定是否需要调整用于风险管理的资源,如资金、人力等。

第六,决定是否需要对项目计划的相关组成部分进行调整和更新。风险监控通常都会导致对风险登记册的更新。

7.2.2　大型会展项目风险管理的重点

场地、设备设施、信息是大型会展活动的客体,它们是风险活动管理和控制的对象。在会展项目管理过程中进行风险管理的重点应该围绕以下几方面:

(1) 会展建筑物

主要用于展览、会议和大型节事活动的建筑物应安全稳固,不出现倒塌或坍塌现象。建筑物上的外墙玻璃不脱落,地面有足够的承载能力。建筑物内能满足人流数量的要求,有足够的紧急通道等。

(2) 周围环境

周围环境主要是指卫生健康、交通、社会治安等方面的安全管理和监控。

（3）设备设施

设备设施的安全和风险管理对象主要包括供水、供电、空调、电梯、临时搭建舞台、桌椅、音响、通讯设施、演示设备、装饰物品等。

（4）会展信息

信息风险管理包括对自然灾害和人流量的预测信息、知识产权的保护以及计算机网络信息安全等。

任务 3 编制会展风险登记册

7.3.1 会展项目风险登记册

风险要素是会展项目管理者进行风险管理的最佳指导，是他们认识风险的依据，是制定风险应对策略的基础。根据风险要素，在会展项目风险管理中，风险经理可以采用表 7.2 来指导有关人员定义风险，即对每一个会展项目风险都应该认真地分析。

表 7.2 会展项目风险登记册

风险名称	风险识别者	风险责任人	风险事件驱动器	风险事件可能性	风险影响	风险影响驱动器	影响可能性	风险损失	期望损失值	拟采用的措施

或者，根据会展项目的不同特点，结合图 7.1 的风险模型，也可以采用表 7.3 的形式定义风险。

表7.3 会展项目风险登记表

风险因素及代号		风险事件发生的可能性	降低风险可能性的方法	发生后的影响程度	降低影响程度的方法
风险类别	分解				
技术风险					
资源风险					
…					

当然,在具体的会展项目风险管理实践中,需要结合项目的特点对表格进行必要的修改。如果是小规模的会展项目,会展项目的风险分析就不需要很详细,可能只需要识别7要素中的某几个要素。

例如在会议组织中,通常要使用投影仪等设备,就存在一个设备不能正常使用的风险,该风险可能会使组织者措手不及,可能会影响会议的正常召开,对该风险进行分析如表7.4所示。

对于简单的会展项目,可以使用表7.1的形式来定义风险,也可以简化;但是,对于复杂的项目,还可以在表7.1的基础上,进一步增加诸如风险影响的级别、影响的时间、优先级等属性。

表7.4 某会议设备不能正常使用风险分析

风险名称	风险识别者	风险责任人	风险事件驱动器	风险事件可能性	风险影响	风险影响驱动器	影响可能性	风险损失	期望损失值	拟采用的措施
设备不能正常使用	会务组	张三（会务组组长）	投影仪、屏幕、笔记本电脑、话筒等设备损坏	20%（根据以往会议组织的经验估计）	会议不能按时开始	没有备用设备,没有认真调试设备	100%			派专人负责调试设备,并且保管调试好的设备
…										

7.3.2　会展项目风险的种类

1) 会展项目风险分类的意义

会展项目举办过程中,项目管理团队会面临很多的风险,如果不对这些风险进行归纳,则不利于主动地管理这些风险。通过对会展项目中的风险进行归类,可以揭示风险的共同根源或者需要特别关注的项目领域,发现风险的集中领域,可以提高风险管理的有效性。

在会展项目的风险管理中,可以从不同的角度对风险进行归类。

2) 会展项目风险分类

(1) 按目标分类

按照会展项目的目标对会展项目的风险分类,当会展项目目标确定以后,并且识别出会展项目的所有风险后,考察每一个风险对确定的目标的影响情况,如果某一风险对某一个目标影响最大,那么,就可以把该风险归类为某目标风险。比如对于会展项目进度目标有影响的风险,就归类为进度风险。

(2) 按阶段分类

按照会展项目的阶段来划分风险。如果对会展项目的实施阶段有影响的风险就归为实施风险。

(3) 按来源分类

按照会展项目风险来源的不同简单地分为外部风险和内部风险。

(4) 按属性特征分类

可以按会展项目风险属性特征的不同分为:技术风险、财务风险、管理(组织)风险、政策法律风险、市场风险、知识产权风险、信用风险、合同风险等。

3) 风险分解结构(Risk Breakdown Structure,简称 RBS)

RBS 是一个很好的风险归类表达工具,可以借助 RBS 结构化地表达分类结果。比如可以按照会展项目的风险对会展项目三个基本目标的影响分为时间类风险、质量类风险、预算类风险,如图 7.3 所示。

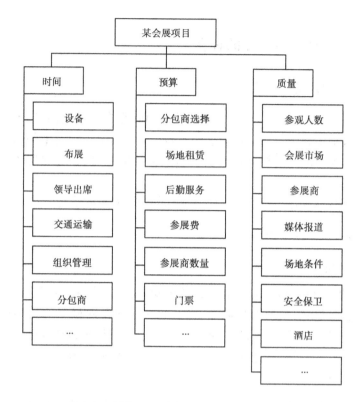

图 7.3　利用 RBS 对会展项目风险分类结构图

【知识延伸】

大型会展项目的主要风险类别

根据国际和国内大量相关文献资料和调查,在大型会展项目举办过程中出现的主要风险有:

1. 技术和设备风险

这是指在会展活动举办过程中,由采用了一些先进的展览技术或新型的展览设备所引起的风险。

2. 市场风险

任何会展活动都需要实现一定的市场目的,如果会展活动不能为行业发展,为参展商带来利益,那么就会影响会展活动的成功举办。

3. 知识产权风险

随着我国会展产业的发展,会展产业环境下的知识产权问题日益突出。从产业的链条上看,会展主体—组展商、展览会的参展商以及展览设计作品的知识产权问题尤其突出。其中,最主要的是参展商的知识产权问题,包括展品的专利权、商标权、著作权、计算机软件开发专利权以及工业品外观设计权等。因为同一行业,产业属性相同,抄袭、模仿者大有人在,众多展览会的知识产权问题皆发端于此。

4. 成本风险

投入风险是指在会展活动举办过程中投入的举办成本能否收回的风险形态。

5. 信用风险

成果供方、需方、投资者、融资者、管理和技术开发人员的资信状况、技术和资金能力、资信的表现等都是评价信用风险的重要指标。

6. 时间风险

时间风险是指会展各项活动能否按照预计的时间进行结束。

7. 外部风险

会展业发展过程,各种社会的、政治的、自然的环境所引起的风险,称外部风险。这种风险的一个基本特点,就是在会展项目举办过程中参与者很难控制的。

任务4 制定会展项目风险应对策略

7.4.1 会展项目风险应对策略

风险应对策略的制定主要是针对风险分析中关键的会展项目风险,对会展项目风险管理积极主动的办法是处理风险事件,而不是直接对付风险事件。由于项目资源的有限性,不可能为所有的风险都分配资源,因此,只有把资源分配给关键的会展项目风险,这样才能取得很好的风险管理效果。

制定风险应对策略通常是一个循环的过程,在项目计划阶段制定的风险应对策略,需要在会展项目实施过程中监控它们的有效性,如果风险措施没有起到预期的效果,就需要重新分析考虑。同时,在会展项目实施过程中,需要监控被确定为非关键的风险和新出现的风险;根据客观情况,甚至有可能要制定新的风险措施。

风险管理者有很多种风险预防措施,每一种风险应对措施都有各自的特点和使用的条件。在本书中的风险应对措施主要是用来管理对项目目标构成威胁的这种风险。

1)避免风险

避免风险就是要避免风险事件,主要是通过改变会展项目计划来避免风险事件,采用这种办法就意味着放弃某些会展项目工作,从而把会展项目目标与风险隔离。比如,时间对于会展活动通常是一个非常重要的目标,特别是会展活动的开始和结束时间,如果时间目标设定有可能过于严格,要在规定的开始时间之前做好所有的会展准备工作很困难,那么,就可以采用避免风险的方法,即修改时间目标,延长开始时间,使举办者有足够的时间准备,这样就可以避免会展项目面临的时间风险。比如可以采取以下避免风险的措施:

第一,监控会展场馆里出现的易燃、易爆、有毒、有害物品,并及时处理,以防意外发生;

第二,及时打扫清运垃圾,并进行场馆消毒,以保证现场的卫生健康安全;

第三,对可能发生的自然灾害和人为破坏进行预测,并做好应对方案;

第四,监视和控制人流情况,及时引导和疏散人群;

第五,监督临时舞台、看台以及参展商展台搭建,防止出现临时搭建物发生坍塌事故,展会组织者同时有责任督促特装参展商办理临时搭建许可证书。

2)预防或减少损失

采用预防或减少损失的风险措施的主要目的是通过具体的办法去影响风险后果的原因和风险后果,从而实现减少损失的目的。比如在会展活动举办中,采用以下预防或减少损失的办法:

第一,为会展活动安排安全保卫工作,预防各种可能出现的安全问题;

第二,对会展组织者和相关人员进行安全教育和灭火技术知识等培训;

第三,维护活动区域的治安,采用足够和适当的设施,监控偷盗和抢劫事件;

第四,检查并保证消防系统的正常运作,监控整个活动现场,防止火灾的发生;

第五,进行相关的安全检查,防止恐怖袭击和意外事故的发生;

第六,保养和维护会展设备,如电梯、音响、供电、空调、影像、通信以及保安设备,保证它们在需要时能正常工作;

第七,利用计算机信息技术管理的组织者还要防止信息管理风险,以防网络服务器被攻击,信息资料被盗窃;

第八,对进出活动现场的证件进行管理,防止不法之徒持假造证件,蒙混进入场馆所带来的安全隐患;

第九,重点加强参加活动的高级政府官员和嘉宾的安全保护,做好安全预案,确保万无一失。

3)接受风险

接受风险策略主要是对那些对活动的举办影响比较小的风险事件,可以采取这种策略,即对这种风险不采取任何措施,但是,需要在会展项目成本中计划出应急储备,如果风险发生,就可以利用应急储备管理风险引起的损失。

第一,当有意外事故发生时,组织人员疏散,减少人员伤害和财产损失;

第二,对活动参加的人数预估,并评估由此可能带来的风险,做好紧急突发事件的处理;

第三,会展活动举办过程中,应该配备医疗急救、火灾扑灭等保障,一旦发生事故,应当立刻投入工作,减少损失。

4)共担风险

共担风险是指通过与能够承受会展项目风险或者有经验管理风险的组织合作,来降低风险发生的可能性。比如,在会展项目管理中,由几个投资者共同组织某一个会展项目就是典型的共同分担投资风险的例子。

在会展项目中,最典型的一种共担风险的形式是通过合同来选择风险共同承担者。合同是会展风险管理中非常重要的一个内容。

5)保险与会展项目风险管理

会展活动举办中,为活动提供服务的企业包括很多,包括餐饮供应商、物流服务商、展台或舞台搭建商、广告承包商、报关代理商、物品(如桌、椅、台等)租赁商、文艺演出队等,他们应当要承担与他们有密切关系人的风险,比如餐饮供应商须控制饮食的卫生,防止食物中毒;物流服务商保证物流畅运,搬运时不出现物品损坏,或人员砸伤的情况。

但是在风险管理中,还是会有很多风险无法由参与会展活动的关系人去承担,特别是很多的纯风险是不能被组织者和参与者有效控制的。这种风险发生往往会给会展活动带来很大的损失。对付这种风险最好的办法就是通过保险公司来分担风险。保险公司的介入为事后风险的转嫁提供保障。有人说"没有保险的会展活动犹如离开大树依靠的树叶",没有安全感。会展业较为发达的国家的保险十分注重专业细分,对许多微观产品提供创新的、有特色的服务。他们的险种有:被称为"综合责任一般险"的年度保险、重要人物险、火灾险、洪水险、经营中断险、伤残险、展品和摊位的意外损害与丢失险,等等。这种细分强化了保险的功能,拓宽了会展活动中各方的选择空间,为他们最大限度地减少损失提供了可能。

通过保险公司可以把这种认为不可控制的风险转移出去。比如参与会展活动的群众经常被认为是活动安全和风险管理的客体,因为当风险发生时,他们处在被伤害的地位,因此是被保护的对象。的确,安全与风险管理的目的是避免参与活动的群众受到伤害,我们通过保险公司分担群众可能遭受伤害的风险,比如在门票价格里增加部分保险费用。

【知识延伸】

中国国际建筑艺术双年展会风险与防范

1. 行业风险

建筑业是中国拉动经济增长的支柱产业,属国家宏观调制的高科技、高投入、高风险、高回报的资本与技术密集型行业。建筑业近20年来在中国的发展迅猛,行业本身属性即有高度投资风险性,并受国内外政治、经济大气候影响。中国经济的发展形势一直看好。根据业内人士分析,中国建筑业走势良好,高速成发展态势将会保持5~7年。

2. 运营风险

中国国际建筑艺术双年展是由高层文化艺术与支柱经济产业共建的一个无限广阔的平台。展会本身作为一个文化产业构成部分,其经营理念和实践必须与国际最先进的展会模式媾和。为成为国际大会最重要的建筑艺术展之一,成为世界上水平、影响力堪称一流的超大型专业会展,需要建立一个更为合理的运行机制。双年展展会的运营团队均由多年从事经济运作和文化产业运作的杰出人才组成,有过多次调动、配置、整合各方优势资源的实战经验,相信在本届展会上将有更佳的表现。

3. 机会风险

国际建筑商、材料厂商、供应商,包括建筑设计师都在伺机打入中国建筑市场,他们在技术、资金、产品质量、管理诸多方面均具有较强的竞争实力。同时展会将会获得来自世界各地的信息资源,是否把握好最佳机遇占领建筑产业链中的有效市场,对展会运营者来说无疑是一个极大的挑战。他们在技术、资金、产品质量、管理诸多方面均具有较强的竞争实力。同时展会将会获得来自世界各地的信息资源,是否把握好最佳机遇占领建筑产业链中的有效市场,对展会运营者来说无疑是一个极大的挑战。

4.投资风险

巨额贷款资金投入新的建筑业开发项目,必然具有诸多财务与管理风险因素,除被投资者受不可控外力因素的影响外,资本市场的不确定因素也会对未来建筑业或房地产交易等方面产生影响,诸多因素构成投资风险。但是展会运营方更多是通过自身的国际性品牌发挥其高效推广的潜能,为新的建筑开发项目铺设康庄大道,故此风险可以及时而有效地得以调控。

5.小结

上述风险分析的结论为,中国国际建筑艺术双年展展会运营基本为零风险。只要建立科学的风险防范监控机制,即能将风险控制到最低程度。如建立展会运营内部风险决策机构,健全风险预防和管理制度,完善风险决策与监控管理机制;规范展会内部管理,强化质量和服务意识,着眼于建筑实业开发,确认资本的经营目标,适时的推动展会进入资本市场,加速资本的周转效率。

6.结论

根据上述可行性分析,中国国际建筑艺术双年展不仅可以收到良好的社会效益,同时可以获得丰硕的经济效益。只要认真操作、合理运营,中国国际建筑艺术双年展经过数届的努力,必将成为国际大会最重要的建筑艺术展之一,成为世界上水平、影响力堪称一流的超大型专业会展。可以预测,双年展会像奥林匹克运动会推动世界和平一样,将成为国际建筑业超大型的聚会,将对我国乃至世界建筑文化和建筑艺术的文明推进,对国际间的经济交流与合作,对人类生存环境的改善、对人类文明的传承,对世界的和平与进步,都将产生积极的影响。同时,其社会效益和经济效益也将不断增长。

任务5　监控会展项目风险

7.5.1　会展风险监控的意义和目的

风险监控的目的是确保风险策略能在会展项目举办过程中得到正确地执

行。一方面是指风险应对计划中的措施已经执行,并且成功地阻止了风险对项目目标的不利影响;另一方面是指,监控会展活动举办过程中出现的新风险,只要是对会展活动构成危险的风险都是值得去管理的,而且,有些已被识别的风险有可能随着活动的举办,有可能转变为对活动目标有重要影响的风险,这种风险也是监控工作的对象之一。

风险监控工作是对风险定义工作的延续,是必要的工作。风险应对策略的制定,风险的定义都是对会展活动举办的一种假设,而风险监控则是检验这些假设的手段。

风险责任人负责相关风险的风险监控。确定风险的责任人是提高风险管理效果的要诀之一,风险责任人通常是与引起风险事件的项目工作直接相关的人。责任人的确定一方面可以加强他们对风险的责任态度;另一方面,因为他们对工作的熟悉,有利于风险预防措施的执行。

对表7.1、表7.2、表7.3中进行必要的修改,比如对每一个风险增加风险状态、风险责任人等信息,就可用于风险监控工作。在具体实践中,需要结合会展项目的实际情况和组织管理者的经验进行修改。

7.5.2　关注会展项目的新风险

风险监控中,很重要的一个工作就是新风险的识别,在活动举办过程中,当识别到新风险时,需要按照风险模型对新风险进行重新定义,以确认该风险是否需要制定预防措施。

新风险的产生主要基于以下几个原因:

第一,已识别风险的预防措施被执行后有可能引起连带的风险。

第二,项目工作的执行结果,特别是由关键路径上的某些工作如果发生延误就有可能引起项目的进度风险。

第三,初期未被识别的风险在执行过程中被识别。

由于事先没有制定预防措施,所以对项目工作很容易造成混乱。管理新风险是一项很重要的工作风险监控内容。

7.5.3　有效风险管理的经验

要想提高风险管理的水平,取得较好的风险管理效果,以下经验可以借鉴:

1）编制风险计划

坚持在计划编制的时候，编制风险管理计划，尽可能全面地识别可能会碰到的风险。

2）进行风险管理

坚持在所有的会展项目中进行风险管理。

3）进行风险知识培训

对参与会展项目管理的人员进行风险管理知识培训，使他们对各种风险术语和对风险的态度有共同认识。

4）将风险与项目管理整合

把风险管理和其他的项目管理过程整合在一起，风险管理是整个会展项目管理的一个组成部分。

5）确定政策与标准

形成适合会展企业的风险管理政策、方针和风险管理的标准。

6）注重风险的变化

不仅重视积极的风险，而且也要注意潜在的风险在会展活动举办中的变化。

7）将风险管理与项目实施整合

把风险计划和会展项目的实施过程整合在一起，因为这两个过程相互影响，相互制约。如果制订了非常详细的风险计划，而没有在会展项目举办中得到有效的落实，那么，也不会有好的风险管理结果。

本章小结

本章阐述了会展项目风险管理的方法。主要介绍了风险7要素模型，如何按照风险模型定义会展项目举办中的风险以及如何围绕风险模型为关键的风险制定预防措施,同时介绍了在会展项目中进行风险监控的意义、目的和风险监控的内容。

【复习思考题】

1.什么是风险? 举例说明会展项目中风险和问题之间的区别。

2.什么是风险 7 要素? 试以会展项目举办过程中的某一具体风险为例说明。

3.简要叙述会展项目举办过程中风险管理的过程,并说明每一个过程的具体目的。

4.简要叙述风险管理对会展项目成功举办有何帮助。

5.会展项目风险策略有哪些? 如何制订会展项目的风险策略?

【实训题】

实训项目一

一、实训组织

试从当地选择一个典型的小型会展项目,并为其取一个项目名称,将学生3～5人分为一组,组成一个项目团队,进行上述项目的风险识别。

二、实训要求

1.按照风险 7 要素模型,结合项目的特点设计项目风险登记册(可参考表7.1 的形式),并采用该风险登记册记录被识别的风险。

2.以项目阶段划分或编制好项目进度计划的基础上识别可能的风险。

三、实训目的

1.掌握会展项目风险识别的方法。

2.掌握风险登记册在会展项目风险管理过程中的作用。

3.能使用风险登记册这一重要的风险管理工具。

实训项目二

一、实训组织

在实训一的基础上,以 3～5 人为一个团队,为识别出来的风险登记册中的风险,进行简单的风险分析后,制订初步的风险应对计划。

二、实训要求

1.经过简单的风险分析后,对已识别风险进行重要性等级的排列。

2.为重要的风险制订风险应对计划。

三、实训目的

1.理解并掌握风险应对措施。

2.掌握如何为所识别的会展项目风险制定有效的应对措施。

【案例回放】

昆明进出口商品交易会项目风险规划

将某届昆明进出口商品交易会作为项目,对该项目进行初步的风险分析,交易会可能碰到的风险分为以下几类,如表7.5。

表7.5 中国昆明进出口商品交易会项目风险初步识别结果

风险因素及代号		风险事件发生的可能性	降低风险可能性的方法	发生后的影响程度	降低影响程度的方法
风险类别	分解				
技术风险	停电	大	提前检修设备,与供电部门提前协商	5	启动柴油发电机紧急供电
	火灾	中	检查自动灭火系统和消防设备是否正常、培训相关人员的消防安全知识	5	紧急更换或维修损坏的设备
	照明设备损坏	中	提前检查照明设备,而且交易会举办期间每天检查照明设备的状况	3	专人维修和更换损坏的照明设备
	音响系统故障	小	提前检查音箱设备,每天例行检查	2	更换或者维修
	交通车故障	大	交易会开始之前进行检修,驾驶员在没有出车任务时要对车辆进行检修	2	调用备用车辆

...

续表

风险因素及代号		风险事件发生的可能性	降低风险可能性的方法	发生后的影响程度	降低影响程度的方法
风险类别	分解				
环境风险	天气原因引起飞机晚点	小	注意气象局的气象资料,并及时地通报采购商和参展商	3	更换交通工具
	地震	小	注意地震局的相关资料	5	参加保险
	非典等类似的疫情	小	注意相关新闻资料	5	参加保险
	暴雨	小	注意气象资料	3	紧急调用清洁服务人员清理交易会现场的雨水
			……		
组织风险	突发医疗事故	中	使展览现场保持通风	1	进行现场紧急医疗救助
	酒店住宿安排不妥	中	了解采购商和参展商的民族习惯	3	专门解释,并即时更换或重新安排饮食和住宿
	交易会现场发生骚乱	小	增加现场保卫人数	4	紧急疏散人群
	在机场未接到重要的客人	小	提前核对重要客人的航班号,并落实具体的时间等信息	5	尽快告知负责人情况
	交易会现场卫生	大	安排足够多的清洁人员负责现场的清洁卫生	2	要求参与交易会组织的所有人员看见卫生不好,就立刻报告,甚至是亲自处理
			……		

备注:上表中风险事件发生的可能性采用大、中、小三个级别表示发生可能性大小;发生后的影响程度采用从1至5表示影响程度依次增大,"1"表示影响程度最小,"5"表示影响程度最大。

案例分析

1. 根据本章所讲的会展项目管理的知识,上述案例中对风险识别的结果是否存在值得商榷的地方? 请指出。

2. 如果要修正上述风险识别结果,应该如何修改?

项目8
会展项目收尾和评价

【知识目标】

- 掌握会展项目收尾工作概念
- 掌握会展项目收尾工作的主要内容
- 掌握会展项目评价的特点、作用和内容

【技能目标】

- 能够具备会展项目结束工作任务安排的能力
- 初步具备会展项目评价能力
- 能够撰写会展项目评估总结报告

【学习重点】

- 会展项目收尾工作主要内容
- 会展项目评价主要内容

【学习难点】

- 会展项目评价报告编写

【案例导入】

　　某会展公司在当地连续多年主办某项主题的展会项目,展会效果非常好,参展企业踊跃、参观者数量众多,取得了较好的经济效益和社会效益。每次展会期间,展会的主办方都安排相关参展企业反馈信息、了解参展企业参展效果和具体成交金额等,并在展会结束一段时间内,组织客户回访、媒体座谈等活动,进一步收集客户的信息和需求,以利于下一届展会能够进一步改进服务、提高参展企业对于展会项目品牌认同和忠诚度。

案例分析

一个会展项目经理在展会收尾阶段需要完成哪些工作?

任务 1 明确会展项目收尾工作内容

8.1.1 会展项目收尾

　　会展项目有两种情况下需要进行收尾工作,一是整个会展项目的所有活动全部结束,完成了与会展项目相关的所有合同关系;二是在会展项目的举办过程中,由于项目是分阶段进行的,当完成某一阶段或者某一个合同后,也需要及时进行收尾工作。本章主要介绍会展项目全部完成时的收尾工作。

　　会展项目都是临时性的事件,必然会有一个终点。当会展项目快要结束的时候,就进入全部结束任务后的收尾阶段。收尾阶段是会展项目生命周期的最后阶段,它的目的是确认会展项目实施的结果是否达到预期的要求,通过项目的事后评价进一步分析项目可能带来的实际收益。

8.1.2 会展项目终止

1)会展项目的终止

　　会展项目会因多种原因而终止(结束),最理想的情况是会展项目达到预期目标而成功结束,例如 2008 年北京奥运会的圆满结束。最差的情况是因为项目失败而终止,例如一些展览会,由于专业性不强、组织混乱而导致参展商撤展,不得不提前结束。处于中间的是因为各种原因而提前终止,例如"非典"的原因,使得许多准备进行的会展项目被迫取消。对于会展项目来说,项目终止是项目收尾的过程,而不只是项目结束的时点。

2)会展项目终止的主要原因

①会展项目的目标已经实现。
②专业观众的参与程度不高。
③资源不足。
④对项目的期望值过高以至无法达到。
⑤外部环境的剧变。
⑥项目被无限期的延长。

8.1.3 会展项目终止阶段的主要工作

当项目处于终止阶段时,项目团队成员会出现不稳定,会损失许多有价值的资料与经验。会展项目终止阶段有两项重要的工作:

第一,使会展项目有一个好的结尾;

第二,总结会展项目的经验教训,供以后的项目参考。

特别是一些定期举办的会展项目,好的收尾工作会为以后的项目提供好的经验。

1)会展项目终止计划

终止某个会展项目,应像对待项目生命周期的其他阶段一样,编制详细的项目终止计划,使终止过程有计划、有序地进行。项目终止计划包括所要进行的主要活动、相关的时间、成本和质量要求,并在整个终止阶段的实施过程中进行监督和控制。

下面以展览会为例,介绍项目终止计划的内容。

展会项目收尾工作,是组展者与参展商、参展商与观众之间在会展期间关系的继续。虽然会展活动已经结束,但会展后续工作对整个会展活动效果的影响却非常深远。它能够进一步加深参展商对会展项目组织者的印象,树立品牌展览会的形象,为下一届展会做宣传预告。展览会终止计划的内容包括:

(1)致谢

向所有参展商、重要观众和支持单位、合作单位以及有关媒体致谢。

(2)跟踪报道

对展会作回顾性的报道,将有关情况、有关的统计资料,提供给新闻界报道,进一步扩大展会的影响,并通过媒体发布下届展会信息。

（3）建立参展商和观众的信息数据库

将参展企业和观众的相关信息认真整理、分类,建立完善的客户资料库。客户资料越详尽,对今后工作的开展就越有帮助。

（4）收集客户的意见和建议

征求客户对会展服务、会展举办地以及会展效果等问题的意见和建议,以便在今后的工作中加以完善和改进。

（5）进行财务结算

与相关合作单位核对有关数据,包括饭店的总住房数、交通运输部门的用车情况等,收集账单,支付账款;对欠款的客户收缴账款;对项目收支情况进行认真分析,向有关人员通报项目财务状况。

（6）编写总结报告

整理项目相关资料,编撰项目总结报告。

（7）向项目利益相关者发布相关信息

及时将本次会展所取得的经济和社会效益向参展商和观众通报,扩大项目影响,为以后再次办展做间接的宣传。

（8）召开总结会

召开总结会,对会展项目活动的情况做全面的介绍,总结经验、教训,分析存在问题的原因,提出改进意见和建议。

（9）加强与客户的沟通

采取有效的手段与参展商和重要客户保持长期的感情联系,培养一批稳固的忠诚客户,不断推动会展业务的开展,发现和获得新的商机。

【知识延伸】

2013 第 10 届海南国际汽车工业展览会总结

2013 第 10 届海南国际汽车工业展览会已于 3 月 24 日晚上 18 点落下帷幕。在海口市人民政府、中国汽车工业协会和海南省贸促会的大力领导下,本届海南国际汽车展无论从规模、档次、活动,还是参观人数等方面都均超历届,再次刷新了海南车展发展史的新纪录。

一、参展情况

本届海南国际车展,规模方面是历届车展最大的一次,除展馆 A、B、C 三个展厅和开幕大厅外,外场也被首次开辟利用,各大汽车品牌展位排列井然有序,总展览面积超 5 万平方米。海南 90% 以上的汽车品牌参加了本届车展,多家厂商携 200 多个品牌、10 余款新车集体亮相。

正值海南国际汽车展第一个十年里程之际,各大汽车厂家都给予了大力支持,奥迪、宝马、东风日产等多家汽车品牌厂家领导亲临现场,使用厂家展具布展,展会档次更上一层。同时,本地强势汽车经销商"嘉华汽车集团"和"福德集团"采取集团参展,旗下广汽本田、一汽丰田、长安福特等 40 多个汽车品牌盛装登陆,体现了本地经销商对国际车展的大力支持。

二、配套活动

本届海南国际车展组织了丰富多彩的配套活动:亚洲汽车模特大赛海南国际车展专场赛、"海南之星"最受消费者欢迎汽车品牌车型评选、现场试驾巡游、汽车团购、"汽车改变生活"摄影大赛、精品美食街、门票幸运抽奖等。这些活动都得到了参展商家的大力支持和现场观众的积极参与。此外,在本届车展上,北京现代精心筹备了 2013 款索纳塔和全新途胜的全国首发仪式,国内 30 多家权威媒体进行了现场播报,打破了海南车展"全国零首发"的格局。新车发布吸引了大批购车者的关注形成轰动效应。

三、展会效果

1. 观众人数

车展前期,在组委会和参展商的大力度和多渠道的反复宣传下,本届车展的参观人数远超历届,4 天共计近 19.5 万人次。其中 3 月 21 日 4.5 万人次,3 月 22 日 3 万人次,3 月 23 日 7 万人次,3 月 24 日 5 万人次。

2. 销量统计

1)作为 2013 年开年新春的第一个大型国际车展,各汽车厂家和经销商在营销模式上不断创新,特价车、折扣车、礼包等优惠方案使本届车展的销量取得了不错成绩。3 月 21 日成交 821 辆,3 月 22 日成交 674 辆,3 月 23 日成交 1 567 辆,3 月 24 日成交 954 辆。4 天总计成交 4 016 辆,成交额约 4.8 亿元。

2)销量居前五位的厂家是:东风日产 490 辆,北京现代 283 辆,一汽丰田 170 辆,东风悦达起亚 165 辆,雪佛兰 113 辆。

3)本届车展上,2.0 以下经济型轿车仍然是大部分消费者的首选,像广州本田、广州丰田、比亚迪、长安汽车、奇瑞汽车等厂家的小排量汽车的销售情况都不错。此外,本届车展高端车的销售也很可观,其中奥迪预定销售 107 辆、雷克萨斯预定销售 55 辆、路虎预定销售 32 辆、沃尔沃预定销售 35 辆、宝马预定销售 55 辆。

四、结束语

2013 第 10 届海南国际汽车工业展览会,整体展出规模较上届增加了外场展区,展会效果和销量也达到了预期。虽然展前经历了一些小风波,但车展组委会为更好地打造本次大型汽车盛会,在宣传和现场活动方面也更具全面性,在报纸、电视、网络、广播、短信、户外广告、电梯广告、各市县大篷车巡游推广等方面都投入重金,打造了单一媒体不可比拟的综合性平台,使各参展品牌得到了更好地传播。大部分参展商表示,3 月海南国际车展犹如车市淡季中的一注有力强行针,为全年销量取得了开门红,预示着今年车市发展将一路向好。

服务方面,为方便更多观众前来参观,组委会开通了免费接送专车,并在展馆现场规划了美食一条街为观众提供多样的餐饮供应。不少观众纷纷表示,海南国际车展,逛展方便,品牌齐全,优惠力度大,礼包丰富,是购车的绝佳时机,希望以后能举办更多这样的展览。

海南国际汽车展,不仅繁荣了海南汽车文化,推动了汽车产业的发展,同时,也带动了交通、旅游、餐饮等产业的兴旺,良好的效果,得到了政府、媒介和观众的一致好评。

2014 第 11 届海南国际汽车工业展览会,相约明年 3 月。

(资料来源:http://hk.auto.sina.com.cn 2013 年 03 月 27 日 10:31 略作删减)

2)会展项目验收

会展项目验收是指由主要关系人对已经完成的项目产品或服务进行检查、接受,检查项目计划范围内和各项工作事否已经完成,应交付的成果是否达到要求。验收标志着项目实质性工作的结束。会展项目验收的内容包括工作成果和项目文件。

3)会展项目费用决算与验收

会展项目费用决算是指项目从筹备开始到项目结束为止的全部费用的确定。从会展项目的财务预算编制开始,到结算编制,再到决算编制,所依据的是会展项目的计划、合同及变更等相关内容。

同时要对项目全过程的费用进行审计,审订包括会展项目计划期的费用审计、会展项目实施过程中的费用审计和会展项目结束时的费用审计,审计的依据是成本估算与成本预算,进度报告与质量报告,并最终形成审计报告。

4)会展项目总结

会展项目总结是整个项目收尾工作的重要组成部分。通过对项目活动过程的回顾,可以将获得的经验和教训及时记录下来,分析工作失误的原因,提出改进的方法和建议,从中得出规律性的认识,用以指导未来的工作。

会展项目总结应包括:主要工作介绍、取得的成绩、经验和体会、存在的问题或教训、提出改进意见或建议、指出今后的努力方向、展望未来的工作前景。

任务 2　明确会展评价工作内容

8.2.1　会展项目评价

随着我国经济的快速发展,会展业已成为各地经济发展的助推器,各种各样的展览、会议、节事活动等会展项目层出不穷。但重复办展现象较为严重,有些地方甚至出现了会展"泡沫"现象。究其原因,一个非常重要的因素是我国没有建立起会展市场评估的相关体系,不能对每个会展活动的主办机构或承办单位进行相应的资质认证。

随着我国会展业的发展,国家和地方政府对会展行业越来越重视,不断地进行规范,一些地方政府出台了会展的评估细则,如上海、宁波。

项目后评价是在项目终止后所进行的对项目启动、实施和收尾等整个项目周期所有工作的全面总结。这是项目收尾阶段的最后一项同时也是非常重要的一项工作。项目后评价的目的是评估项目绩效,以确定项目是否达到预期收益,并对项目的实施情况进行总结和分析,以从中获得宝贵的经验教训,为未来新项目的决策和提高决策水平提出建议,为后续的项目提供参考和借鉴。

会展项目后评价是对一个会展项目的目的、执行过程、质量、服务、社会影响力、直接与间接的经济效益等方面所进行的系统、客观的分析与评价,判断该会展项目的成功与否,并分析其原因、总结经验与教训的过程。它是会展整体运作管理中的重要环节。通过建立一个由若干统计指标组成的体系对会展项目效果实施良好的、全面的综合评价,项目才算圆满结束。

例如,通过对展会项目进行后评价,其结果可为参展商在同一行业不同的展会之间提供借鉴;可为参展商在参展和其他营销手段之间进行选择提供参考依据;为专业观众参观不同的展览会提供参考依据。

8.2.2 会展项目后评价的特点

1)现实性

项目后评价是以会展项目实际情况为为基础,对项目运行中出现的情况和产生的数据进行评价。

2)客观性

在评价时保持客观公正,实事求是的作风与态度,一般采用第三方独立主持后评价。例如首届休博会结束后,杭州马上邀请了浙江大学亚太休闲教育研究中心,对首届休博会成败得失进行第三方评估,这样可以保证评估结果的客观公正,为下届休博会更加成功打下好的基础。

3)全面性

对项目的各个阶段和各个方面进行评价,包括项目周期的各个阶段,也包括项目的各个方面,比如成本、时间、质量、范围、规模、组织、管理、社会影响、直接收益、间接收益等方面。

4)权威性

主持会展项目评价的机构和人员具有影响力,其评价的结果具有权威性。

例如:国际博览会联盟(UFI)是世界上主要博览会组织者、展览场馆业主、各重要国际性和国家展览业协会的联盟,成立于1925年,在意大利米兰市由20个欧洲顶级国际展会发起成立,是世界博览会/展览会行业唯一的国际性组织。其会员分布在五大洲72个国家。它有一整套成熟的会展评估体系,对其成员组织的交易会和展览会的参展商、专业观众、规模、水平、成效等进行严格的评估,有严格的标准挑选一定数量的交易会和展览会给予认证。达到标准的,或被接纳为会员,准予刊登在年度展会目录上,并向全世界推广。国际博览会联盟认证是高质量的国际展览会的标志,得到它认证的交易会和展览会在吸引参展商、参观者方面具有明显的优势。它认证的基本条件是:

第一,展会必须至少已定期举办过3次;

第二,展会必须是一个有20%以上外国参展商的国际展会;

第三,有4%以上外国观众的国际展会;

第四,外国展商纯租用面积达到展会纯租用总面积的20%以上的国际展会。

我国有多家企业和组织加入了国际博览会联盟。如北京国际展览中心、中国国际展览中心等;有数十个展览会得到国际博览联盟的认证,如上海国际汽车工业展览会、中国国际服装服饰博览会等。

5)反馈性

后评价的结果须要及时反馈到相关的项目关系人,例如会展行业协会、政府等部门,作为以后举办会展项目的参考。

8.2.3 会展项目后评价的意义

会展项目评价是对会展活动价值的评价。广义的会展项目评价是对会展活动作用于社会、经济、环境产生的结果进行测量和评价,包括社会效益、经济效益、服务过程等方面。对会展活动进行系统、深入的考核和评价,是会展项目管理中的一个重要环节,是会展产业链中不可缺少的组成部分。

参加会展活动,本身就是一项投入比较大的活动,企业往往需要投入相当多的人力、财力和精力。无论是对举办者或者活动参与者而言,每次会展活动都会有很多宝贵的经验和教训值得借鉴和总结。在会展活动期间进行系统的调查、统计、评估、总结的意义在于:

1)提高会展项目组织者的市场开发和运营能力

会展项目组织者通过对项目规模、参加人数、取得成效等指标的考核,定量地分析会展项目的市场走向和前景,并促使项目做大做强,形成品牌;还有利于会展项目组织者根据每次评估的结论和建议,改善会展项目的市场开发和运营管理,及时调整方向和运作方式,扬长避短,不断完善产品和提高服务能力。

2)帮助参展商进行决策

帮助参展商通过参展成本、效果、成交金额、观众和买家反映等多个层面进行综合、详细的评估,帮助参会者对会议期间的信息获取方式和信息传播方式进行分析,可以对会展进行性价比比较,从中选择成本低而效果好的优质会展项目,而且还能把参展和参会与其他营销方式如广告、人员推广等在成本效益上作出比较,为选择市场拓展的最佳展会项目提供依据。

参展商也可以通过展后的评价和总结,判断已做出的投入是否适当,产出是否理想,从而对今后是否需要继续投入和投入数量的多少进行决策。

3)有利于会展项目协会进行监督和管理

会展评估工作也是会展行业管理机构的一项主要任务,是对会展市场活动加强监督指导和协调管理、扶优汰劣的有效办法。

8.2.4 会展项目后评价的目的

专业会展公司经营会展项目,就是向参展商、观众以及参会者"出租"一种营销"能力",或者说,会展公司是一种"能力要素型"的企业,是围绕独立地会展项目业务这种特殊的"能力要素"所组织的企业,它必须通过参展企业、观众以及与会者的参与,并在服务过程中被整合才能真正产生价值。当然也不排除会展公司以会展为依托,整合参展商的"能力要素",形成能够满足特定顾客群体的其他服务业务。

专业会展企业要整合这种营销"能力要素",形成会展产业中的价值链,必须对该"能力要素"与自身其他"能力要素"的匹配程度、性价比、质量等等进行考察,会展项目评估的基本目的是为这种"考察"提供依据,也就是为参展商在不同的会展之间、会展与其他营销"能力要素"之间的选择提供依据,其派生意义还有为专业观众选择参观会展以及会展公司完善会展这种"能力要素"、打造会展品牌提供依据。具体而言包括:

1)为主办单位提供数据

为会展主办单位机构进行会展项目的可行性分析并提供数据依据。

2)为项目招商提供数据

对会展项目的整体运作及其相关成果做出客观真实的评价,展示会展项目的优势,为项目招商提供基础数据的支撑。

3)为制定对策提供依据

对会展项目历年的相关会展数据进行纵向比较,分析其存在的问题、市场发展趋势及其未来的发展对策。

4）为将来同类项目积累经验

结合国内大型类似的相关会展活动进行横向对比,分析并借鉴其优势项目。

5）为将来会展项目的品牌建设提供支持

同时,这些数据可以为场馆的出租提供背景资料,为主办商进行项目可行性分析提供数据依据,为参展商参展提供数据依据,为贸促会和会展馆协会提供协会管理的基础数据。

8.2.5 会展项目后评价的方式

以展览项目为例介绍会展的评价方式。

1）展前预测与统计

展览项目评价工作一般在开展前一个月就开始准备了,主办机构通常成立专门的评价小组,指定专人负责收集展览会各种资料,并作出预测和统计。

2）现场跟踪、调查了解

在会展项目活动的现场,由专人负责对展会合同成交额,成交的产品结构,成交的机构以及协议的实施结果等进行跟踪咨询,获取切实可靠的数据;同时通过调查问卷等方式,对展会的服务水平、服务态度、参展商及专业观众的满意程度等进行调查了解。

3）展后总结分析

展会结束后,评价小组将所收集的资料和数据,加以认真的分析和研究,并与历史资料对比,客观公正地对展会规模、展商数量、展品构成、展会质量等作出科学的评价。为保证展会效果评估的客观公正,也可以邀请第三方独立收集、整理有关数据,并得出评估结论。

在欧洲许多展览业发达的国家,非常重视展会后的评估工作,他们认为通过分析、对比,有助于提高办展计划的可靠性,有助于鞭策各展会不断提高参展效果。因此有专门的展览审计评估机构,专门负责对展会作出全面、科学的评价。如德国的展览会和交易会数据自愿监管组织 FKM,每年德国举办的 90%的国际性博览会、80% 的地区性展会都由该组织负责审核数据,他们派出独立的审计监督员对各展会、参展商数据的真实性进行核实。法国的数据评估事务所 OJS,也是较有权威性的评审机构。

【知识延伸】

当前,会展评估在世界会展经济发达国家已经相当成熟,在这些国家通常是全国性统一的行业机构从事会展的评估、认证工作,对各类数据进行审核认证,定期公布认证结果,为会展业内和其他相关机构提供比较分析。德国被公认为世界展览王国,在世界上营业额最大的 10 家会展公司中,德国就有 6 家。全世界重要的 150 个专业展览会中,有 120 多个是德国举办的。目前,德国共拥有室内展出面积 240 万平方米,约占世界展览总面积的 20%,全球五大展览中心中有 4 家在德国(杜赛尔多夫展览中心、汉诺威展览中心、科隆展览中心、法兰克福展览中心)。德国会展业成功的一个关键因素就是组织模式、产业结构的成功。还有一点是不容忽视的,就是德国会展的评估体制。德国的会展评估是由专门的第三方机构来承担的,即 FKM 公司。其主要业务就是制定统一的展览会相关指标统计审核标准,促进会展数据的透明度和真实性。FKM 隶属于德国展览与博览会协会(AUMA)。其成员都自觉遵守相关规定,按照规则和标准申报展览会统计数据,接受 FKM 组织的专门数据审计,保证在任何场合和情况下所使用和发布的展览会统计数据均与 FKM 公布的统计数据相一致,一般德国会展推广方面都会有标志表明该会展是否经过 FKM 审核。

8.2.6 会展项目后评价的分类

关于会展评估的分类,目前国内外存在各种不同的分类角度和分类方法。不同的分类方法实际上是从不同的角度来观察会展评估活动。归纳起来可以分为管理者的角度、评估者的角度和评估行业管理的角度这三种主要类型。

1)管理者的角度

从管理决策的需求出发,管理者在委托评估任务、应用评估结果时,主要考虑"评估对象""评估时间"等问题,通常采用按评估的对象的性质,分为政策评估、计划评估、项目评估、机构评估、人员评估、产品评估等。

2)评估者的角度

在评估活动设计、实施的过程中,评估者除了采用上述管理者的分类方法以外,为了体现评估活动本身的特点,还常常采用按评估要回答的主要问题,将评估活动分为目标评估、预算评估、执行评估、绩效评估、环境影响评估等。

3)行业管理的角度

从规范、管理评估活动的需求出发,评估的管理机构按评估的目的/任务,可将评估活动分为:

(1)评估作为管理决策的环节

为政策制定、实施和修改,为公共资源分配和使用提供决策依据,例如:会展政策、策划、项目举办的前、中、后和跟踪评估。

(2)评估作为监督的手段

通过评估提供公正、客观的意见,以便公众纳税人了解公共资源的分配,使用及其影响效果的真实情况,对其进行监督。

(3)评估为技术的市场交易提供中介服务

技术的市场交易过程中,会展评估可以提供第三方的判断和意见,作为双方谈判的基础。

8.2.7 会展项目后评价的内容

项目后评价是以项目前期所确定的目标和各方面的指标与项目的实际结果之间的对比为基础的,所以,项目后评价的内容与前评价的范围相同。

1)展览会项目评价的内容

(1)展览会项目的历史和影响

一般来说,展览会举办历史长,知名度就会高,影响力就会大。例如广交会创办于1957年,至今已有56年历史,已举办了112届,在国内外享有较高的知名度。另外,主要参展商的知名度及在各自行业领域的代表性,也是衡量展览会项目影响力的重要因素。

(2)展览会主题

展览会主题是否明确,能否很好的服务于展览会举办地的经济。

(3)展览会规模

成功的展览须具备一定的规模,规模大的展览会可吸引更多的专业观众,同时也是保证参展商达到参展目的的最主要因素。评估展览会规模主要从以下几个方面：

①参展商数量。参展商的总数；大型企业、行业内龙头企业以及跨国企业参展面积；行业内龙头企业以及跨国企业参展商数占参展商总数比例。

②租用场馆面积规模。

③观众和专业观众数量。

（4）展品的质量与品牌

展览会的规模说明了展会的数量，但展会质量如何？还需通过向观众、新闻媒体和展览会承办商进行调查或评估后加以评定。

（5）展台效果优异评价

展台接待了70%以上的潜在客户，而客户接触平均成本低于其他展台的平均值，其展台效果就是优异的。

（6）成本效益比评价

会展项目评价时一般有两种典型的成本效益比较方法，一是用展出成本比展出效益；另外一种是以建立有潜力的和价值的客户关系数与展览开支比。评价成本效益比时，应从不同角度进行评估，包括展览会承办商、展馆提供商、展览会服务商。

（7）成交评价

对贸易性的展览会来说，成交评价是会展成功性评价最重要的内容之一。其评价内容包括：有无达到销售目标、成交额、成交笔数、意向成交额、实际成交额、与新客户成交额、与老客户成交额、展览期间成交额、预计后续成交额等。

（8）展会的组织与服务评价

展览会的组织水平主要是评估展览会主办商对整个展览会项目的组织协调能力、维持良好秩序的能力、处理紧急或突发事件的能力等；展览会的服务包括展览会主办商提供的场馆设施、展台设施等基本服务，也包括专业服务商提供的交通、饮食、住宿以及其他服务。

（9）竞争评价

在展览工作方面和展览效果方面与竞争对手相比较的表现评价。

（10）宣传、公关评价

具体评价内容有宣传、公关活动有无效果，是否对会展活动起到了良好的辅助作用，是否提升了该项目的知名度，是否有助于项目品牌的塑造，是否对会展项目实际成交有较大的影响。

(11)接待客户评价

评价指标为:参观展台的观众数量,参观展台的观众质量,接待客户的成本效益。一个成功的展览会,不仅能为参展商带来效益,而且能够降低参展商的贸易成本。具体表现为参展商能在展览会上结识新客户,从而扩大贸易量;或者通过参展树立了企业形象,宣传了企业的产品,扩大了知名度等。当企业认为参加展览会,可以实现上述价值时,企业就会参展,成为关键客户,从而实现展会主办者、承办者、协办者与参展商的多赢。

2)会议项目评价的内容

伦纳德·纳德勒和泽西·纳德勒在《成功的会议管理:从策划到评估》一书中给出了评估会议相关因素的内容,如表8.1所示。

表8.1　可以进行评估的会议要素

承办者	相关活动	展览
策划委员会	会议地点	注册
指导委员会	市场宣传	与会者手册
秘书处	公共关系	娱乐活动
主题相关性	预算	休息
目标明确性	发言人	招待会
整体策划	交通	陪同人员

(1)承办者

对承办者的评估包括:承办者是否达到会议的要求;承办者是否发挥了领导作用;承办者与其他项目关系人的合作情况如何。

(2)策划委员会

对策划委员会的评估包括:策划委员会是否清楚自己的职能;是否有效地发挥了作用;其工作结果是否令人满意。

(3)指导委员会

对指导委员会的评估包括:指导委员会是否清楚自己的职责;他们在会议过程中做了哪些决定。

（4）秘书处

对秘书处的评估重点是针对整个团队表现,包括:是否安排足够的工作人员;哪些需求未得到满足;秘书处的职能如何可以得到改进。

（5）主题相关性

对主题相关性的评估包括:会议主题是否和与会者紧密相关;会前行动是如何传达会议主题的;会议主题在会议策划中是如何表现的。

（6）会议目的的明确性

对会议目的的明确性评估包括:与会者对会议的理解程度如何;会议目的向与会者传达得如何;除非会议具有某些具体的目标,或是例行的年会除外。

（7）会议的整体策划

对会议的整体策划评估包括:会议举办的季度是否合适;整个会议的长短是否合适;各场会议的时间长短是否合适;会议的流程是否合适。

（8）相关活动

对相关活动评估需根据各自不同会议安排的活动来进行评估。

（9）会议地点

对会议地点的评估包括:本次会议的地点是否适合本次会议;会议地点的住宿条件如何;饮食服务水平如何;会议地点工作人员是否对与会者有帮助;会议地点的风土人情是否吸引与会者。

（10）市场宣传

对市场宣传的评估包括:与会者的数量如何;宣传材料的质量如何;效果如何。

（11）公共关系

对公共关系的评估包括:媒体人员是否参加了会议;媒体对会议的接受程度如何;公关活动中是否有发言人和与会者参加。

（12）会议预算

对会议预算的评估包括:实际支出与预算之间的差距如何;预算编制的完整性如何。

（13）发言人

对发言人的评估一般以他们发言的具体会议为依据,由与会者在每场会议结束后填写评估表。

（14）会议交通

交通评价包括会议往返的交通和会议期间的短途交通。评估考虑的因素有：会议的交通安排如何；交通服务的质量如何；交通服务的安排与会议公布的议程是否紧密相关；短途交通服务是否令人满意。

（15）展览

有时会议会举办一些展览活动，评估主要包括：展览主题与会议是否符合；展览的时间、地点；展览与会议的整体策划有什么联系；与会者是否用到展览。

（16）注册报到

注册报到是会议接待的一个重要环节。评估包括：注册报到时间与地点选择是否合理；注册报到程序是否简化；注册报到是否快速；与会者在注册报到时能否及时得到指导与帮助。

（17）与会者手册

如果会议内容较多，会议承办方印发了会议手册，则需进行评估。包括：手册信息的完整性；手册的形式是否可以完善。

（18）娱乐活动

会议主办方可在会议期间安排一些娱乐活动。对娱乐活动的评价主要考虑其内容是否适合本次会议；娱乐活动的次数是否合适。

（19）休息

休息是会议当中一个必不可少的内容。对休息活动的评价主要是考虑：休息的次数是否适量；每次休息的时间是否合适；休息时提供的茶歇是否令与会者满意。

（20）招待会

会议通常会安排招待会，是否进行评估可视其对会议的重要性而定。评估主要考虑：招待会的时间与地点是否预先有效的通知了与会者；招待会对整个会议所起的作用如何；招待会的饮食如何。

若会议有陪同人员，也需对陪同人员进行评估。

3）大型活动项目评价的内容

澳大利亚的约翰·艾伦在其著作《大型活动项目管理》一书中给出了一个对大型活动项目进行评估的内容列表，如表8.2所示。

表 8.2　大型活动项目评估的内容

方　面	满　意	需要引起注意	评　论
活动的时间选择			
会议地点			
票务和入场			
筹备			
性能标准			
工作人员水平和职务表现			
人群控制			
安全			
通信			
信息和信号			
运输			
停车			
饮食设施			
旅馆			
急救			
小孩失踪			
感谢资助者			
集会安排			
广告			
宣传			
媒体联络			

大型节事活动项目尤其要注意对应急事件处置能力的评价,这是因为这类项目参与人数众多,不可控制因素增加,若没有良好的应急事件处置能力,会造成项目的重大失误,影响项目的成功。

8.2.8　会展项目成功性评价

会展项目成功性评价是依靠评价专家或专家组的经验,综合后评价各项指标的评价结果,对项目的成功程度作出定性的结论。成功性评价是以项目目标的实现程度和经济效益分析的评价结论为基础,以项目的目标和效益为核心所进行的全面系统的评价。

1)会展项目成功性评价的程序

(1)确立会展项目成功性评价的目标

会展项目成功性评价的主要目的是了解项目的效益。由于该评价涉及会展工作项目与工作成功之间的复杂关系,因此在进行评价时应该根据项目目标确立评价的具体目标和主要内容,并根据评价目标的主次,排列优先和重点的秩序。

(2)选择规范的评价标准

客观地制定切合实际的评价标准,使之具体化,便于操作,才能准确地评价会展项目的整体成效、宣传效果、接待成果和成交结果。

(3)制订评价方案

设计制作各种调查问卷及情况统计表,对相关人员进行调查了解,收集信息资料。

(4)实施评价方案

通过收集现成资料、安排记录、召集会议、组织座谈、利用调查问卷等形式向参展商或观众收集情况,并加以分析。

(5)总结评价、撰写评价报告

将收集的信息汇总,加以分析,对整个项目活动过程的效果进行总体评价,写出评价报告。

2)会展项目成功性评价的内容

(1)会展项目目标评价

对照预定目标的各项主要指标,检查项目实现的实际情况和有关变更,分析偏差产生的原因,以判断目标的实现程度。大型会展项目通常还包括对地区、行业或国家经济社会发展的影响作用。

（2）会展项目效益评价

以项目投入运营后实际取得的效益值及隐含在其中的技术影响为基础，重新测算项目的各类经济数据，得到相关的效益指标，然后与项目前评估时预测的有关经济效果值进行对比，分析偏差情况及其原因，总结经验教训，从而为提高项目的投资决策和管理水平服务。

（3）会展项目社会影响评价

从整体角度分析项目对所在地区、所属行业和国家所产生的经济方面的效益影响，以及对所在地区、国家的各项社会发展所带来的直接和间接的影响。成功的会展项目往往能提升举办城市或举办国的知名度和美誉度，同时可以带来直接和间接的经济收益，为地区的经济发展作出贡献，当然会展项目在基础设施的兴建和改善环境方面的作用也是有目共睹的。

（4）会展项目管理评价

以项目目标和效益后评价为基础，结合其他相关资料，对项目周期中个阶段管理工作进行评价。通过对项目各阶段管理工作的实际情况进行分析研究，作出比较和评价，了解目前项目管理工作的水平并通过总结经验教训，不断改进和提高，以更好地完成以后的项目目标服务。

（5）可持续发展评价

会展项目的可持续评价，指的是该项目是否与当地社会文化环境一致；当地政府是否为实现项目目标提供了有力的政策措施支持；项目主办者是否有足够的资金维持项目的正常运营；是否有防范外部不利因素的对策和措施。

3）会展项目成功性评价的标准

（1）完全成功

会展项目取得了巨大的效益和影响，项目大部分目标已经实现或超过。

（2）成功

会展项目达到了预期的效益和影响，项目大部分目标已经实现。

（3）部分成功

会展项目只取得了一定的效益和影响，项目实现了原定的部分目标。

（4）不成功

会展项目几乎没有产生什么正效益和影响，项目实现的目标非常有限。

（5）失败

会展项目不得不终止,项目的目标是无法实现的。

根据会展项目后评价须全面、系统、专业、客观公正的特点,评价者不仅要对项目进行效益分析,结合项目的投入、成本、实施内容和项目的财务经济结果分析评价项目的实际绩效,对照项目目标,分析项目的实际作用和后果;还要对项目进行宏观分析,从项目目标相关的各个方面特别是国家和行业产业政策、发展方向等方面,评价项目目标是否符合国家的有关政策,以及对地区、行业、国家的贡献和影响。

【知识延伸】

上海国际展览会项目评估细则（试行）

为贯彻、落实市政府第47号令《上海市展览业管理办法》精神,开展对本市国际展览会项目的综合评估,特制定本评估细则。

一、评估的目的

改革开放二十多年来,随着上海经济的发展,上海会展业有了长足的发展,呈现了良好的发展趋势。特别是国际展览会,不仅数量逐年递增,质量不断提高,国内外的影响力也在逐渐扩大,已初步形成了产业化的雏形。上海会展业不仅在项目管理、运作模式、社会分工、服务等方面逐步走向专业化、市场化、国际化,展示了上海国际大都市的形象,而且还孕育了一批全国知名乃至在国际也有一定影响的国际展览会项目。为适应上海会展业飞速发展的需要,规范行业秩序,切实有效地保护国际展览会的品牌项目,保护展商和客户的利益,使上海会展业更健康有序的发展,根据《上海市展览业管理办法》和市外经贸委的工作要求,经过协商对本市国际展览会实施全面综合评估。

二、评估的原则

评估适用以下原则：

（1）对在上海地区开展的国际展览会实行综合评估；

（2）动态指标和静态指标相结合,行业协会初审与专家评审相结合；

（3）公开标准、公平对待、公正评审。

三、评估的范围与资质要求

1. 评估范围

经过政府主管部门批准,在上海地区举办的各类国际展览会项目。

2.资质

(1)被评估的单位应为项目主、承办单位(主办单位可单独参加,也可主、承办单位共同参加,但承办单位不能单独参加评估);

(2)主、承办单位必须是有报批国际展览会项目资质的单位以及有能力实施国际展览会项目的单位。

3.参加评估单位须提供以下相关资料

(1)被评估项目需提交:

①本届展览会项目的批准文件复印件;

②《前两届展览会情况表》;

③前两届会刊;

④前两届配套专业会议及研讨会资料。

(2)展后提交:

①观众登记数据资料(须通过登记手续或购票后记录);

②展览会情况总结(按统一表格填写)。

四、评估机构

(1)评估常设机构:由市外经贸委牵头、市有关委办局领导和行业协会负责人组成的上海会展行业评审委员会,其职责是对在上海举办的各类国际展览会项目进行评审;

(2)"上海会展行业评审委员会"下设专家库:成员来自政府主管部门领导、行业专家、学者以及媒体代表等,专家库成员的职责是对国际展览会项目进行初评,评出推荐项目供评审委员会评审;

(3)评估工作小组:由协会秘书处项目部负责评选工作的协调安排、材料的收集、整理等,并委托第三方调查公司进行现场调查、采集信息。

五、评估程序

(1)经评估工作小组整理列出全年被评估的国际展览会项目计划,并由第三方调查公司按要求在现场收集数据和材料:

①《参展商意见征询表中英文版》;

②《专业观众意见征询表中英文版》。

(2)现场参展商、专业观众抽样调查标准:

工作计量 项目租馆面积/m²	参展商抽样调查表 /参展商总数回收比率	专业观众抽样调查表/份
1~10 000	80%以上	≥200

工作计量 项目租馆面积/m²	参展商抽样调查表 /参展商总数回收比率	专业观众抽样调查表/份
10 001～30 000	75%以上	≥300
30 001～60 000	70%以上	≥400
60 001～100 000	65%以上	≥500
100 000 以上	60%以上	≥600

(3)展览会结束后10天内由主办单位填报《展览会情况总结》。

(4)经评估工作小组核准的数据和调查材料进行汇总：

①《展览会基本情况表》；

②《参展商调查汇总表》；

③《专业观众调查汇总表》。

(5)由专家组把评审意见报评审委员会,评审委员会对专家组的评审意见进行评定,作出终审评定。

(6)对已评的项目结果在进行行业内公示,听取意见。

六、评审称号及标准

(一)对评估入围的国际展览会项目授予不同的称号

1.上海市品牌展会

2.上海市优质展会

3.上海市重点培育展会

(二)标准

1.上海市品牌展会

(1)严格按照《上海市展览业管理办法》及相关法律法规实施办展；

(2)已连续举办五届(含本届)以上,展会主题突显；

(3)租用场馆面积规模在5万平方米以上,且展台总面积使用率不低于45%(特定展览会除外)；

(4)大型企业、行业内龙头企业以及跨国企业参展面积占总参展面积比例不低于35%或大型企业、行业内龙头企业以及跨国企业参展商数占参展商总数比例不低于35%；

(5)参展展品与展会主题相符合率达到95%以上；

(6)境外参展商数占参展商总数比例在20%以上或境外参展面积占总参

展面积的比例在20%以上(特定展览会除外);

(7)现场调查参展商综合评解分在85分以上;

(8)现场调查专业观众综合评解分在85分以上;

(9)本届参展商对下届展会的意向参展率到达60%以上。

2. 上海市优质展会

(1)严格按照《上海市展览业管理办法》及相关法律法规实施办展;

(2)已连续举办三届(含本届)以上,展会主题突显;

(3)租用场馆面积规模在1万平方米以上,且展台总面积使用率不低于40%(特定展览会除外);

(4)大型企业、行业内龙头企业以及跨国企业参展面积占总参展面积比例不低于25%或大型企业、行业内龙头企业以及跨国企业参展商数占参展商总数比例不低于25%;

(5)参展展品与展会主题相符合率达到90%以上;

(6)境外参展商数占参展商总数比例在15%以上或境外参展面积占总参展面积的比例在15%以上(特定展览会除外);

(7)现场调查参展商综合评解分在80分以上;

(8)现场调查专业观众综合评解分在80分以上;

(9)本届参展商对下届展会的意向参展率到达50%以上。

3. 上海市重点培育展会

(1)严格按照《上海市展览业管理办法》及相关法律法规实施办展;

(2)已连续举办三届(含本届)左右,展会主题突显;

(3)租用场馆面积规模在1万平方米左右,且展台总面积使用率不低于35%(特定展览会除外);

(4)大型企业、行业内龙头企业以及跨国企业参展面积占总参展面积比例不低于15%或大型企业、行业内龙头企业以及跨国企业参展商数占参展商总数比例不低于15%;

(5)参展展品与展会主题相符合率达到85%以上;

(6)境外参展商数占参展商总数比例在10%以上或境外参展面积占总参展面积的比例在10%以上(特定展览会除外);

(7)现场调查参展商综合评解分在75分以上;

(8)现场调查专业观众综合评解分在75分以上;

(9)本届参展商对下届展会的意向参展率到达40%以上。

七、优惠措施

（1）对上述评出的项目在行业媒体上公示一周后，由媒体进行宣传报道；

（2）由上海会展行业评审委员会颁发证书和奖杯（牌）；

（3）企业在对外宣传项目时，允许冠名该项目授予的称号；

（4）对获得不同称号的项目分别给予政府扶持和优惠（另定）。

八、复查与监督

（1）凡获得上述称号的项目，以后每届要接受评估工作小组的复查，凡发现与上述对应标准不符的，将被要求立即整改，否则评审委员会有权给予处置；

（2）所有获得称号的项目，三年复评一次，按标准可升级也可降级。

九、保密与回避

（1）评估工作过程中所有工作人员对被评估的项目、单位的数据和资料严格执行保密制度；一经发现违规操作，将取消其参与评估工作资格，并通报批评。

（2）评审委员会、专家组在评估工作中应执行回避制度，凡涉及相关单位其项目进行国际展览会项目评估的应予主动回避。

十、被评估项目实现有偿服务

上海会展行业评审委员会

二○○六年二月

上海国际展览会项目评估费标准及说明如表8.3、表8.4所示。

表8.3　本届展览会情况总结

（由被评估单位填报）

展览会名称		
展览日期：	展览地点：	
场馆租用面积：　　　　　m²	展台总面积：　　　　　m²	
参展商数量：　　　　　家	其中境外参展商数：　　　　　家	
其中境外参展面积：　　　　　m²	举办论坛数：　　　　　场次	
参观观众人次：　　　　　人次	其中境外观众人次：　　　　　人次	
本届展览会自评：		
本展前景预测：		

表8.4 前两届展览会情况对照表

项目 ＼ 届次	前二届	前一届	备 注
展览时间			
展览地点			
场馆租用面积/m^2			
展台总面积/m^2			
参展商数量/家			
其中境外参展商数量/家			
其中境外参展面积/m^2			
专业观众数量/人次			
其中境外观众数量/人次			
举办论坛数/场次			
备注			

本表请在展会结束后10日内交上海市会展行业协会备案。

本章小结

收尾阶段是会展项目生命周期的最后阶段,它的目的是确认会展项目实施的结果是否达到预期的要求。会展项目会因多种原因而终止(结束),最理想的情况是会展项目达到预期目标而成功结束。终止某个会展项目,应编制详细的项目终止计划,使终止过程有计划、有序地进行。项目终止计划包括所要进行的主要活动、相关的时间、成本和质量要求,并在整个终止阶段的实施过程中进行监督和控制。

会展项目验收标志着项目实质性工作的结束,内容包括工作成果和项目文件;会展项目费用决算是指项目从筹备开始到项目结束为止的全部费用的确定,同时还要对项目全过程的费用进行审计。通过对项目活动过程的回顾,可以将获得的经验和教训进行总结,从中得出规律性的认识,用以指导未来的工作。

会展项目后评价是对一个会展项目全面情况所进行的系统、客观的分析与评价。会展项目后评价具有现实性、客观性、全面性、权威性和反馈性等特点，后评价的结果要及时反馈。会展项目要根据不同的类型制定科学合理的评价标准，从目标、效益、社会影响、管理和要持续发展几个方面进行成功性评价。

【复习思考题】

1. 会展项目收尾工作的主要内容是什么？
2. 简述会展项目后评价的意义。
3. 简述评价会议项目的主要因素。
4. 简述会展项目后评价的目的。
5. 举例说明会展项目成功性评价的内容。

【实训题】

实训项目一

一、实训组织

参加一次当地的大型展会，主动与主办机构取得联系，为其设计关于参展商和观众对展会满意度的两份调查问卷，并代其进行调查。

二、实训要求

1. 设计满意度的调查表，要求指标基本全面、合理。
2. 发放两份调查表各 30 份以上。
3. 统计整理出调查结果。

三、实训目的

1. 提高学生对项目后评价重要性的认识。
2. 让学生掌握项目后评价需要的调查数据的获取渠道与办法。

实训项目二

一、实训组织

对学校内组织的活动如文娱晚会、体育比赛进行整个过程的跟踪与调查，最后进行评价，找出成功的或失败的因素。

二、实训要求

通过跟踪和观察项目，了解影响一项活动成功和失败的关键因素有哪些。

三、实训目的

让学生了解项目成功或失败不是结束时，而计划开始阶段和整个过程的控制。

【案例回放】

第十二届昆交会总结(部分)

2012年第二十届昆交会生物资源产品馆遵循昆交会"共同的展会共同举办、共同的成果共同分享"的办会理念，继续按专业化、特色化、规范化、国际化要求招展、组展，规模进一步扩大，特色化进一步体现，专业化进一步增强，展现了云南丰富生物资源的开发与价值延伸。同时参展企业对云南生物资源的开发和产品化为云南生物资源打破"大资源、小市场"的困境，提供了有借鉴价值的模式。

一、展位设置情况

第二十届昆交会生物资源产品馆共设置619个展位，达到历届最多，较去年的594个展位增加了25个。其中品牌展区共96个展位(包括茅粮集团10个、澜沧江酒业12个、贝克诺顿8个、鹤庆干酒6个、后谷咖啡4个、红云红河4个、鸿锦酒业4个、海尊贸易2个、云酒2个、花味坊2个以及玉溪30个品牌展位、迪庆12个品牌展位)；联办方共147个展位，作为今年轮值主席省的贵州省展位高达84个，其中57个展位作为酒类特装；16个州市共329个展位(内八州175个，边八州154个)；省外共35个展位；其他展位为54个。

二、特点及亮点

(一)专业化进一步增强。本届昆交会生物资源产品馆展品划分为食品类、酒和饮料类、茶叶类、生物医药类等四个类别，集中展现了云南生物资源的独特优势。

(二)特装展位亮点纷呈。本届昆交会生物资源产品馆鼓励企业进行特装，并达到特装展位最多的一届，共436个展位特装，比去年多69个。品牌展位主要展出云南省知名酒业、医药企业、食品企业、咖啡和茶叶生产企业的产品。企业在推介商品同时，也展示出了企业的文化内涵。州市特装主要集中展示各州市特色及优势产业。联办方中贵州57个展位特装，集中展示贵州酒类资源。

(三)多措并举，规范展位秩序。本届昆交会生物资源产品馆按商务部和昆交会组委会要求，严格遵守招展规则，设定参展企业资格和条件，严格审查各交易团招展范围。展馆设工商执法岗，并配备12名志愿者，采取交叉、循环巡查方式，联合交易秩序组对本馆交易秩序严格管控，展位秩序较以往得到进一步规范。

（四）成交活跃，成果丰硕。生物资源产品馆进出口成交活跃，比上届增长10%。内地八州市签约项目共11个，签约金额1.3亿美元。现场成交约2 100万人民币，其中大理交易团、曲靖交易团、玉溪交易团等现场成交亮点纷呈（见附件）。轮值主席省贵州各项经贸成交达到520万美元，取得良好成绩。

三、问题及建议

（一）参展质量有待进一步提高。本届昆交会生物资源馆的参展质量较以往有了很大的提高，但是也存在参展展品不符合展馆规定类别、展品以次充好、良莠不齐的现象。下一步将继续加大招展质量力度，特别是对联办方及省外企业，提要求，抓质量，确保下届生物资源馆参展质量有可观的改变。

（二）参展秩序有待进一步加强。昆交会开展期间，各种假冒伪劣、倒卖展位、占道设摊、游摊现象屡见不鲜，影响了昆交会总体形象；展馆内的卫生环境得不到有效维持，噪音污染、垃圾污染现象严重。建议加大开展期间管控力度，联合有关部门严厉打击各种违规现象，进一步规范展位秩序。

（资料来源：云南省商务厅网站）

案例分析

1.本案例总结从哪些方面进行了分析？是否全面？

2.试分析不同角度撰写总结和评价异同？

参考文献

[1] 林宁.展览知识与实务[M].北京:经济科学出版社,1996.

[2] 马勇,王春雷.会展项目的理论、方法及案例[M].北京:高等教育出版社,2003.

[3] 罗伯特·K.威索基,小罗伯特·贝克,等.有效的项目管理[M].北京:电子工业出版社,2002.

[4] 汪小金.理想的实现——项目管理方法与理念[M].北京:人民出版社,2003.

[5] Dennis Lock.项目管理[M].李金海,等,译.天津:南开大学出版社,2005.

[6] 刘大可,王起静.会展活动概论[M].北京:清华大学出版社,2004.

[7] Kilem R L and Ludin I S. The people Side of Project Management[M]. USA:Gower,1992.

[8] Weiss,Joseph W,Robert K. Wysoki. 5 Phase Project Management:A Practical Planning and Implementation Guide[M]. Boston:Addison Wesley,1992.

[9] Wysocki,Robert K.,Robert Beck,Jr,David B. Crane. Effective Project Management:How to Plan,Manage,and Deliver Projecton Time and within Budget[M]. NewYork:John Wiley & Sons,1995.

[10] Rodney Turner.项目的组织与人员管理[M].戚安邦,等,译.天津:南开大学出版社,2005.

[11] 张锋.国内外对项目成功性评价标准的研究趋势[J].项目管理技术.2004(7):19-25.

[12] 劳动和社会保障部,中国就业培训技术指导中心.项目管理师[M].北京:机械工业出版社,2003.

[13] 王起静.会展项目管理[M].北京:中国商务出版社,2004.

[14] 华谦生.会展策划与营销[M].广东:广东经济出版社,2004.

[15] 向国敏.会展实务[M].上海:上海财经大学出版社,2005.

[16] 镇剑虹,吴信菊.会展策划与实务[M].上海:上海交通大学出版社,2005.

[17] 龚维刚.会展实务[M].上海:华东师范大学出版社,2007.

[18] 时思.工程经济学[M].北京:科学出版社,2006.

[19] 卢向南.项目计划与控制[M].北京:机械工业出版社,2001.

[20] Harold Kerzner.项目管理—计划、进度和控制的系统方法[M].杨爱华,等,译.北京:电子工业出版社,2002.

[21] 赵涛,潘欣鹏.项目时间管理[M].北京:中国纺织出版社,2005.

[22] 左美云,周彬.实用项目管理与图解[M].北京:清华大学出版社,2002.

[23] 丁霞.会展策划与管理[M].北京:高等教育出版社,2006.

[24] 张红.会展概论[M].北京:高等教育出版社,2006.

[25] 王春雷,陈震.展览会策划与管理[M].北京:中国旅游出版社,2006.

[26] 吴照云.管理学原理[M].北京:经济管理出版社,2003.

[27] 朱宏亮.项目进度管理[M].北京:清华大学出版社,2002.

[28] 丁萍萍.会展实务[M].北京:高等教育出版社,2004.

[29] 刘国靖,邓韬.21世纪新项目管理[M].北京:清华大学出版社,2003.

[30] 刘大可,陈刚,等.会展经济理论与实务[M].北京:首都经济贸易大学出版社,2006.

[31] 卢有杰.现代项目管理学[M].北京:首都经济贸易大学出版社,2004.

[32] 财务部会计资格评价中心.中级会计资格—财务管理[M].北京:中国财政经济出版社,2007.

[33] 马勇,冯玮.会展管理[M].北京:机械工业出版社,2006.

[34] Preston G. Smith, Guy M. Merrit. Proactive Risk Management[M]. NewYork: John Wiley & Sons, 2002.

[35] Preston G. Smith, Guy M. Merritt. Proactive Risk Management[M]. Shelton: Productivity Press, 2002.

[36] Dale F. Cooper, Stephen Grey, Geoffrey Raymondand Phil Walker. Project Risk Management Guidelines: Managing Riskin Large Projects and Complex Procurements[M]. West Sussex: Jonh Wiley & Sons, 2005: 45-58.

[37] Thomas L. Barton, William G. Shenkir, Paul L. Walker. Making Enterprise Risk Management Pay Off: How Leading Companies Implement Risk Management

［M］. NJ:Financial Times Prentice Hall,2002.

［38］ 伦纳德·纳德勒,泽西·纳德勒. 成功的会议管理——从策划到评估［M］. 北京:机械工业出版社,2002.

［39］ 约翰·艾伦,等. 大型活动项目管理［M］. 北京:机械工业出版社,2002.

［40］ http://www. pharmnet. com. cn/expo/2006/04/17/161851. html,2007.

［41］ http://china. machine365. com/ali_coop/index1377. html,2007.

［42］ http://www. kmicec. com/news_detail. asp? id=59,2007.

［43］ 3PMI. A Guide to the Project Management Knowledge Body of Knowledge ［M］. P5,237.